SOCIAL WELFARE POLICY

[개정판]

사회복지정책론

정일교 김종배 오승하 오현숙 유승창 이용환 공저

양 성 원

머리말

최근 급변하는 기술 환경변화와 사회 구조 속에서 우리는 다양한 도전에 직면하고 있다. 특히, '고용 없는 성장'이라는 새로운 경제적 현상은 일자리 창출의 부진과 그로 인한 소득 불평등의 심화를 초래하고 있다. 또한, 최근 몇 년간 우리는 코로나19 팬데믹, 기후 변화, 디지털 전환 등 전례 없는 변화를 경험하며 사회복지정책의 중요성을 재인식하게 되었다. 이러한 상황에서 사회적 연대감의 중요성은 그 어느 때보다도 강조되고 있으며, 사회복지정책의 역할은 더욱 절실해지고 있다. 사회연대는 사회 구성원들이 서로 돕고 협력하며 공동체의 일원으로서 상호 의존하는 관계를 의미한다. 사회연대는 강력한 사회복지정책을 통해 실현될 수 있다,

사회복지정책은 개인과 공동체의 삶의 질을 향상시키고, 사회적 평등과 정의를 실현하는 중요한 도구이다. 이는 단순히 경제적 지원을 제공하는 것을 넘어, 모든 사람들이 기본적으로 인간다운 삶을 영위할 수 있도록 돕고, 사회 구성원 간의 신뢰와 협력을 증진시키는 역할을 한다.

따라서 사회복지정책에 대한 보다 폭넓은 이해는 현대 사회가 직면한 복잡한 문제들을 해결하는 효과적인 사회복지정책의 개발에 중요하다.

본서는 사회복지정책의 이론과 개념에 대한 이해, 사회복지정책의 가치, 역사, 다양한 이슈와 문제, 사회복지정책의 분석과 평가에서 반드시 학습해야 할 핵심을 내용을 간략하게 다루고 있다. 이번 개정에서는 그간 사회복지제도의 변화를 반영하여 최근

변화내용을 보완하였다. 또한 각 장 안에서 부족한 내용은 조금 더 이해하기 쉽게 수정하였다.

본서를 통해 사회복지정책에 대한 이론적 지식과 전문성을 높이는 것은 물론, 최신 사회복지 동향과 이슈를 파악하고 변화하는 환경에 대비할 수 있는 능력을 배양할 수 있기를 기대한다. 현대 사회복지 분야는 빠르게 변화하고 있으며, 이러한 변화를 이해하고 적응하는 능력은 사회복지사로서 필수적이다. 이 책은 학생들이 이러한 역량을 기르는 데 큰 도움을 줄 것이다.

또한 본서는 사회복지사 시험을 준비하는 수험생들에게 매우 유용한 교재로서의 역할을 할 것이다. 이 책은 사회복지사 시험에 자주 출제되는 주요 개념과 이론을 체계적으로 다루고 있으며, 이를 통해 학생들이 시험에서 높은 성적을 거두기 위해 반드시 숙지해야 할 핵심 내용을 포함하고 있다. 체계적인 학습을 통해 학생들은 시험 대비에 필요한 지식과 기술을 효과적으로 습득할 수 있을 것이다.

끝으로 본서의 개정을 위해 적극적 지원을 해 주신 양성원 강철원 대표와 편집부에 감사를 드린다.

2024년 8월

정일교

차 례

PART 02 각 론

PART 01

총 론

사회복지정책의 의미와 특성

1. 사회복지정책의 개념

사회복지정책은 사회복지와 정책이 결합된 용어로 먼저 사회복지의 개념과 정책의 개념을 알아본 후 사회복지정책의 개념을 살펴보기로 한다.

1) 사회복지의 개념

사회복지는 인간의 행복한 삶을 추구하는 제도로써, 사회구성원들의 기본적 욕구와 사회문제가 연결되어 개인과 사회 전체의 행복한 삶을 목표로 하고 사회통합을 실현하는 것을 말한다.

협의로는 「헌법」에서 보장하고 있는 모든 국민의 생존권과 그 생활을 보장하기 위한 여러 정책을 실현하는 것을 목표로 하는 것이다. 또한 사회적 · 경제적 약자를 보호하기 위한 여러 사회복지정책을 통하여 사회복지를 실현하는 것이다. 넓은 의미로 사회복지는 개인과 사회 전체의 복지를 증진시키려는 모든 형태의 사회적 노력을 포함하며, 사회문제의 치료와 예방, 인적 자원의 개발, 인간생활의 향상에 직접적 관련을 갖는 일체의 시책과 과정을 포함한다.

2) 정책의 개념

정책이란 여러 가지로 정의되고 있다. 칸(Kahn, 1973)은 지속적인 계획이나 장래의 의사결정의 지침 또는 결정을 핵심으로 하는 실천 원리라고 정의한다. 길버트와 스펙트(Gilbert & Specht, 1974)는 국가나 민간기관에서 행동의 방향이나 계획의 기초를 이루는 여러 결정과 선택이라고 하고, 티트머스(Titmuss, 1981)는 주어진 목적을 지향하고 행동을 좌우하는 원리에 관련된 것으로서 목적과 수단에 관한 행동을 의미한다고 한다.

3) 사회복지정책의 개념

사회복지정책은 학자에 따라서 여러 가지로 정의되고 있지만 이는 사회복지와 정책의 합성어로 넓은 의미로는 사회복지를 실현하기 위한 국가나 민간기관의 행동 방향 또는 의사의 결정이라고 할 수 있다. 이는 사회 모든 구성원의 삶의 질을 향상시켜 행복의 실현을 위한 행동 방향을 결정하는 지침이라고 말할 수 있다.

좁은 의미로는 국가나 지방자치단체 등의 행정 주체가 사회복지라는 공공 목적을 추진하고 실현하기 위하여 계획하고 그 계획을 결정한 것을 실천하기 위한 행동 방침이라고 볼 수 있다.

이러한 사회복지정책에는 사회적, 경제적 약자를 보호하기 위한 지침과 제도, 정부나 민간기관의 사회복지서비스, 모든 국민의 복지, 기타 개인적 욕구를 충족하기 위한 개인 구호적 성격의 복지와 사회적 욕구를 충족하기 위한 복지를 제도화하는 것을 모두 포함하고 있다.

2. 사회복지정책에 대한 국가별 개념

사회복지정책의 개념은 국가별, 학자별, 사회문화적으로도 다양하게 정의되고 있다. 사회복지에서는 사회복지정책이란 용어보다 사회정책이라는 용어가 더욱 오래전부터 널리 사용되고 있다.

1) 영국

영국에서는 「빈민법」 실시와 관련하여 빈민행정을 중심으로 한 사회행정이 발달하였기 때문에 사회복지정책이라는 용어보다 사회정책 또는 사회행정이라는 용어가 많이 사용된다. 또한 복지국가의 탄생과 관련하여 사회적 서비스가 발달하였기 때문에 영국에서는 사회서비스와 관련된 정책을 주로 의미한다. 즉, 신체적, 정신적, 사회적으로 불리한 조건으로 발생한 인간의 개인적인 욕구를 해결하기 위한 대인서비스를 수행하는 정부의 정책을 포괄하여 사회정책이라고 한다.

특히 국민의 최저생활보장(nationanl minimum)을 목적으로 다양한 사회정책을 발전시켜 왔으며, 모든 국민들이 비용부담 없이 이용할 수 있는 공공의료서비스인 국민보건서비스(NHS: National Health Service)를 가정 먼저 실시하였다.

2) 독일

사회정책은 독일에서 시작된 용어로서 1873년 독일에서 창립된 사회정책학회에서 유래하였다. 독일에서 사회정책이란 용어가 먼저 쓰이게 된 것은 당시 독일 사회가 갖고 있었던 특수성에서 비롯되었다. 당시 독일에서는 계획경제를 달성하기 위해서 국가의 역할이 강조되었고, 급속한 산업화와 고도성장으로 말미암아 산업재해, 공해 등의 국가적인 문제를 해결하고 마르크스 사상을 지지하던 노동자들을 통제하기 위하여 당시 수상이던 비스마르크(Bismarck)에 의하여 사회보험이 도입되었다. 이리하여 국가에 대한 사회정책이 독일에서 처음으로 행하여지게 되었다.

즉, 독일은 노동계급이나 계급투쟁 같은 정치적인 문제를 해결하고 통제하기 위한 방안에서 발전하여 오늘날에는 다양한 사회계층의 통합을 목표로 복지를 제공하는 정책을 뜻하는 것으로 사용되고 있다. 즉, 사회의 불이익집단의 지위를 높여 주고 계층간의 통합과 사회통합에 기여하는 정책을 뜻한다.

3) 미국

미국에서는 1929년 대공황을 계기로 대규모로 발생한 실업문제의 해결책으로 사회보장법이 도입되었으며, 경제적 위험에 대한 사회보장으로 사회복지정책이 실시되었기 때문에 사회보장(social security)이라는 개념이 많이 사용된다.

또한 사회복지는 시장경제의 틀 내에서 물적, 사회적 욕구를 충족할 수 없는 빈곤층을 대상으로 하기 때문에 공공부조를 지칭하는 용어로 흔히 사용된다. 따라서 유럽의 복지국가에 비하여 공적인 보편적 복지가 덜 발달하였으며, 민간기관이 주도하는 사적 정책이 발달하여 미국의 사회복지정책은 민간부문의 사회복지활동까지 포함하는 개념으로 사용된다.

4) 북유럽(스칸디나비아) 국가

스웨덴, 핀란드, 노르웨이를 비롯한 북유럽 국가들에서는 복지국가의 발달에 사회민주주의가 중요한 역할을 하였으며, 모든 국민을 대상으로 한 보편주의적 사회복지정책이 발달하였다. 사회연대를 중심으로 평등한 사회복지정책을 추구하며, 성장과 분배를 동시에 추구하며, 소득재분배를 중시한다. 사회복지정책의 주요 재원으로 일반재정을 사용하기 때문에 안정적이고 지속적인 사회복지정책의 실시가 가능하다.

3. 사회복지정책의 영역

사회복지정책은 기본적으로는 인간으로서의 욕구충족, 즉 생존 욕구와 사회적 욕구충족을 그 영역으로 한다. 인간으로서의 생존 욕구충족을 위해서는 의식주 등 기본적 재화를 구입할 수 있는 소득을 보장해야 하고, 또 주거생활을 보장해야 하며, 질병 치료 등 의료서비스 등이 실천되어야 한다. 따라서 소득보장정책, 주거보장정책, 의료보장정책이 사회복지정책의 영역이 된다. 다음으로 인간의 삶을 위한 사회적 욕구충족이 중요한 사회복지정책의 내용에 포함된다. 여기에는 사회문제의 해결과 그 예방, 사회적 · 경제적 불평등의 해소, 생활환경의 개선, 교육의 보장, 아동 · 노인 · 장애인 · 여성 등 사회적 약자를 위한 복지정책이 광범위하게 포함된다. 오늘날은 여기에 그치지 않고 우리나라에도 다문화가정이 증가하고 있는데 이들에 대한 배려와 국제적인 차원에서의 보호가 필요하고, 이들 사회에 대한 여러 차별과 장애, 인종차별 문제, 외국 여성 차별 문제를 해결하는 것이 새로운 사회복지정책의 영역으로 떠오르고 있다. 나아가 조세를 통하여 소득재분배를 하고, 일자리를 통하여 소득보장을 하기 때문에 조세정책과 노동정책도 사회복지정책의 주요 영역에 해당한다.

다음에서는 사회복지정책의 영역을 주요 분야 5대 영역인 소득보장정책, 주거보장정책, 의료보장정책, 교육보장정책, 대인사회서비스정책과 확장된 분야인 7대 영역에 포함되는 조세정책, 노동정책을 중심으로 살펴보기로 한다.

1) 소득보장정책

소득보장정책은 두 가지로 나눌 수 있다. 첫째, 국민들이 빈곤에 빠지지 않도록 삶을 영위하기 위한 최저생활을 유지하도록 소득을 보장하는 정책이 있다. 사회보험정책이 여기에 속한다. 퇴직 후의 생활을 보장하고, 노령으로 소득이 상실된 자를 위한 대책, 질병의 예방 및 치료 등의 정책을 펴 나가고 나아가 실업, 장애, 산업재해에 대비하는 정책을 펴는 것이다. 우리나라는 이를 이루기 위하여 국민연금, 기초연금, 국민건강보험, 노인장기요양보험, 산업재해보상보험, 고용보험 등의 정책을 실시하고 있고 이에 관련된 법률에서 그 정책을 실현하고 있다. 둘째, 이미 빈곤에 빠진 사람들에게 최저생활을 보장하고 자립을 지원하는 정책이다. 생활능력이 없는 자에 대한 최저소득의 보장, 빈곤한 자에 대한 무상의료 지원정책 등 공공부조정책이다. 우리나라는 현재 국민기초생활보장정책, 빈곤자에 대한 무상의료급여정책, 재해구호정책, 탈북자보호정책, 다문화가정보호정책 등을 펴고 있고 이와 관련된 법을 마련하고 있다.

2) 주거보장정책

주거보장정책은 공공 임대주택을 국가가 공급하고 열악한 주거환경을 개선하며 노후한 주택의 재개발을 촉진하는 정책이다. 그뿐 아니라 저소득층에 대한 임대료를 지원하고 열악한 집에 살고 있는 주민들의 질병, 위생, 교육, 범죄 등도 예방하는 정책을 포함하고 있다. 이러한 주거정책은 「헌법」 제35조 제3항에 규정되어 있는 국민의 생존권적 기본권의 하나이다. 즉, 국가는 주택개발정책을 통하여 모든 국민이 쾌적한 주거생활을 할 수 있도록 노력해야 한다고 규정하고 있다.

3) 의료보장정책

의료보장정책은 건강한 생활을 유지하고 질병이 발생한 경우 이를 치료함으로써 적절하고 충분한 의료서비스를 제공하는 정책이다. 여기에는 보험 형식으로 제공하는 국민건강보험과 직접적인 의료서비스를 제공하는 의료급여가 있다. 우리나라는 현재 국민건강보험과 의료급여법에 의한 의료서비스가 제공되고 있다.

4) 교육보장정책

교육보장정책은 국민의 지적 수준을 향상하고 이를 토대로 사회문화, 시민의식, 시민의 경제수준, 정치의식, 고용 등 정치, 경제, 사회, 문화 등의 모든 영역에서 그 수준과 질을 높이기 위한 정책이다. 이는 「헌법」상에 보장된 평등권을 실천하는 하나의 방법이고 균등한 교육을 받을 「헌법」상의 기본권을 실현하기 위한 정책이다. 예를 들어 우리 사회가 가지고 있는 도시와 농촌 간의 교육의 불균형을 해소하고 열악한 교육환경을 개선하며 장애인을 위한 특수교육정책을 펴 나갈 수 있게 된다.

5) 대인사회서비스정책

대인사회서비스정책은 아동, 청소년, 노인, 장애인, 여성 등 사회적 약자를 대상으로 하는 사회복지정책이다. 여기에는 아동복지, 청소년복지, 노인복지, 장애인복지, 여성복지, 영유아복지, 가정복지, 정신보건복지에 대한 정책을 마련하고 관련법에서 그 정책을 실현하는 것이다.

6) 조세정책

조세정책은 국가의 조세 부과와 징수 권한에 토대를 두고 여러 가지의 국가재정 목적에 따라 정책을 수립하고 시행한다. 오늘날은 소득재분배의 효과를 극대화하고 사회복지를 실현하기 위하여 여러 제도를 마련해 나가고 있다. 예컨대, 경제적 약자에게 면세를 해 주거나 조세부담률을 경감한다. 또한 근로자를 위하여 각종 근로소득 감경 정책을 펴는 것이다. 그리고 출산을 장려하고 육아교육에 드는 비용을 고려하거나 가족의 부양책임을 고려하는 등의 정책도 사회복지정책과 관련되는 조세정책이다.

7) 노동정책

근로능력이 있는 사람에게 고용이나 직업 소개 및 알선 등을 통하여 경제적으로 많은 일자리를 창출하여 고용을 확대해 나가는 정책이다. 근로자에게 더 많은 소득의 기회와 소득을 보장하는 것도 노동정책이 할 일이다. 노동정책은 개인 근로자에게 뿐만 아니라 국민 경제 전체적인 입장에서도 아주 중요한 사회복지정책이 되고 있다. 궁극적으로 완전고용을 실현하고자 한다. 이 노동정책은 빈곤을 해결하는 목적을 가지고 있고, 고용에 대한 정책적 지원, 직업안정 지원, 실업대책, 고용교육훈련 등 여러 가지 정책을 실현하고 있다.

노동시장과 관련된 정책으로는 일반적으로 소극적 노동시장과 적극적 노동시장으로 구분된다. 소극적 노동시장은 실업급여와 같이 소득보호를 제공하는 것을 말하며, 적극적 노동시장은 직업능력개발, 고용안정사업과 같이 실업자들의 재취업을 지원하는 정책을 말한다.

Chapter 02 사회복지정책의 가치

사회복지정책의 가치는 사회복지정책을 결정하는 데 중요한 영향을 미치므로 사회복지정책의 가치를 알아보는 것은 매우 중요하다. 사회복지정책의 가치는 국가나 시대마다 다르다. 하지만 오늘날의 사회복지정책은 실질적인 경제적 민주주의를 달성하여 실질적 평등과 배분적 정의를 실현하여, 정치적 민주화에 덧붙여 경제적 민주화를 실현함으로써 복지국가를 달성하는 데 목적을 두고 있다. 따라서 사회복지정책의 가치도 이러한 관점에서 논의되고 있다.

1. 평등

평등의 개념에는 「헌법」에 규정되어 있는 법 앞의 평등, 기회의 평등, 절대적 평등, 상대적 평등이 있다.

1) 법 앞의 평등

우리나라 「헌법」 제11조 제1항은 "모든 국민은 법 앞에 평등하다. 누구든지 성별, 종교, 또는 사회적 신분에 의하여 정치적, 경제적, 문화적 생활의 모든 영역에 있어서 차별을 받지 아니한다"라고 규정하고 있다.

이 「헌법」 규정은 모든 국민을 법 앞에서 평등하게 다루어야 한다는 평등의 원칙을 선언한 것이며 모든 기본권이 근거해야 할 근본 규범이다. 이 법 앞의 평등은 국민이 국가에 대하여 요구할 수 있는 기본권이며 그 내용은 기회균등과 차별금지가 그 핵심이다. 차별금지는 성별, 종교, 사회적 신분에 따른 차별을 해서는 안 된다는 것이며 정치적 생활 영역에서 정치적 평등권, 경제적 · 사회적 영역에서 경제사회적 평등권, 문화적인 영역에서 문화적 평등권을 보장받는 것이다. 특히 법 앞에서의 차별금지와 기회균등은 형식적 평등인데 비하여 경제적 복지의 평등은 실질적 평등이다. 「헌법」 제11조의 평등은 형식적 평등뿐만 아니라 형식적으로는 차별금지, 예컨대 빈자와 부자를 놓고 단순히 법적으로 빈자를 부자와 똑같은 인격자로 다루어 차별을 하지 않는다 하더라도 실제로 생기는 경제적, 실질적인 불평등을 시정하는 데도 적용된다고 본다. 우리나라 「헌법」 제119조는 경제 민주화를 위하여 국가가 규제와 조정을 한다고 규정하고 있으므로 우리나라는 경제질서에 있어서 경제적, 실질적 평등의 실현을 목표로 하고 있다.

2) 절대적 평등과 실질적 평등

절대적 평등은 모든 인간을 모든 면에서 언제나 균등하게 대우해야 한다는 원칙이다. 모든 사람이 자신의 능력 차이에 관계없이 똑같이 대우받고 사회적 자원을 똑같이 분배하는 것을 의미한다. 그러나 이는 현실적으로 달성할 수 없는 평등이며 「헌법」에 규정된 평등도 절대적 평등을 뜻하는 것이 아니다. 이를 수량적 평등 또는 결과의 평등이라고 한다. 이 절대적 평등은 실질적, 경제적 평등과도 다르다. 실질적 평등은 모든 인간을 능력에 관계없이 똑같이 대우해야 한다는 것이 아니라 인간으로서의 개별적 능력이나 차이를 인정하되 경제적인 약자의 경제적 능력을 높여 부자와의 격차를 줄여서 인간으로서의 인간다운 생활을 할 수 있도록 국가가 복지를 펴는 것을 말한다. 이 실질적 평등은 앞에서도 말한 바와 같이 우리 「헌법」도 채택하고 있는 원칙이다.

3) 상대적 평등(비례적 평등)

모든 인간을 평등하게 대우하되, 정당한 이유가 있고 합리적 근거에 의한 차별 내지 불평등은 허용한다는 원칙이다. 「헌법」에서 규정하는 평등은 바로 상대적 평등이다. 이것은 비례적 평등의 요소이다. 비례적 평등이란 개인의 능력, 기여 정도에 따라 사회적 자원의 배분을 달리하는 것이며 공평이라고도 한다. 비례적 평등은 합리적인 불평등을 허용한다. 사회보장제도 가운데 사회보험의 경우 보험금을 많이 낸 사람이 더 많은 급여를 받도록 하고 있는 것이 그 예이다. 이와 같이 기여금을 낸 것에 비례하여 급여액의 차등을 인정하는 것이 비례적 평등을 반영한 것이다.

4) 기회의 균등

기회의 균등은 결과는 무시하고 결과를 얻을 수 있는 과정에서 기회를 똑같이 제공한다는 것이다. 그러나 이는 가능성의 평등이고 형식상의 평등이다. 이 기회의 평등은 결과적인 불평등에 대하여는 신경을 쓰지 않는다. 그러나 이 기회의 균등도 평등의 중요하고 핵심적인 요소이고 이를 보장하지 않으면 평등의 원칙에 위반된다.

기회의 균등 가치가 반영된 사회복지정책으로는 소수민족우대정책, 농어촌 기회균등전형, 장애인고용의무제도, 드림스타트(Dream Start) 등을 들 수 있다.

2. 효율성

1) 수단으로서의 효율성

인간의 욕구를 충족할 수 있는 사회적 자원은 한정되어 있기 때문에 최소한의 자원을 투입하여 최대의 효과를 얻는 것이 중요하다. 이것이 효율성이다. 사회복지정책에 있어서는 평등의 가치와 함께 효율성의 가치도 고려되어야 한다. 그러나 이 효율성은 평등의 가치를 달성하는 수단이지 그 자체 목표가 되는 것은 아니다. 효율은 평등을 위한 여러 사회복지정책을 실행하는 데 적은 자원으로 더 많은 평등을 이루어 낼 수 있는가를 판단하는 기준일 뿐이다.

사회복지정책을 평가하는 수단으로써의 효율성에는 운영 효율성과 목표 효율성이 있다. 목표 효율성이란 정책이 목표로 하는 대상들에게 그 정책에 사용되는 자원이 얼마나 집중적으로 할당되는가로 판단된다. 운영 효율성은 정책을 관리, 운영하는 비용이 얼마나 적게 투입되는가로 판단된다. 예컨대, 공공부조제도는 빈곤층을 지원하기 위하여 저소득층을 집중적으로 지원한다는 측면에서 목표 효율성은 높으나 대상자 선정 등 행정비용의 증가로 인하여 운영 효율성은 떨어진다.

2) 목표으로서의 효율성

사회복지정책이 추구하는 목표로서의 효율성은 배분적 효율이다. 배분적 효율이란 사회 전체의 효용(만족감)을 높일 수 있도록 사회적 자원을 배분하는 것을 말한다. 이를 파레토 효율(pareto efficiency)이라고도 한다.

파레트 효율이 최적으로 이루어져 사회 전체가 가장 만족스러운 배분이 이루어졌을 때를 파레토 최적(pareto optimal)이라고 한다. 가능한 파레토 최적이 이루어지도록 어떻게 하면 사회구성원들이 만족할 수 있는 배분이 이루어져야 하는가는 시장에 대한 정부 개입의 찬반 여부가 영향을 미친다. 시장에 대한 정부의 개입을 자유의 침해라고 생각하는 자유주의자들은 정부의 개입이 없는 완전경쟁시장에서 자원이 효율적으로 배분될 수 있다고 주장한다. 반면 자본주의 사회의 분배문제를 개선하여야 한다고 생각하는 사회민주주의자들은 정부가 시장에 개입하거나 분배결과를 개선할 때 자원의 효율적 배분이 가능하다고 주장한다.

3. 최저생활의 보장

오늘날 사회복지정책은 빈곤자, 사회적 · 경제적 약자의 구제 내지 보호로부터 일반 국민으로 그 대상이 확대되고 있다. 이는 사회복지정책이 추구하는 궁극적인 목표가 모든 국민으로 하여금 인간다운 생활을 보장해 주는 데 두고 있음을 뜻한다. 이것이 「헌법」에 보장된 국민의 생존권적 기본권 보장이다.

최저생활이란 인간의 존엄성에 상응하는 생활을 할 수 있는 상태를 말하며 최소한의 생활의 유지에 필요한 상태와 건강하고 문화적인 최소한의 생활을 보유하는 것을 말한다. 즉, 정신적 · 육체적으로 건강한 상태를 유지하면서 노동력을 재생산할 수 있는 정도의 생활 상태를 확보하는 것을 의미한다. 이러한 최저생활을 보장하기 위하여 「헌법」은 이른바 최저생활보장을 생존권적 기본권으로 규정하고 국가는 복지증진에 노력해야 하고 장애인, 노약자, 청소년, 질병자, 여성 등의 복지를 제공할 의무와 책임을 진다고 규정하고 있다. 이와 같은 내용을 입법화한 것이 각종 사회보험, 국민기초생활보장, 사회복지서비스에 관련된 다양한 사회복지정책이다.

4. 자유

1) 정치적 · 사상적 자유의 개념

자유란 정치적으로는 국가권력의 속박과 간섭으로부터의 해방을 의미한다. 사상적으로는 타인의 강제와 속박이 없는 상태이고 국가의 강제성이 없는 상태이다. 개인의 자유가 보장되려면 국가는 개인의 생활에 간섭과 통제를 말아야 한다. 정부의 개입은 없거나 최소한에 그쳐야 한다. 자유사상은 18세기 계몽주의 사상가인 존 로크(John Locke)가 주장했고 당시 절대군주가 곧 국가인 국가로부터의 속박에서 벗어나기 위한 개념이었으며 이 사상이 프랑스혁명의 도화선이 되었다. 이 자유는 정치적 의미뿐만 아니라 개인의 재산권을 국가로부터 보호하려는 개인재산의 자유(사유재산 소유의 자유)라는 뜻도 가진다.

2) 헌법상 자유의 개념

현대 각 국가의 「헌법」에는 국민의 각종 자유권 보장을 규정하고 있는데 이는 근대의 자연법 사상의 자연권에 기초를 두고 있다. 자유의 자연권은 태어날 때부터 하늘로부터 주어진(양도할 수 없는) 자유권을 가지고 있으며 이는 국가 이전에 가지고 있다는 것이다. 이 자연권으로서의 자유가 「헌법」에 선언되고 국가에 의한 보장으로 나타난 것이 「헌법」상의 자유권이다. 이와 같이 「헌법」상의 자유권은 자연권으로서의 성격도 가지고 있으면서 「헌법」상의 기본권이라는 권리로 되었다. 「헌법」상의 자유권이란 국민이 그의 자유 영역에 대해서 국가권력으로부터 간섭이나 침해를 받지 않을 권리이다. 자유권은 원칙적으로 자기 마음대로 생각하고 행동할 수 있는 자유이다. 이는 인간의 본성으로부터 당연히 나오는 것이며 인간의 존엄과 가치, 행복추구권에서 나오는 것이다. 이런 의미에서 자유권은 국가 이전의 자연권으로서의 성격도 가지고 있으므로 행동의 자유와 같은 적극적 기능을 당연히 가지는 것이다. 다른 한편 자유권은 그의 자유 영역에 대하여 국가 권력으로부터 침해받지 않을 소극적 기능을 가진다. 국민의 자유권은 결국 자유의 적극적 기능이 침해되었을 때 국가에 대하여 침해배제를 요청할 수 있는 소극적 방어 기능에 귀착된다. 「헌법」은 행동자유권으로서 신체의 자유, 사회적 자유, 경제적 자유, 정신적 자유, 정치적 자유를 규정하고 있다.

3) 사회복지정책에서의 자유

(1) 소극적 자유

소극적 자유란 타율적 강제로부터 벗어나는 자유로, 되도록 간섭을 받지 않을 자유를 말한다. 소극적 자유는 국가의 개입과 간섭을 없애거나 최소한에 그쳐야 한다고 강조한다.

(2) 적극적 자유

적극적 자유는 자신이 바라는 것을 할 수 있는 자유, 즉 스스로 원하는 것을 할 수 있도록 제도(환경)의 보완을 통해 자유를 보장하는 것을 의미한다. 적극적 자유는 최소한의 인간다운 생활의 보장을 위하여 국가의 적극적인 개입을 요구한다. 예를 들어, 장애인이 학교를 다니고 싶을 때 학교를 다닐 수 있도록 편의시설 등을 설치하는 것을 말한다.

복지국가의 발달은 소극적 자유에서 적극적 자유로의 확대를 의미한다. 즉, 개인이 가진 사유재산에 대한 소극적 자유를 제한하여, 세금을 걷어 사회적으로 보호가 필요한 사람들의 적극적 자유를 보장한다(예, 생계비지원, 편의시설 설치 등).

4) 자유와 평등의 관계

자유와 평등의 관계는 두 가지 측면에서 다루어야 한다. 자유와 형식적 평등은 대립되는 관계가 아니고 보완적인 관계에 있다. 여기의 자유는 구속으로부터의 해방을 의미하고 형식적 평등은 인간을 구체적 인간으로서가 아니라 추상적인 인격자로서 평등하게 대우한다는 것이다. 형식적 평등은 타인의 간섭을 받지 않고 자유로운 행동을 하는 데 도와주는 관계이며 형식적 평등이 보장되어야 자유도 보장받을 수 있다. 그러나 자본주의 경제가 발달함에 따라 실제로는 빈부의 심한 격차로 말미암아 부자유, 불평등이 생겼다. 이를 시정하기 위하여 나온 것이 실질적 자유와 실질적 평등 개념이다.

자유와 실질적인 평등의 관계는 대립적 관계에 있다. 즉, 실질적 평등은 인간이 인격자로 평등하게 대우받는 것은 물론이고 나아가 구체적인 인간으로서 인간다운 생활을 할 수 있도록 하여 빈부의 격차를 줄여서 사회복지를 실행하는 것을 말하고 실질적 평등을 달성하는 데는 국가의 경제생활에 대한 개입이 필요하다. 그런데 자유는 국가의 개입을 싫어하고 개입이 없어야 자유권이 보장된다. 그러므로 자유와 실질적 평등은 대립된다.

그러나 다른 한편, 자유권에는 생존에 대한 공포와 위협으로부터의 자유나 빈곤으로부터의 자유도 포함되므로 실질적 평등을 내용으로 하는 생존권은 이러한 생존에 대한 위협이나 공포로부터의 자유를 실질적으로 확보하기 위한 것이다. 이 점에서 보면 생존권은 자유권에 대하여 보완관계에 있다. 생존권의 보장을 통한 실질적 평등을 위해서 자유권을 지나치게 희생해서는 안 된다. 민주국가에서는 인간의 존엄과 가치, 행복추구권을 존중해야 하며 국민의 경제적 자유와 창의를 존중해야 하므로 실질적 평등을 위하여 자유권을 제한하는 것은 가능한 한 최소한에 그쳐야 하며 실질적 평등과 자유는 조화를 이루어야 한다.

5. 삶의 질 향상

현대 복지국가가 지향하는 궁극적인 사회복지정책의 목표는 삶의 질의 향상에 있다. 전통적인 복지정책에서는 국민의 최소한의 생활을 보장하는 데 두고 있으나 오늘날 선진 사회에서 물질적 풍요를 달성한 국가는 삶의 질의 향상에 사회복지정책의 방향을 두고 있다.

삶의 질은 그 사회구성원들의 가치관과 관습, 사회의 경제 정치, 문화, 복지 등의 사회적 환경과 사회 환경 속에서 느끼는 개인의 가치관과 신념, 건강상태, 정신상태, 생활방식, 생활주기, 영적 영역 등에 따라 다양하게 결정되는 상대적 개념이다. 따라서 개인에 의해 경험되는 일상생활에 대한 느낌의 만족감이나 행복감이 삶의 질을 결정하는 중요한 요인이라 할 수 있다. 즉, 삶의 질은 일반적으로 객관적 생활환경, 건강상태, 생활에 대한 주관적인 만족감 등에 관한 객관적 · 주관적 평가를 말한다(Holloway & Carson, 2002).

이러한 삶의 질은 객관적인 차원에서 경제적 생활수준, 자연 상태(자연자원의 개발, 환경오염 정도 등), 사회적인 생활환경(주택, 전력, 교통, 의료, 음식섭취, 교육, 여가 및 문화 등)과 가족적 생활환경(친구, 집안일, 결혼, 자녀, 양육, 건강 직업 등)을 포함하는 지표이기도 하다. 주관적 차원으로는 정신적, 정서적, 심리적(선택과 결단의 자유, 사랑, 자아, 실현, 만족감 등) 평가 및 생활에 대한 주관적 만족도를 나타내는 것이다(박현옥 · 이한나, 2006: 83-93).

6. 사회적 적절성

사회적 적절성은 사회복지급여가 인간다운 생활을 유지할 수 있는 수준을 보장하는 판단기준으로 생존권과 관련이 있다. 이러한 가치는 사회가 변화함에 따라 함께 변화한다. 주로 빈곤선, 최저생계비, 최저임금 등으로 구체화된다. 공공부조인 「국민기초생활보장법」의 경우 생계급여, 주거급여, 의료급여, 교육급여, 장제급여, 자활급여, 해산급여 등 각종 급여의 수준이 인간다운 생활을 보장하는 데 적절한지를 판단하는 기준이 된다. 사회보험인 국민연금의 경우 노후의 인간다운 삶의 질을 보장하는 적절한 급여의 수준이 중요한 판단기준이 된다.

사회복지정책의 목적과 기능

사회복지정책은 앞에서 기술한 평등, 효율성, 최저생활보장, 자유, 삶의 질 향상, 사회적 적절성 등 사회복지정책의 가치를 실현하고자 한다. 시장의 비효율성으로 인한 자본주의 사회의 빈익빈 부익부 등 사회적 불평등을 완화하여 사회적 문제를 해결하고 삶의 질 향상을 위해서는 국가 주도의 사회복지정책의 실시가 필요하기 때문이다.

1. 시장의 비효율성 보완

시장의 비효율성이란 시장의 실패를 의미한다. 자유주의들은 자본주의 사회가 국가의 개입이 없어도 잘 기능한다고 생각한다. 그러나 자유주의자들의 주장과 달리 사회적 양극화 등 다양한 사회문제가 발생하고 있고 이를 시장의 실패라고 한다. 시장의 실패와 같은 비효율성을 줄이기 위해 국가가 사회복지정책을 통하여 자본주의 사회의 문제에 개입하게 된다. 시장의 실패의 유형에는 공공재 공급의 실패, 외부효과, 정보의 비대칭, 도덕적 해이, 역의 선택, 규모의 경제 등이 있다.

1) 공공재 공급의 실패

공공재란 어떤 집단의 구성원들이 생산한 유형 또는 무형의 재화로서, 구성원 각자가 그 생산에 기여했는지 여부에 관계없이 모든 구성원들이 이용할 수 있는 재화를 말한다(박용순 · 송진영, 2016: 17). 공공재의 대표적 특성으로는 비경쟁성과 비배제성이 있다. 비경쟁성이란 이용하는 데 있어 경쟁적 관계가 나타나지 않아 원하는 만큼 이용할 수 있는 특성을 말한다. 비배제성이란 비용을 지불하지 않아도 이용하지 못하게 할 수 없는 특성을 말한다.

공공재가 갖고 있는 비경쟁성과 비배제성의 특성으로 인하여 무임승차현상이 나타나기 쉽다. 예를 들어, 육교에 편의시설(엘리베이터)이 설치되어 있을 경우, 편의시설 설치 비용지불과 관계없이 무료로 이용하는 것이 대부분이다. 무료로 누구나 얼마든지 이용할 수 있는 경우 무임승차를 하게 된다. 공공재의 설치는 많은 사람들에게 편리함을 주지만 무임승차현상이 나타나는 공공재(편의시설)의 공급과 운영을 민간에게 맡기면 민간은 수익성 문제로 공공재의 공급을 하지 않게 된다. 이러한 문제를 해결하기 위해 국가는 사회에 꼭 필요한 공공재를 직접 공급하게 된다.

2) 외부효과

특정행동과 관련하여 제3자에게 의도하지 않은 혜택이나 손해를 발생하게 하는 것을 외부효과라고 한다. 제3자가 아무 행동도 하지 않았지만 혜택을 받은 경우 긍정적 외부효과라고 한다. 주변에 지하철역이 생겨 부동산 가격이 상승한 경우 등에 해당한다. 반면 손해가 발생한 경우 부정적 외부효과라고 한다. 쓰레기 매립장 등이 생겨 주민들의 건강에 많은 우려가 발생하는 경우 등에 해당한다. 이렇게 외부효과가 존재하면 주변에 미치는 영향이 매우 크므로 정부의 개입이나 규제가 필요하게 된다.

3) 정보의 비대칭

현대사회에서 정보는 삶의 질에 매우 큰 영향을 미친다. 원칙적으로 시장에서 공정한 경쟁과 교환이 이루어지기 위해서는 교환하려는 쌍방이 동일한 정보를 가지고 있어야 한다. 그런데 시장에 참여한 거래당사자 간에 쌍방이 동일한 양의 정보를 가지기보다는 어느 한쪽이 더 많은 정보를 가지기 쉽다는 것이 정보의 비대칭이다(박용순 · 송진영, 2016: 18).

의료부문의 경우 이용자보다 의료기관이 더 많은 의료에 대한 정보를 가지고 있기 때문에 이용자는 의료서비스에 대한 적절한 가격과 질을 알 수 없고 의료기관에 비용을 다 지불할 수밖에 없는 불리한 상황에 처한다. 이렇게 정보를 가진 자와 가지지 못한 자의 정보의 비대칭은 시장에서 공정한 경쟁을 할 수 없게 하며, 정부의 개입이나 규제가 필요하게 된다.

4) 도덕적 해이

도덕적 해이란 개인의 이기적인 행위로 인하여 사회급여를 남용하여 사회복지정책의 재정부담을 가중시키는 현상을 말한다. 도덕적 해이가 만연하게 되면 사회구성원들 스스로 사회적 위험의 예방 또는 치유를 위해 노력하지 않고 소홀히 하거나 불필요하게 급여를 신청 및 수급하는 형태로 나타난다(안홍순, 2012: 61). 예를 들어, 건강보험의 경우 가입자가 건강증진 및 회복을 위해 노력하지 않거나 의료기관이 과잉진료, 의약품 남용 등을 하는 것에 해당한다. 실업보험의 경우 실업급여 수급기간 동안 구직노력을 열심히 하지 않는 행위 등에 해당한다. 이러한 행위는 국가의 재정부담을 상승시키며, 결국 보험료 및 본인부담금의 상승으로 이어져, 도덕적 해이를 줄이기 위한 정부의 개입이나 규제가 필요하게 된다.

5) 역의 선택

주로 보험과 관련하여 발생하는 문제로 위험이 높은 사업장에 근무하거나 사고 위험이 높을 사람들이 집중적으로 보험에 가입하는 경우 평균적인 위험확률이 높아지므로 보험금 지급이 많아지고 이로 인하여 보험금이 인상되는 악순환이 생겨서 보험의 목적인 위험이 분산되지 않는 문제를 말한다. 즉, 보험은 일부 사람들에게 위험이 발생한다고 전제하고 이 위험을 전체 가입자가 나누어 부담하도록 되어 있다.

만약 건강에 이상이 있는 사람들만 보험에 가입을 하게 된다면 건강이 좋지 않은 사람들은 의료기관을 많이 찾게 되어 전체 보험비용이 높아지게 되므로 실제로 보험이 필요한 사람들, 특히 사회적 약자들이 보험에 가입하지 않은 역선택을 하게 된다. 이러한 역선택을 막기 위해 정부의 개입이 필요하게 된다.

6) 규모의 경제

규모의 경제란 생산규모가 커질수록 평균생산비용이 떨어져 이윤이 커지는 현상을 말한다. 즉, 생산규모가 커지면 생산요소를 대량으로 구매하고, 대량으로 판매할 수 있기 때문에 판매비와 운영비가 절약된다(안홍순, 2012: 62). 사회복지 재화나 서비스와 같은 공공재의 경우는 국가단위로 제공을 하게 되면 규모의 경제의 장점을 살릴 수 있다. 예를 들면, 대량의 공공주택건설, 공공교육, 사회보험의 경우 개인별, 민간부문이 제공하는 것보다 국가가 대규모로 제공할수록 비용이 적게 드는 규모의 경제를 실현할 수 있다.

2. 시장통합과 안정

사회복지정책은 사회생활상 어려움을 가지고 있는 개인에게 사회적 지원을 통하여 일상생활과 사회생활을 유지하게 함으로써 개인적으로 사회에 적응할 수 있을 뿐만 아니라, 사회 전체적으로 사회불안 요인을 제거함으로써 사회혼란을 방지하여 사회통합과 안정에 기여한다. 이렇게 사회복지정책은 사회에서의 낙오 · 일탈로부터 재활과 복귀를 도와 사회에서 각자의 역할을 유기적으로 수행할 수 있도록 사회를 통합하고 안정화시키는 목표를 갖는다. 이를 위해 사회복지정책은 빈부격차를 해소하고 건강하고 문화적인 삶을 살 수 있도록 하는 제도들을 수행한다(권기창, 2022).

3. 경제성장과 조정

사회복지정책이 경제성장에 미치는 긍정적인 효과는 인적 자본의 질적 수준의 향상을 통하여 나타난다. 건강, 보험, 교육, 주택, 기타 사회복지서비스 등이 노동자의 삶의 질을 향상시키고 노동력의 질적 수준을 향상시켜 생산에서의 경쟁력을 확보하게 한다. 또한 사회복지정책은 경기 변동을 적절히 반영하여 경기를 조절함으로써 경제성장에 간접적으로 기여한다. 경기가 과열되면 소득의 상승으로 보험료가 증가하여 사회보장비용의 부담을 증가시키고 사회복지정책의 급여를 감소시켜 소비를 줄임으로써 경기 진정의 효과를 거둔다. 불황일 때는 보험료 인하로 인하여 복지비용의 부담을 감소시키고 급여를 증가시켜 내수소비를 증대시킴으로써 경기를 자극한다. 이와 같이 사회복지정책은 경제성장과 경기조정 기능을 한다.

4. 개인의 자립과 성장

사회복지는 인간을 합리적이고 이상적인 존재로 보고 자신의 문제를 스스로 해결할 수 있다는 자기결정권의 원리를 중요한 가치로 여긴다. 사회복지정책은 개개인이 스스로 자신의 생활을 영위할 수 있을 때까지 자립을 지원한다. 더 나아가 제각기 능력에 따라 성장하고 발달할 수 있는 잠재력을 발휘할 수 있도록 원조하는 기능을 한다. 또한 개인의 자립과 성장을 원조하기 위한 사회복지정책의 방법은 상호부조와 재분배를 통해서 이루어진다. 사회복지정책은 국가 주도에 의한 재분배정책으로 이루어지며 사회 구성원들을 협동적으로 재통합시키고자 하는 노력이 뒤따른다. 사회보험은 사적 보험단체 같은 것을 통한 상호 조력과 소득재분배를 목표로 하고 공공부조는 조세를 통한 상호부조와 조세에 의한 소득재분배가 이루어진다.

5. 소득의 재분배

사회복지정책의 소득재분배 기능은 매우 중요하다(Titmuss, 1981). 사회복지정책은 경제성장에 따른 이득을 사회적으로 재분배하여 소득 불평등을 줄이고 사회적 변화와 통합을 증대하는 기능을 한다. 여기에는 장기적 재분배, 단기적 재분배, 수평적 재분배, 수직적 재분배가 있다.

1) 장기적 재분배

모든 생애에 걸쳐 발생하는 재분배이다. 노령연금의 적립방식이 그것이다. 적립방식은 수급자가 젊어서 벌어들인 소득의 일부를 일정기간 적립하여 두었다가 정년퇴직 후 적립했던 돈을 연금으로 되돌려 받는 방식이다. 개인적으로 보면 청년기에서 노년기로 소득을 재분배하는 것이다.

2) 단기적 재분배

현재의 사회복지 재원을 축적하는 여유도 없이 수급자에게 급여를 제공하기 위하여 사용하는 것을 의미한다. 예컨대, 1년 단위로 세금에서 급여 예산을 편성하여 급여하는 공공부조의 급여가 여기에 속한다. 그리고 현재 일하고 있는 젊은 세대가 기여한 연금을 재원으로 하여 현재의 노령수급자에게 연금급여를 제공하는 연금부과방식도 여기에 속하며 이는 세대 간의 소득재분배 형태이다.

3) 수평적 재분배

동일한 소득계층 내에서 발생하는 재분배이다. 이를 세대 내 분배라고 한다. 아동수당은 자녀가 없는 계층으로부터 자녀가 있는 계층으로, 실업급여는 일을 하고 있는 사람으로부터 일을 할 수 없게 된 사람에게, 산재보험은 산재를 당하지 않은 사람으로부터 산재를 당한 사람에게로 소득이 재분배된다. 수평적 재분배는 소득재분배 효과가 수직적 재분배에 비하여 미약하다.

4) 수직적 재분배

소득이 높은 계층으로부터 낮은 계층으로 발생하는 소득의 재분배를 의미한다. 예컨대, 공공부조의 급여는 모든 국민이 조세로 재원을 부담하고 소득이 낮은 저소득층에게만 급여를 제공한다. 의료보험 기여에서의 누진 기여가 이에 해당한다. 그리고 사회보험의 기여방식은 누진적인 경우가 대부분이어서 소득이 높은 사람이 많이 기여하고 소득이 적은 사람은 상대적으로 적게 기여하도록 설계되어 있다. 이와 달리 급여에 있어서는 고소득자는 저소득자의 기여율에 비하여 상대적으로 적은 급여율을 적용받도록 설계되어 있어 재분배를 달성한다.

사회복지정책의 발달 이론

Chapter 04

사회복지정책이 발달한 근거는 다양한 관점에서 형성과 발달 그리고 변천과정을 설명하고 있는데 다음에서는 수렴이론, 시민권 이론, 확산이론, 엘리트이론, 이익집단이론, 사회양심이론, 코포라티즘(조합주의 이론) 등을 중심으로 설명하고자 한다.

1. 수렴이론(산업화 이론)

사회복지정책의 결정에 영향을 미치는 것은 자본주의, 사회주의라는 이념에 관계없이 산업화이며 기술발전이라고 본다.

산업화(기술발전)는 여성의 사회참여 증가, 맞벌이 부부의 증가, 가족의 소규모화 등으로 인하여 가족 기능을 약화시켜 사회적 약자인 아동, 장애인, 노인 등의 돌봄문제 등을 발생시킨다. 반면 산업화가 촉진한 경제성장을 통하여 사회복지 재원이 증가하게 된다. 따라서 산업화로 인하여 산업재해, 가족기능의 약화, 사회적 양극화 등 사회문제가 발생하게 되지만 산업화로 인하여 경제가 성장하며 국민들의 실질소득 증가로 조세 부담 능력이 커지며, 사회복지재원이 증가하게 되어 사회복지정책을 확대한다는 것이다. 요컨대, 산업화는 경제성장을 가져오는 한편 새로운 사회욕구를 유발시키며, 경제성장은 복지 확충에 필요한 자원을 제공하고, 새로운 욕구는 복지 프로그램을 실시하는 복지국가를 형성하게 한다(원석조, 2010: 171 참조).

또한 수렴이론은 경제발전 수준에 따라 사회복지제도 그에 수렴하여 비슷한 수준으로 발달한다고 하였다. 따라서 경제발전이 상당한 수준에 도달하면 자본주의 국가의 복지와 사회주의 국가의 복지가 비슷해진다는 것이다. 산업화에 따른 기술 발전이 그렇게 만든다는 것이다.

2. 시민권 이론

시민권이란 공동체의 모든 구성원에게 부여되는 여러 가지의 권리를 가질 수 있는 지위를 말한다(Marshall, 1970). 마샬(Marshall)은 시민권이 공민권, 정치권, 복지권의 순으로 발전하였다고 하였다.

공민권은 자유권과 평등권을 보장받는 권리 및 이와 관련되는 권리이다. 자유권에는 언론 출판 · 집회 · 결사의 자유, 신체의 자유, 사유재산을 소유할 재산권 등이 속한다.

평등권은 자유권, 기타 시민의 기본권을 법 앞에 평등하게 보장하는 근본적인 시민의 권리이다. 또한 시민으로서의 생존에 필요한 권리를 국가에 요구할 수 있는 생존권적 기본권으로, 인간으로서의 존엄과 가치를 보장받을 수 있는 시민의 기본권이다.

정치권은 국가기관의 구성원을 선출하는 선거권과 같은 권리와 국가의 공무를 담당하여 공무원의 일할 권리 등 시민이 국가의 정치에 적극적으로 참여할 수 있는 권리이다. 이를 참정권이라고도 한다.

복지권은 시민으로서의 인간다운 생활을 할 권리를 가지는 것으로, 이를 생존권적 기본권이라고 한다. 이는 생존에 필요한 것을 국가에 적극적으로 요구할 수 있는 권리이다. 우리나라 「헌법」 제34조는 "모든 국민은 인간다운 생활을 할 권리를 가진다고 규정하고 국가는 사회보장, 사회복지의 증진에 노력할 의무를 진다"라고 규정하고 있다. 따라서 이 생존권적 기본권이 곧 복지권이다.

이 시민권 가운데 자본주의의 초기에는 자유권만이 강조되었고 그 후 정치권이, 그리고 20세기에 들어오면서 복지권이 생겨났다. 오늘날을 복지국가라고 하는 것은 바로 이런 이유에서이다.

공민권과 정치권은 복지권의 발전을 돕고 복지권은 공민권과 정치권의 완전한 실현과 행사를 보장한다.

3. 사회양심론

각 개인이 가지고 있는 타인에 대한 사랑, 이타심, 사회적 양심(social conscience)이 확산되어 박애주의자나 사회사업가에 의하여 사회복지제도나 그 정책이 발전되었다는 주장이다. 따라서 사회복지정책을 국가의 자선활동으로 보며, 사회적 의무감이 국가차원으로 확대되었다고 본다, 그러나 이렇게 보는 것은 지나치게 단선적인 것이고 낙관적이며 사회복지를 이타적. 양심적인 산물로만 볼 수 없다는 비판이 있지만, 사회복지 서비스 측면에서는 양심이 요구된다는 점에서 이 이론은 사회통합의 기초를 이루고 있다는 긍정론이 있다(한국사회복지행정학회, 2007: 45).

4. 음모이론

음모론(Conspiracy theory)은 타인에 대한 이타심과 자비심을 강조하는 사회양심론과 달리, 사회복지정책이 지배계층의 정당성 확보, 정치권력의 재생산, 사회 안정 및 사회통제를 위해 도입되고 확대된다고 본다. 따라서 사회복지정책이 사회통합과 안정에 기여한다는 것은 허상이며, 오히려 사회 혼란과 사회운동을 완화하여 기존의 사회질서를 유지하기 위한 숨은 목표를 가진 음모라고 주장한다. 이에 따라 대량 실업과 같은 심각한 사회문제가 사회적 혼란을 야기할 때는 공공복지제도가 확대되고, 사회가 다시 안정되면 사회복지가 축소된다는 사실을 제시한다.

5. 확산이론

근대화이론의 하나로 근대 국가들이 발전하면서 복지정책이 다른 나라에 영향을 미쳐 인근 나라로 확산된다는 이론이다. 어느 나라에서 복지정책을 시작하게 된 것은 복지국가를 먼저 경험한 제도를 모방하여 시행한 것이다. 이런 점에서 복지정책의 확대과정은 국제적 모방과정이라고 할 수 있다. 확산이론은 타이라와 킬비(Taira & Kilby, 1969), 콜리어와 메시크(Collier & Messik, 1975) 등이 주장했는데 이들은 유럽대륙 국가들은 다른 선진국이나 비유럽 국가보다 먼저 사회보장 프로그램을 구축하고 더 많은 복지비를 지출했다고 하고 이는 유럽 국가들의 지리적 접근 때문에 다른 나라로 확산되었다고 한다. 그리고 수준이 낮은 동유럽 국가들이 유럽 선진 복지국가의 영향을 받아 사회보장이 확산되었다고 보고 있다(원석조, 2021). 예를 들어, 독일의 사회보험이 유럽으로 전파되고, 일본의 개호보험이 우리나라에 도입된 사례를 들 수 있다.

6. 엘리트 이론

엘리트 이론(Elitism)은 사회란 소수의 엘리트집단을 정점으로 한 피라미드 구조로 이루어져 있다고 본다. 사회복지정책은 정책결정자들이 공식적으로 국민들의 사회복지정책을 결정하는 것처럼 보이지만 실질적으로는 보이지 않는 지배엘리트들의 이익과 선호, 가치에 따라 결정된다는 이론이다. 즉, 엘리트집단들이 자신들의 이익을 위해 사회복지정책을 도입한다는 이론이다. 여기서 엘리트란 행정관료, 기술전문가, 지식인 등 사회적으로 기득권층을 말한다. 사회는 엘리트와 대중으로 구분되며, 역사는 계급투쟁의 산물이 아니라 엘리트 간의 갈등이며, 교체과정일 뿐이라고 보는 입장이다(서보준 외, 2023).

7. 이익집단론

사회복지정책을 이익집단들 사이의 갈등과 타협의 산물로 보고 있다. 여기서 이익집단이란 공동의 목적을 가지고 공공정책에 영향을 미치기 위하여 노력하는 개인들의 조직체이다. 보통은 노동조합, 경영자단체, 의사협회, 변호사협회 등의 직능단체가 그 예이나 오늘날은 종교, 연령, 인종, 언어 등을 중심으로 조직체를 결성하기도 한다. 이들 이익집단들은 자신들의 이익을 확대하기 위해 집단행동을 하며, 선거와 같은 정치상황을 잘 활용하여 그들에 유리한 사회복지정책을 증대하고자 한다. 예를 들어, 고령자의 증가로 인한 투표율과 노인복지정책의 관련성을 들 수 있으며, 퇴직한 고령자 단체가 대표적이다.

이익집단이 많아지고 강화되면 그만큼 정부의 지출이 많아지고 경제적, 사회적 약자의 이익을 위한 집단이 많아지고, 그 요구가 커지면 그만큼 복지비의 지출이 많아지고 또한 각종의 제도나 법률 제정과 개정이 빈번하게 이루어진다. 이익집단 사이의 욕구를 조정하는 데는 정부의 역할이 중요하다. 예컨대, 건강보험 분야에서 의료전문직 단체인 의사협회와 소비자인 일반국민들 사이에 보험료와 그 수급 간의 갈등은 정부가 중립적인 입장에서 중재하여 그 갈등을 해결하는 것이 바람직하다.

8. 코포라티즘(조합주의 이론)

코포라티즘(corporatism)은 국가, 자본, 노동이 사회적인 협약이나 합의를 통하여 서로 타협하면서 이익을 교환하는 행위가 제도화된 체제를 말한다(원석조, 2010: 63). 여기에서 말하는 이익의 교환이란 국가와 자본가, 노동자가 협약을 맺어 노동자는 임금 억제 등의 국가정책을 지지해 주는 대신에 국가나 자본가는 그 대가로 반대급부(임금 인상)를 제공하는 것을 말한다(삼자 협동주의). 노동자들이 거대한 노동조합을 결성하여 사용자와 대등한 지위에서 임금, 근로조건 등 노사 간의 주요 문제를 협상하고 정부가 이를 중재하여 노사 간의 분쟁을 해결하는 이론이다. 이는 중세사회에서 마치 농노 또는 시민은 왕실과 귀족에게 복종하고 왕실과 귀족은 이들을 보호하는 체제와 유사하다. 이런 점에서 코포라티즘의 기원은 중세사회에 있다고 한다.

코포라티즘은 사회적 코포라티즘과 국가적 코포라티즘으로 나눌 수 있는데 사회적 코포라티즘은 정부, 노동, 자본이 물가와 복지 문제를 상의하고 결정하는 삼자 협동주의가 핵심이다. 사회적 코포라티즘은 복지국가의 확대를 가져왔다. 또한 사회적 코포라티즘은 노동조합의 힘이 강할 때 나타난다. 국가적 코포라티즘은 이익단체들이 국가에 종속되고 위로부터의 권위적 권력에 의해 강제적으로 운영되는 체제를 말한다. 즉, 반자유주의적 파시즘 체제를 말한다(원석조, 2021 참조).

Chapter 05

사회복지정책의 이념

사회복지정책의 이념이란 사회복지정책을 지배하는 지도 원리를 말한다. 이는 시대나 국가마다 다르다. 따라서 그 시대와 국가의 사회, 경제, 정치체계에 따라 사회복지정책의 이념을 형성하게 된다. 사회복지정책은 그 이면의 산물이라고 할 수 있다.

근대적인 의미의 사회복지는 자본주의 사회가 내포하고 있는 부익부 빈익빈의 경제적, 사회적 모순을 해결하기 위하여 나온 것이므로 자본주의의 산물이다. 따라서 근대 사회복지 이념은 복지개념을 탄생시킨 근대 자본주의에 대하여 형성되어 왔다. 여기에는 궁극적으로 자본주의를 폐기하고 공산주의 내지 사회주의로 이행하려는 마르크스주의, 자본주의를 긍정하되 이를 사회주의적으로 수정하고자 하는 사회민주주의 내지 페이비언 사회주의, 자본주의를 가장 바람직한 경제사회체제로 인정하는 자유주의와 케인즈주의 이데올로기가 있다.

1. 자유주의

자유주의는 사회주의 내지 공산주의에 반대되는 개념이다. 사회주의 내지 공산주의가 국민 전체적인 입장에서 국민의 평등을 위하여 국가가 전면적으로 개입하고 개인의 자유는 무시되는 데 반하여, 자유주의는 자유를 최고 가치로 하고 평등은 그보다 하위 개념으로 되어 국가의 개입을 싫어하는 주의이다. 자유주의는 국가의 자유방임적인 태도를 요구하고 국가는 오직 외부의 적으로부터 방어하는 데만 힘쓰고 국민의 사적 경제생활에는 개입할 수 없다는 것이다. 이는 고전적 자유주의 또는 순수한 자유주의라고 할 수 있다.

자유주의는 서구에서 봉건체제가 붕괴되고 그 후에 성립한 절대군주국가가 몰락한 이후에 자유와 평등을 바탕으로 하는 근대 시민사회가 탄생하면서 생긴 것이다. 봉건주의와 근대 시민사회 사이의 기간은 절대군주국가 시대인데 이 시대에 국가의 부국강병책에 의하여 발생한 중상주의가 자본계급을 성립시켰다. 자본계급은 봉건시대의 농노에 대신하는 평민으로서 일반 시민으로서의 자격을 획득하게 되었다. 자본계급은 처음에는 국가의 중상주의 정책에 따라 절대군주의 국가 권력과 국가의 부 축적에 협력했지만 절대군주가 나중에 이들의 부상을 두려워하여 이들을 경제적, 정치적으로 억압하고 착취하자 자본계급은 절대군주체제라는 구체제에 대항하여 투쟁의 전면에 나서게 된다. 이리하여 프랑스혁명을 계기로 자본계급에 의하여 절대군주체제는 붕괴되고 이른바 자유와 평등을 토대로 하는 시민사회가 성립된 것이다. 여기서 자유주의는 근대 시민사회의 기본적인 이념이 된 것이다.

자유주의는 정치적으로는 국가권력의 횡포를 금지하기 위하여 법에 의한 지배를 강조하는 입헌주의와 법치주의 및 자유를 천부의 인권으로 보장하는 이념을 바탕으로 한다. 그리고 시민들 자신들이 직접 국정에 참여하는 민주주의 정치체제를 확립했다.

그리고 시민 자신들의 경제활동에 국가의 개입을 극히 제한했다.

2. 케인즈주의

고전적 자유주의는 경제적으로 부익부 빈익빈의 형상을 심화하여 실제로는 부자유와 불평등을 야기하여 국가 불개입의 원칙으로는 인간다운 생활을 실현할 수 없게 되었다. 그리고 20세기 초에 미국에서 시작된 경제공황으로 자유주의를 폐기하지 않을 수 없게 되었다. 이의 이론적인 근거를 제공한 학자가 바로 케인즈(Keynes)이고, 케인즈의 주장을 채택한 것을 케인즈주의라고 한다. 케인즈주의란 자본주의가 발전되려면 국가의 적절한 관여가 필요하고 고전적인 자유주의가 지향하는 자유주의적 사고, 즉 계약의 자유, 고용의 자유, 개인주의를 수정해야 한다는 것이다. 다시 말해, 자유주의적 자본주의의 가치인 자유, 개인주의, 사적 소유의 가치를 토대로 하되 자본주의의 자기 내적 모순을 해결하기 위하여 일정한 수준의 국가개입이 필요하다는 것이다. 여기서 케인즈주의를 국가개입주의라고 한다.

케인즈에 따르면, 고용이 증가하면 소득이 증가하고 소득이 증가하면 유효 수요가 증가한다. 소비는 소득보다 작기 때문에 소득이 증가하면 수요가 증가하는 것이다. 그리고 유효 수요가 감소하면 경기에 불황이 오고 경기 불황이면 소득이 감소하여 실업이 증가한다는 것이다. 즉, 사람들이 기업에서 생산한 물건을 사 주지 않으면 기업은 생산을 줄일 것이고 이는 곧 실업으로 이어져 국민 총생산을 떨어뜨린다고 한다. 자본주의는 구조적으로 총수요가 총공급보다 작기 때문에 정부는 유효수요를 늘리기 위한 투자를 해야 한다는 것이다. 유효수요가 감소하면 실업이 늘어나므로 유효수요의 증대를 위하여 사회복지정책이 필요하다고 주장한다. 이는 1929년 미국의 대공황을 극복하는 주요한 이념이 되었으며, 복지국가가 발달하게 되는 주요 근거를 제공하였다.

3. 사회민주주의

사회민주주의는 경제적으로는 생산수단의 공적 소유와 관리를 통하여 사회를 개조하고 정치적으로는 민주주의 방법을 통하여 사회정의를 실현하는 이념으로 제2차 세계대전 이후 복지국가 건설의 배경이 되는 이념적 체계이다(한국사회복지행정학회, 2007: 61 참조). 사회민주주의는 마르크스주의와 달리 자본주의를 부정하는 것이 아니라 자본주의의 개량의 방법으로 복지를 통한 사회주의를 지향함으로써 사회주의의 평등주의 목적을 달성한다고 보았다. 이러한 사회민주주의에는 대표적으로 페이비언 사회주의가 있다.

페이비언 사회주의는 의회정치의 방법으로 점진적으로 자본주의 사회를 개량하면서 궁극적으로는 생산수단의 공공적 소유로 이행한다는 사회주의이다. 이 페이비언 사회주의는 사회적 선을 실행하는 데 국가의 역할이 필요하다고 보았다(이 점은 케인즈의 국가개입주의와 비슷하다).

자본주의를 넘어 사회주의로 이행한다는 점에서는 마르크스주의와 유사하다. 그러나 마르크스주의는 프로테리아트 독재와 계급투쟁을 통하여 사회주의 내지 공산주의를 달성하려 하지만 페이비언 사회주의는 프로테리아트 독재와 계급투쟁을 부정하고 의회입헌적 점진적인 방법으로 사회주의를 지향한다는 점에서 마르크스주의와 다르다.

페이비언 사회주의는 계급투쟁보다는 윤리와 공리주의를 더 중시한다. 평등과 자유, 우애, 인도주의와 같은 자유민주주의 가치를 존중하되 이들은 특히 평등을 중시한다. 평등 없이는 사회주의는 없다고 한다(George & Wilding, 1987: 115-116). 그리고 이들은 사회통합을 중시하고 사회경제적 불평등에 뿌리를 둔 계급갈등은 사회통합의 가장 큰 적이며 불평등은 사회통합을 위해서 완화되어야 한다고 한다. 이 사회주의는 평등이란 기회나 소득의 평등이 아니라 부의 평등이라고 한다. 부의 불평등인 상속재산은 불로소득이며 능력보다는 기회의 차이를 반영하고 조세제도에 의하여 불평등하게 취급되는 경우라는 이유에서 불공평하다고 한다. 부의 평등을 위해서 계획경제를 실시한다. 다음으로 자유를 신봉하는데 이들의 자유는 자유주의자들의 자유(소극적 자유)와 달리 정부의 적극적인 활동, 즉 법, 경제정책, 사회복지정책에 의하여 신장되고 자유(적극적 자유)는 평등에 달려 있다고 본다. 권력의 불평등이 존재하는 한 자유는 기대할 수 없다고 한다. 우애도 강조하고 경쟁보다는 협동, 권리보다는 의무, 개인의 요구보다는 공동체의 선, 자조보다는 이타심을 더 존중한다. 이 주의는 사회통합, 공동체 의식의 강화, 이타주의의 유지를 위해 사회복지정책이 필요하다고 한다(원석조, 2010: 137-138).

페이비언 사회주의는 1918년에 영국 노동당의 정책으로 채택되었다. 페이비언 주의자들은 점진적으로 자본주의를 개혁할 수 있다고 보았다. 복지국가주의는 이러한 접근의 결과물이며 복지국가주의는 영국 노동당의 정강정책으로 되었다.

4. 마르크스주의

마르크스는 역사의 발전단계를 변증법적 유물론에 입각하여 전개하고 모든 사회정책, 정치, 경제를 변증법적 관점에서 파악하고 있다. 그는 모든 생산제도는 지배계급인 자본가가 피지배계급인 노동자를 착취하는 관계라고 보고 하부구조인 경제가 상부구조인 정치를 지배한다고 한다. 지배계급인 자본가는 피지배계급인 노동자에 의존한다. 마르크스는 역사적 발전단계를 공동 생활관계인 원시공동체사회에서 노예제사회로, 그리고 여기서 농노의 착취를 통하여 중세봉건사회로 발전되고 다시 근대시민혁명의 결과로 자본가의 이익을 옹호하고 노동자를 착취하는 부르주아지적 자본주의가 탄생했다고 보았다. 이러한 자본주의의 자본가 위주의 불평등사회는 노동자의 계급투쟁을 통하여 자연스레 폐기되고 마침내 아무런 지배계급도 없는 완전한 평등사회인 공산주의가 필연적으로 온다고 보았다.

자본주의는 자본가의 이익을 위한 제도이고 노동자에 의하여 폐기되어야 할 체제이며 자본주의 사회복지정책도 부르주아지적 이익에 따라 기능한다. 마르크스주의의 창시자인 마르크스(Marx)와 엥겔스(Engels)는 19세기 독일의 비스마르크에 의하여 도입된 사회보험을 비판하면서 이는 노동자에 대한 시혜에 불과하고 노동자들에게는 보험료 부담을 지우지 말아야 한다고 하면서 자본계급에게만 보험료 부담을 지울 것을 요구했다. 왜냐하면 노동자는 받는 임금이 매우 낮기 때문에 보험료를 부담할 능력이 없기 때문이다. 또 노동자의 생계 불안은 자본가의 이익에 봉사하는 자본주의체제의 잘못에 있으므로 노동자는 보험료를 낼 필요가 없다는 것이다. 마르크스주의자들은 자본주의 복지정책을 신랄하게 비판하고 있다. 그 사회복지정책이 비록 노동자계급이나 빈민을 위한 것이라 하더라도 부르주아지 국가가 시행하는 한 구조적으로 부르주아지적 이익을 추구하므로 노동자계급은 이를 수용해서는 안 된다고 한다. 또한 사회개

량주의 같은 보수적 사회주의는 자본주의 폐기를 부정하고 부르주아지 사회의 존립을 보장하기 위해 사회적 폐해를 제거하고자 할 뿐이다. 그럼에도 불구하고 자본주의 국가의 사회복지정책은 노동자계급의 혁명적 의지를 약화시키는 해독제에 불과하지만 계급투쟁을 통해 얻은 사회복지정책은 의미가 있다고 한다(원석조, 2010: 167). 마르크스주의에서는 자본주의 사회에서의 복지는 노동자를 위한 것이 아니며 역사적 발전단계에 따라 자본주의가 붕괴되면 공산주의 사회로 되는데 공산주의 사회에서는 모든 생산수단은 공동체 소유이고 사람들의 생활도 공동으로 하며 분배도 공동으로 하여 완전한 평등사회가 건설되므로 명실상부한 복지가 완전히 이루어진다고 보는 것이다.

5. 신자유주의

신자유주의는 근본적으로 자유주의 사상에 토대를 두고 국가의 개입을 배제하는 철저한 시장경제주의를 말하고 국가가 책임을 지는 국가복지정책은 국민을 국가에 예속시키고 시민적 자유를 박탈한다고 한다. 신자유주의는 국가주도의 국가복지를 부정하고 민간복지를 가장 선호한다. 신자유주의는 1970년대에 영국과 미국에서 급속하게 전파되었고 우리나라에도 1990년대 이후에 신자유주의 신봉자가 많이 나타나고 있다. 신자유주의는 국가의 시장경제에 대한 지나친 간섭이 복지국가의 위기를 초래했다고 본다. 국가의 지나친 복지 프로그램의 확대가 국민의 노동력 약화로 이어지고 저축과 투자의 감소는 산업생산의 위축을 가져와 전체 자원이 감소된다. 자원이 감소하면 재정위기가 온다는 것이다.

신자유주의의 특성을 요약하면, 첫째, 자본주의 시장경제를 신봉한다. 정부의 개입을 비판하고 개인의 자유를 신장하고 효율적인 자원배분기구로서의 시장을 존중하고 신뢰한다. 시장은 정치적 권위와 강제력의 제동장치이고 자유로운 경쟁, 수요와 공급, 이윤, 자유로운 임금교섭을 가능하게 하는 시장경제는 결국 사회적 평등의 신장에도 크게 기여했다고 한다(George & Wilding, 1987; 원석조, 2010: 145 재인용). 정부의 개입은 절대적인 권위와 힘으로 시장질서를 왜곡시키고 노동의욕을 고갈시키며 결과적으로 사회 전체를 파멸 속으로 몰아넣는다고 한다. 그러므로 정부는 시장질서의 유지를 위한 최소한의 개입만 해야 하고 자원분배기구인 시장의 기능을 중시해야 한다고 보았다.

둘째, 신자유주의는 국가(정부)를 싫어하고, 작은 정부를 지향한다. 공공서비스나 공공재화의 공급을 특징으로 하는 사회복지 지출은 유효수효 창출과 총수요관리를 정부가 부담하는데 이렇게 되면 정부가 과잉 부담을 하게 되어 재정의 파탄을 초래하므로 정부의 사회적 수요에 대한 지출을 적게 하는 작은 정부를 지향한다. 정부가 시민의 사회생활에 적극 개입하면 국가의 사회복지정책은 사회적 분열을 가져오고 자원의 낭비, 경제적 비효율성의 조장, 개인의 자유 억압이라는 현상이 나타나므로 정부의 개입은 배제해야 한다는 것이다.

셋째, 신자유주의는 복지국가에 대하여 비판적이다. 복지국가는 인간의 자유를 억압하여 개인과 가족의 복지노력을 감소시키고 평등과 분배를 지나치게 강조함으로써 자본주의 정신과 인간의 욕구라는 본성마저 무시한다. 그리고 복지국가 아래서도 모든 사람이 평등한 것이 아니고 빈부의 격차는 막을 수 없다. 따라서 신자유주의는 국가의 복지지출을 삭감하고 복지에 대한 국가의 개입을 최소화하고 복지서비스의 민간부문의 역할을 강조한다. 즉, 민간복지를 가장 좋은 것으로 본다.

넷째, 현대적인 신자유주의를 사상적으로 실천한 사람이 영국의 대처(Thatcher) 수상이다. 그의 사상을 대처리즘이라고 한다. 대처리즘은 1979년에 영국 경제가 쇠퇴하고 노동당 정부의 사회민주주의가 퇴조함에 따라 대처의 보수당이 집권하면서 등장한

이론이다. 이것이 미국에도 영향을 주어 레이건(Regan)이 1980년에 대통령에 당선되어 레이거노믹스를 탄생시켰는데 이도 신자유주의 이념이다.

대처리즘은 개인과 국가, 경제와 복지에 대한 신념으로서 다음과 같이 요약할 수 있다. 국가는 사회적인 해악을 방지하는 데는 큰 힘을 발휘하지만 사회적인 선을 지키는 데는 그 능력에 한계가 있고 정부의 개입은 사회변화에 대한 사회의 적응능력을 저하시키므로 비생산적이다. 따라서 국가는 법과 질서의 유지, 국방에만 힘쓰면 된다. 개인의 책임이 중요하고 국민들은 자신의 문제를 스스로 해결해야 하며 정부에 미루어서는 안 된다. 시장은 경제성장과 자유선택을 촉진하고 개인의 자유를 수호하는 가장 좋은 수단이고 경제성장 없는 공공지출의 증대는 국민들의 세금부담을 증가시키고 선택의 자유를 축소할 뿐이다. 한 부분의 지출 증가는 다른 부분의 지출 감소를 가져온다. 그렇지 않으려면 부채 증가와 인플레가 불가피하다. 그 비용은 결국 납세자가 부담해야 하므로 납세자의 상당수는 그 수혜자보다 가난할 수 있다(원석조, 2010: 149-150 재인용). 이와 같이 대처리즘은 국가복지의 위기 극복방안으로 복지예산 삭감, 공영주택 매각, 의료서비스 일부의 유료화, 복지수혜자의 자기부담 증가, 사회복지시설의 축소, 사립교육 진흥 등의 정책을 추진하였다. 그리고 연금과 현금급여를 대폭 삭감했다. 국가는 복지의 생산자에서 조정자로서의 기능을 담당한다. 대처리즘은 민간복지를 가장 선호한다. 민간의 자원봉사 부문을 강조했고 복지를 경제의 활성화 정책으로 이용하였다.

다섯째, 미국은 레이거노믹스의 이념 아래 복지개혁을 주장했다. 그 결과 빈곤은 사회구조적인 문제보다는 개인적인 결함에서 비롯되는 경우가 많으므로 복지는 진실로 이를 필요로 하는 자에게만 제공해야 한다. 따라서 공공부조 수혜자를 엄격하게 제한하고 공공부조 프로그램을 감축하고 복지서비스를 민영화하고자 했다.

6. 제3의 길과 사회투자국가

미국이나 영국 등에서 1980년대 이후로 복지국가에 대한 신자유주의적 개편에도 불구하고 빈부 격차, 불평등, 만성 실업 등의 문제는 여전히 해결되지 않은 채 남아 있다. 특히 대처 정부의 개혁 이래로 민영화, 노조 붕괴, 조합주의의 소멸 등이 나타나면서 사회복지의 토대가 무너지고 시장이 활력을 상실했다고 비판받았다. 베버리지(Beveridge)의 복지도 소극적인 복지로 비판받았다(이태종 · 이재호 · 김혜란, 2015). 반면에 사회민주주의 복지체제를 채택한 국가에서도 지나친 복지와 그로 인한 비효율 등의 문제를 해결하지 못하고 있었다.

기든스(Giddens)는 이러한 상황에 대해 비판하면서 신자유주의가 말하는 시장의 효율과 사회민주주의가 말하는 사회복지의 형평성을 동시에 추구하는 방안을 모색하였다. 즉, 신자유주의와 사회민주주의를 넘어서는 새로운 길을 찾아야 하며, 사회복지와 경제성장을 동시에 유지 발전시키는 것을 기본 정책 노선으로 설정하자는 것이다. 그 대안으로 제시된 것이 바로 수정사회민주주의인 제3의 길(The third way)이다(Giddens, 2001, 권기창, 2011: 58 재인용).

제3의 길은 신자유주의 이념을 택한 국가들이 신자유주의가 발생시킨 사회적 양극화 문제 등을 해결하기 위해 과거의 사회민주주의로 회귀하지 않고, 사회민주주의와 신자유주의의 장점을 결합하여, 단점을 보완한 이념이다. 1990년대 후반에 영국의 블레어(Blair)와 독일의 슈뢰더(Schröder)가 제3의 길을 내세워 집권하였다.

제3의 길의 이념적 토대를 제공하였던 기든스는 고복지－고부담－저효율로 요약되는 사회민주주의적 복지국가 노선(제1의 길)과 불평등－저부담－고효율로 정리되는 신자유주의적 시장경제노선(제2의 길) 모두를 지양하고, 새로운 정책 노선으로 생활보장과 동시에 시장의 활력을 강조하는 제3의 길이라는 적극적 복지를 제안하였다. 또한 인간의 얼굴을 한 자본주의를 강조한다. 즉, 시장의 효율과 분배의 정의를 동시에 추구하면서 경제성장과 사회복지를 동시에 유지 발전시킨다는 이념이다.

북유럽을 비롯한 유럽 국가들은 여전히 제3의 길에 대하여 냉소적이며, 사회민주주의를 유지하고 있다. 또한 영국 노동당 정부의 실권으로 제3의 길은 현재 위축되어 있다.

그러나 제3의 길은 복지국가의 재건을 목표로 복지국가의 직접적인 소득 재분배에서 고용의 재분배, 교육과 훈련을 통한 기회의 재분배, 노동시장의 유연화를 제공하는 것이 국가의 역할이라고 본다. 즉, 소극적 복지에서 적극적 복지를 지향하면서 복지급여는 당연히 청구할 권리가 아니며 일을 통해 자활하려는 근로연계복지(workfare) 노력이 선행되어야 한다고 주장하며 복지 국가의 한계를 극복하려 한다.

이러한 적극적 복지를 위해 제3의 길은 직접적인 경제적 혜택을 통한 복지급여를 제공하기보다는 인적 자원에 투자하는 사회투자국가로 개편한다. 정부의 재정투자를 생산과 연계된 교육, 의료, 복지, 고용 부문으로 집중시킨다는 것이다. 예컨대, 노인 인구를 문제라기보다는 사회자원으로 인식하고, 노동과 공동체에 대한 노인의 참여를 적극적으로 권고한다. 노인 일자리를 창출하고 정년퇴직제도의 폐지를 주장한다. 실업 문제에 있어서도 복지에 의존하는 대신에 교육과 투자의 기회를 이용하도록 장려한다. 또한 인적자본 중 아동에 대한 투자를 강조하였다.

그러나 제3의 길에 대해 진보주의자들은 강하게 비판하고 있다. 제3의 길이 복지국가의 재편을 논하면서도 복지비용의 삭감, 평등에 무관심하고 복지보다 근로를 중시하고, 복지수급자의 의존성을 줄이고 개인의 책임과 근로연계복지를 강조하는 것은 복지지출 동결을 통한 노동력의 재상품화에 불과하며 신자유주의의 가정을 전제한다고 한다(권기창, 2011: 58-60).

Chapter 06

복지국가 유형화 이론

복지국가라는 개념은 영국의 칸타베리 대주교인 템플(Temple)이 1941년에 간행한 『시민과 기독교인』이라는 책에서 처음 사용했다고 한다(김종명, 2009: 77). 그 이후 1945년에 집권한 영국의 노동당 정부가 「베버리지 보고서」(1942)를 바탕으로 1948년에 '요람에서 무덤까지'라는 이념 아래 각종 사회보장제도를 실시함으로써 보편적으로 사용되기 시작했다. 그러나 복지국가 개념은 19세기 독일의 비스마르크 정부에 의한 각종 사회보험에서 시작되었고 20세기 중반에 영국의 노동당 정부에서 정착시켰다.

1. 윌렌스키와 르보의 복지국가

윌렌스키와 르보(Wilensky & Lebeaux)는 잔여적 복지제도와 제도적 복지제도의 개념을 도입하여 복지국가를 유형화 했다. 잔여적 복지제도는 일차적으로는 가족과 시장경제에 의하여 개인의 문제나 욕구를 충족하고 만약 가족과 시장 같은 정상적인 공급구조가 제 기능을 발휘하지 못할 경우 비로소 복지가 활동하는 사회복지제도이다. 정부의 역할을 최소화하고 가족과 시장이 주된 기능을 수행한다. 그 기능이 실패할 경우 정부가 개입한다. 자유 개인주의 시장경제 원칙을 기본가치로 하는 자본주의 정신에 충실한 제도이다. 개인의 빈곤에 대하여는 개인적 책임을 강조하고 국가 책임을 최소화한다. 사회복지 수혜자는 일반인보다 비정상적이고 약하고 적응을 못하는 병리적 사람으로 간주한다. 공공부조가 잔여적인 복지제도에 해당하는 대표적 경우이다. 미국과 일본이 여기에 속한다.

제도적 복지제도는 사회복지제도가 사회에서 정상적인 제 일선의 주요 기능을 담당하는 것을 말한다. 국가 역할을 극대화하고 복지는 사회권으로서 보편적으로 급여가 제공된다. 급여수준은 높고 공동체적 사회결속을 강조한다. 이 제도의 기본적 가치는 실질적 평등의 실현, 빈곤으로부터의 자유, 우애이다. 빈곤에 대한 사회적 책임을 강조하고 빈곤의 수준을 높게 책정하고 사회복지 수혜자를 지극히 정상적인 사회구성원으로 본다. 국민연금, 건강보험, 고용보험, 산재보험 등 사회보험이 이 제도의 대표적인 복지 프로그램이다. 스웨덴, 노르웨이가 대표적 나라이다.

2. 티트머스의 복지국가

티트머스(1974)는 복지국가의 유형을 잔여적 유형, 산업적 수행(industrial achievement performance) 유형, 제도적 재분배 유형으로 구분하였다. 여기의 잔여적 복지 유형과 제도적 재분배 유형은 앞의 윌렌스키의 잔여적 복지 유형 및 제도적 복지 유형과 유사하다.

잔여적 유형은 복지제공에 있어서 시장과 가족의 역할을 중시하고 공공부조 프로그램을 강조한다. 가족과 시장이 제대로 작동되지 않을 때 사회복지제도가 시행된다고 한다. 미국이 대표적 국가이다.

산업적 수행 유형은 사회복지급여가 시장에서의 역할, 즉 직무수행 및 생산성의 정도에 따라 차등화되어야 한다는 것이다. 따라서 개인의 업적, 성취도, 생산성을 중시하며 사회보험 프로그램을 중시한다. 독일, 프랑스, 스위스, 영국, 캐나다, 오스트리아가 대표적인 국가이다.

제도적 재분배 유형은 시장과 가족보다는 사회적인 욕구에 따라 모든 사회구성원에게 보편적으로 제공되는 복지 프로그램을 강조하고, 이러한 보편적인 서비스를 제공하는 사회통합제도가 곧 사회복지이다. 사회복지서비스는 가난한 사람에게 서비스를 제공하는 치료적인 것이 아니라 다양한 사회적인 위험이나 욕구를 해결함에 있어서 보편적인 서비스를 사회구성원 모두에게 제공하는 적극적인 역할을 수행한다. 스웨덴, 노르웨이, 네덜란드가 대표적 국가이다.

3. 퍼니스와 틸톤의 복지국가

미국의 퍼니스와 틸톤(Furniss & Tilton, 1977)은 사회복지욕구에 대한 정부의 개입형태를 기준으로 적극적 국가, 사회보장국가, 사회복지국가로 나누었다.

적극적 국가란 정부의 역할은 개인의 재산소유를 보장하고 경제적 안정을 목표로 하는 국가이다. 국가는 기업과 정부의 상호 협력을 통하여 경제성장과 안정을 도모한다. 기업은 이에 대한 보답으로 자신이 해도 될 의사결정을 일정부분 국가에 양도한다. 그러므로 적극적 국가에서는 일차적으로는 가족과 시장경제에 의하여 개인적 욕구충족을 하고 만약 가족이나 시장이 그 기능을 발휘하지 못할 때에는 국가의 사회복지제도가 이를 보완한다는 사회복지의 잔여적 개념을 인정한다. 이 국가에서는 사회보험을 선호한다. 그 이유는 수급자가 보험원칙에 따라 보험료를 부담하기 때문에 정부의 지출이 억제될 수 있고 사회보험에 의하여 소득의 재분배가 정부 개입 없이 이루어지므로 정치적인 부담이 없기 때문이다. 적극적 국가는 초보적인 복지국가의 단계이다. 적극적 국가의 복지정책은 경제성장과 기업이익의 보호라는 경제정책의 범위 내에서 이루어지기 때문에 복지국가의 범주에 넣기는 곤란하다고 한다. 이 국가의 특징을 요약하면 국가정책의 목적은 자유시장의 불안정성과 재분배의 요구로부터 자본가를 보호하는 데 있다. 그리고 국가정책의 방향은 경제성장을 위한 기업의 협조와 완전고용정책의 최소화에 둔다. 사회정책의 방향은 경제적 효율성이 기여할 수 있는 복지서비스만 실시하고 수익자 부담원칙에 의한 사회보험과 잔여적 복지에 두고 복지정책은 사회통제수단으로 한다. 미국이 대표적인 국가이다.

다음으로 사회보장국가란 사회복지정책을 통하여 국민의 최저생활을 보장하는 국가이다. 사회보장국가는 개인의 사유재산을 보장하고 국가와 기업 간의 상호 협동을 바탕으로 하면서 사회보험뿐만 아니라(여기까지는 적극적 국가와 같다) 공공부조나 사회복지서비스를 통하여 보충한다. 즉, 국민의 생존권을 보장한다는 것이다. 그러나 사회보장국가에서는 최저수준의 생활을 보장하는데, 이는 기회균등과 일정수준까지의 평등을 보장한다는 것이지 완전한 평등을 보장한다는 것이 아니다. 따라서 국가는 기회균등과 일정수준까지 평등을 보장하면 그 이상의 부분은 개인이나 가족이 자발적으로 스스로의 노력을 통하여 해결해야 한다는 것이다. 국가는 공공적 책임의 범위 내에서만 책임을 진다는 것이다. 요약하면 국가의 목적은 국민 전체의 생활안정에 두고, 국가정책의 방향은 완전고용정책의 극대화와 기회균등의 실현 그리고 모든 국민에게 직접적 혜택을 부여하는 데 둔다. 사회정책의 방향은 최저생활수준만 보장하고 기본생활수준은 국민의 생활수준 향상에 따라 개선하며 사회보험제도 이외에 무상의 공공부조를 확대하는 데 둔다. 영국이 대표적인 나라이다.

마지막으로 사회복지국가란 최저수준의 생활만을 보장하고 그 이상은 경쟁에 맡기는 사회보장국가를 비판하는 입장이다. 이 국가는 국민의 실질적 평등을 실현하고 국민의 정치활동의 참여를 적극화하여 모든 국민의 안녕을 보장하는 국가라는 것이다. 이 국가는 모든 국민들의 평등한 삶의 질을 추구한다. 사회복지국가는 경제정책에 있어서 실질적 평등의 실현과 정부와 기업 그리고 노동조합의 단결과 협력을 무엇보다 강조한다. 이 실질적 평등에 대하여 국가가 책임진다는 점과 노동조합과 기업 그리고 정부의 협력이 있는 점이 사회보장국가와 다르다. 따라서 사회복지국가는 특히 정부와 노동조합의 협력을 강조하는 복지체제이다. 사회복지국가는 이러한 실질적인 평등을 실현하기 위한 방안으로 사회보험이나 공공부조뿐만 아니라 사회복지서비스를 통한 급여를 보다 강화한다. 이를 요약하면, 국가정책의 목적은 국민 모두의 실질적 평등과 화합에 둔다. 국가정책의 방향은 정부와 노동조합 간의 협력에 의한 완전고용정책과 환경계획, 최하위층의 우선적 고려에 둔다. 사회정책의 방향은 최저수준 이상의 보장, 사회보험과 공공부조 프로그램의 확대와 복지서비스의 확대, 정부지원의 확대 그리고 시민의 참여와 권력분산에 둔다. 스웨덴이 대표적 국가이다.

4. 미쉬라의 복지국가

미쉬라(Mishra, 1984)는 복지국가를 분화적 복지국가, 통합적 복지국가로 분류했다. 분화적 복지국가란 사회복지를 경제와 대립된 개념으로 파악하고 경제에 장애가 되는 복지는 제한하고 결국 잔여복지만이 제공되는 국가유형이고 복지는 포괄적이지 못하다. 이에 대하여 통합적 복지국가 유형은 조합주의를 바탕으로 하여 경제정책과 사회복지정책이 서로 밀접하게 관련되어 이 둘을 포괄적으로 통합하는 복지정책을 펴는 국가이다.

분화적 복지국가의 경우에는 사회복지가 경제로부터 구별되는 상대적인 자율성을 띠면서 경제와 거의 연계성을 갖지 아니하고 국가가 사회적 복지서비스를 제공하는데, 통합적 복지국가에서는 사회복지는 경제정책과 밀접한 관계에 있으며 사회복지정책과 경제정책은 상호 의존성을 가지고 상호 관련성이 제도화되어 있다. 따라서 사회정책과 경제정책은 통합의 필요성을 제도화하고 경제와 복지가 서로 협력하는 관계를 실행한다. 정치 형태에 있어서는 분화복지국가는 이익집단의 다원주의가 지배하고 자유경쟁과 시장이 중심이며 의회주의 및 완전한 시민의 정치적 자유를 최고의 가치로 한다. 이에 대하여 통합적 복지국가는 중앙집권적 다원주의를 바탕으로 하고 경제와 사회복지정책에 있어서 주요 이해집단의 대표와 최고 조합 사이의 협상과 협의를 중시한다. 따라서 사회복지정책은 각 계층 간의 갈등과 경쟁보다는 협력과 협의를 바탕으로 한다. 그리고 주요 경제집단에 사회적 책임이 존재한다. 이 국가도 의회주의를 존중하고 완전한 시민적, 정치적 자유를 보장한다.

5. 에스핑 안델센의 복지국가

에스핑 안델센(Esping-Andersen, 1990)은 탈상품화 정도와 계층화 정도를 기준으로 복지국가를 자유주의적 복지국가, 보수주의적 복지국가, 사회민주주의적 복지국가로 구분하였다(원석조, 2010: 123). 탈상품화란 근로자가 자신의 노동력을 상품으로 시장에 내다 팔지 않고서도 공공 사회보장제도를 통하여 소비능력을 사회적으로 보장받고 일정수준의 삶의 질을 유지할 수 있는 것을 말한다. 자본주의 국가에서 노동자는 생존을 위하여 노동력을 상품으로 시장에 팔아야 한다. 그러나 사회복지가 높은 수준에 올라 있는 나라에서는 실업보험, 연금제도, 그리고 정부가 주도 시행하는 각종의 사회복지제도를 통하여 노동력의 탈상품화가 가속화된다. 따라서 생존하기 위하여 노동력을 상품화하는 데 덜 의존하고 탈상품화의 수준에 따라 사회복지의 발달 수준을 가늠할 수 있다는 것이다.

에스핑 안델센은 탈상품화 점수가 높을수록 사회복지가 잘 되어 있는 것으로 판단했다. 탈상품화 점수란 연금, 건강보험, 실업보험 등 3대 사회보험에 있어서, 첫째, 최저 급여액의 평균 임금에 대한 비율, 둘째, 평균 급여액의 평균 임금에 대한 비율, 셋째, 급여수급 자격요건, 넷째, 전체 재정 중 수급자 부담의 비중, 다섯째, 전체 인구 중 실제 수급자의 비율 등을 점수로 매긴 것이다. 오스트리아, 벨기에, 네덜란드, 덴마크, 노르웨이, 스웨덴 등의 사회민주주의 국가가 가장 점수가 높고, 이탈리아, 일본, 프랑스, 독일, 핀란드, 스위스 같은 보수주의적(코포라티즘적) 복지국가가 중간 수준이고, 미국, 호주, 영국, 캐나다, 뉴질랜드, 아일랜드 같은 자유주의 복지체제를 가진 나라가 가장 낮다고 한다(원석조, 2010: 123).

계층화란 계층의 격차를 의미한다. 복지국가가 발달할수록 계층이 완화되어 보편주의적 복지의 실시에 의해 중산층이 많아지며, 자유주의적 복지국가와 같이 최저수준의 복지를 강조할수록 계층구분이 많아지며 격차가 발생한다.

자유주의적 복지국가는 국가가 노동시장에서 적절한 소득을 획득하지 못하는 사람들을 대상으로 국민 최저수준의 복지급여를 제공한다. 복지 대상자 선정에서 가장 중요한 기준은 구제 가치가 있는 빈민이고 이는 복지대상자의 노동 동기를 강화하기 위한 것이다. 급여는 저소득층에 초점을 두며, 낙인을 부여하는 방식으로 자격심사가 이루어지며, 탈상품화 효과가 미약하다. 따라서 복지의 재분배효과가 미약하여, 다차원의 사회계층체제(공공부조 수급자, 사회보험수급자, 민간보험 가입자)를 만들어 낸다.

보수주의적(코포라티즘적) 복지국가는 사회복지의 제공을 통해 사회적 지위를 유지하는 것을 목표로 한다. 복지 대상자를 직업의 범주에 따라 구분하고 국가는 이들이 직무능력을 쌓아 가도록 교육과 훈련을 적극 지원하며 소득보장은 주로 사회보험을 통하여 보장하려 한다. 기본적으로 사회계층 유지를 목표로 하기 때문에 탈상품화 효과에는 일정한 한계가 있으며, 전통적으로 가부장제가 강하다.

사회민주주의적 복지국가는 사회적 평등과 국가적인 사회연대성의 제고를 위하여 국가가 적극 개입한다. 조세, 임금격차의 축소 정책, 각종의 복지급여, 적극적인 노동정책 등 각종 국가정책을 통하여 소득의 평등이 확대되고 모든 시민들이 평균적인 생활수준을 향유한다. 복지급여는 보편주의적이고 높은 수준을 유지한다고 한다(원석조, 2010: 124). 탈상품화 효과가 가장 크며, 복지급여가 중산층까지 확대된다.

사회복지정책의 역사

흔히 사회복지정책의 발전 단계를 「빈민법」 시대, 사회보험 시대, 복지국가 시대로 나눌 수 있다. 또 복지국가의 개혁 시대를 추가할 수 있다.

「빈민법」 시대는 유럽에서 중세 봉건사회가 붕괴하고 절대군주체제가 들어섬에 따라 국가가 빈민을 구제하기 위한 정책수단으로써 「빈민법」을 시행하였다. 이것은 진정한 의미의 사회복지정책은 아니고 오늘날의 공공부조의 기원이 되는 정도이다.

사회보험 시대는 19세기 말에 독일에서 비롯된 것으로 산업재해, 실업, 노령화로 인한 사회적 위험을 국가와 노동조합이 보장해 주는 단계이다.

복지국가 시대는 제2차 세계대전 이후 영국에서 시작된 것으로 모든 국민에게 복지급여를 확대하는 사회복지정책을 펴 나가기 시작한 시대이다. 시장경제를 보완하기 위하여 나온 케인즈주의를 사상적 배경으로 한다. 이 시기는 모든 국민들에게 사회복지수급권을 보장해야 한다는 시대이다. 그러나 1970년대 이후 세계경제가 불황에 빠지고 복지국가의 이념과 그 실현이 후퇴하자 신자유주의나 그 이후에 등장한 제3의 길 등에 의하여 복지국가의 개혁이 강조되어 서구와 미국을 중심으로 전통적인 복지국가의 이념과 제도를 개혁하기 시작하였다.

1. 빈민법 시대

중세 봉건시대에는 봉건영주와 교회를 중심으로 당시의 농민인 농노를 보호 구제하였고 특히 교회가 빈민구제사업을 하였다. 예컨대, 1349년의 영국 에드워드(Edward) 3세의 노동자 조례(부랑인들에게 강제노동을 시켜 구제한다), 1531년의 영국 헨리(Henry) 8세의 「빈민법령」(국왕이 빈민구제에 적극적으로 나선다는 법이고 전국의 부랑인 등록을 받아 구제토록 한다는 것이다)이 그 예이다.

이후 봉건주의가 붕괴되고 중상주의를 바탕으로 하는 자본주의가 시작되며, 영국의 양모산업이 발달하면서 대규모 목초지가 필요하였고, 인구의 증가에 따른 농업의 생산성을 높이기 위해 많은 소농과 농업공동체가 파괴되면서 공유지나 개방된 농지에 울타리를 설치하고 대규모 사유지로 만드는 엔클로우저 운동이 진행되었다. 더욱이 정부와 의회는 엔클로우저 운동을 합법화하는 법률을 제정하고, 이를 통해 지주들은 공유지나 소농의 땅을 점점 더 사유지로 전환하면서 수많은 농민들은 토지로부터 쫓겨나 부랑인으로 전락하였다.

또한 이 시기에는 종교개혁으로 교회의 수도원이 해산되면서 교회를 통하여 구제를 받던 빈민들도 부랑인으로 길거리에 내몰리게 되었다. 이에 국가는 빈민을 구제하기 위한 정책을 펴기 시작했다. 이런 정책의 결과로 나온 것이 「빈민법」이다. 또한 저렴한 노동력으로 이용되어 왔던 아동을 보호하기 위해 만들어진 것이 「공장법」이다.

1) 엘리자베스 빈민법

「빈민법」의 대표적인 예는 1601년의 영국의 엘리자베스 「빈민법」이다. 「빈민법」은 과거의 빈민구제를 위하여 제정한 법령들을 체계적으로 정리한 것이다. 영국의 엘리자베스 「빈민법」의 내용은 다음과 같다.

첫째, 빈민구제에 대한 국가의 책임을 인식한다. 둘째, 교회의 구민사업을 국가사업으로 한다. 셋째, 교회 교구단위로 부과한 주민의 주민세를 복지 재원으로 한다. 넷째, 노동 능력자와 노동 무능력자를 구분하여 구제한다. 즉, 노동 능력이 있는 빈민은 노역장에 강제 수용하여 이들에게 노동의 재료를 주어 노동을 강제하고 노동 능력이 없는 빈민은 구빈원에 수용하여 보호하였다. 또한 장애인, 노인, 시각장애인 등을 공공 비용으로 구제하였다. 그리고 고아와 빈민 아동을 보호하고 직업교육을 하였다. 직업교육은 도제 방식으로 하고, 직업교육의 목적은 치안 유지와 구빈 대상으로의 복귀를 예방하기 위한 것이다. 도제 연령은 남자는 24세, 여자는 21세 또는 결혼할 때까지로 했다.

사회복지와 공공부조의 근원을 이 영국의 「빈민법」에서 찾고 있다. 그 이유는 이 「빈민법」이 최초로 빈민구제를 국가 책임으로 하고 국세를 국가사업에 투입하였기 때문이다.

2) 정주법

「빈민법」은 교구를 단위로 빈민을 구제했으므로 빈민들은 가능하면 부유한 교구로 이동해 다니기 시작하였다. 이로 인하여 많은 부랑인들이 생겨났고 구빈 비용은 증가하게 되었다. 이에 따라 빈민의 자유로운 이동을 금지하고 부랑자들을 연고지로 추방하기 위하여 「정주법」을 만들었다. 「정주법」(1662)은 부랑인을 단속하기 위한 법으로 각 교구는 자기 교구에서 출생한 자에 대해서만 구제의 책임을 진다는 것이다.

3) 작업장법

「작업장법」(The Workhouse Test Act of 1772)은 노동이 가능한 빈민을 고용하여 국가의 부의 증대에 기여하고자 하는 목적에서 제정되었다. 동시에 빈민에게 노동을 강제함으로써 구빈재정의 지출을 줄여 보자는 의도도 있었다.

1696년 영국의 브리스톨 시에서 여러 교구가 모여 연합체를 형성하여 공동작업장을 마련하고 빈민에게 일을 시키고 노임을 지불하였다. 이것이 효과적이라고 보아 「작업장법」에서는 작업장 수용을 거부하는 빈민은 구제등록부에서 이름을 삭제하여 구제받을 자격을 박탈하였다.

그 후 1722년의 「노역심사법」은 구제할 가치가 없는 게으른 빈민의 자유를 박탈하고 그 구제의 남용을 방지하기 위한 목적으로 제정되었다. 따라서 상습적 걸인이나 부랑인이 사라졌다. 그러나 빈민의 학대와 노동력의 착취 등 부작용이 많았다. 이 「작업장법」은 오늘날 직업 알선의 성격을 띤 것이라고 할 수 있다.

4) 길버트법

영국의 리치필드(Richfield)의 하원의원인 토마스 길버트(Thomas Gilbert)가 제안하여 제정된 법으로 그의 이름을 따서 「길버트법」(Gilbert Act of 1782)이라고 한다. 이것은 인도주의적 빈민법의 하나로 작업장에서의 비참한 생활과 착취를 개선할 목적으로 하는 법이다. 노동력이 있는 빈민을 작업장에 보내는 대신 자기 가정이나 인근의 적당한 직장에서 취업하도록 알선해주는 원외구호를 인정하는 내용이었다. 또한 노동능력이 없는 빈민에 대해서는 현금급여를 제공하였으며, 나태한 자에 대해서는 교정을 원칙으로 하였다.

5) 스핀햄랜드법

「스핀햄랜드법」(Speenhamland Act of 1795)은 영국의 버크셔 주 스핀햄랜드 지역의 치안판사회의에서 제정된 법으로 빈민에 대한 일종의 임금보조제였다. 즉, 최저생활비 미달의 임금에 대하여 그 부족분을 보조해 주는 제도로 이것이 오늘날 가족수당이나 최저생활비의 기반이 되었다. 이때 최저생활의 기준으로 남자는 매주 3갤런의 빵, 여자는 매주 1.5갤런의 빵이 필요하다고 하였다. 빵값을 기준으로 빈민에 대한 구제 금액을 결정하고 또 가족의 수에 비례해서 금액을 산출했다. 또한 노인, 장애인 등에 대한 원외구제가 확대되었다.

오늘날 가족수당의 효시이며 최저생활보장을 통한 생존권을 최초로 도입하였다는 점에서 인도주의적 빈민법으로서의 크지만 이 제도의 시행결과 다음과 같은 부작용이 나타났다.

첫째, 고용주가 저임금을 지급해도 구빈세로부터 보조금이 나오기 때문에 이것은 노동자를 위한 임금보조금이 아니라 고용주에 대한 보조금이 되었다. 둘째, 노동자는 수입이 적어도 교구로부터 부족분을 받을 수 있기 때문에 열심히 일을 하지 않았다.

6) 공장법

사회경제적 측면에서는 이 시기는 자본주의 사회의 형성기로써 생산능력이 있는 것이 우선시되는 사회였으므로 아동들은 보다 빨리 노동력으로써 생산활동에 참가하는 것이 기대되었으며, '노동력으로써 아동'이라는 인식이 일반적이었다. 공장의 경영자들은 아동을 성인보다 저렴한 노동력으로써 생각하고 있었기 때문에 가능한 장시간 노동을 시켰으며 1일 15~16시간의 노동도 드물지 않았으며, 열악한 작업장에서 식사도 충분히 주지 않았다. 물론 아동의 건강과 교육은 무시되었다.

그러나 19세기에 이르러 아동을 이러한 상태로 계속 두게 되면 건강을 해치게 되고 미래사회에 건강한 성인 '노동력'이 감소되며, 교육을 시키지 않으면 유능한 국민이 육성되지 않는다는 사회 전체적 관점에서 연소노동의 개선을 주장하는 목소리가 높아졌다. 그중에서도 오웬(R.Owen)은 노동의 자질, 인간성을 향상시키기 위해서는 환경의 개선이 필요하며, 아동의 노동조건 개선 등을 규정하는 「공장법」의 제정을 주장하였다. 그 일환으로 당시 6~7세가 많았던 아동노동자의 고용연령을 10세 이상으로 제한하였다. 또한 마을의 집과 도로를 개량하여 보다 쾌적한 환경을 만들고자 하였다. 특히 오웬은 어릴 적 환경에 주목해 유아기의 나쁜 환경이 그 후의 인간형성에 나쁜 습관을 형성 · 증대시킨다고 생각해 가정이나 사회환경의 개선에 노력을 집중하였다. 이러한 노력의 일환으로써 '성격형성학교'를 설립하고 '아동보호입법촉진운동'을 벌였다(장영인 · 최영신 · 백선희 · 임유경, 2006).

이러한 사회의 요청과 사상가의 주장의 영향으로 최초의 「공장법」이 1802년에 제정되었으며, 아동의 보호를 위하여 최저고용연령, 노동시간제한, 교육의무 등을 규정하였다(福田志津枝, 1996: 68-69). 「공장법」은 아동 노동시간 및 노동연령의 제한을 시도한 최초의 아동노동보호법이며, '노동'에서 '교육'으로의 아동에 대한 혁명적 변혁을 의미하는 것이었다.

1819년의 「공장법」은 취업연령을 최저 9세로 정하고 9세 이상 16세 미만인 아동의 노동시간은 하루 12시간을 초과할 수 없다고 규정하였다. 1833년의 「공장법」은 9세 이하 아동의 고용금지, 9세 이상 13세까지의 아동의 노동시간을 주 48시간, 하루 최고 9시간으로 제한, 아동의 야간노동금지, 공장 감독관의 파녁, 노동 아동에 대한 일반 교육, 위생환경의 개선 등 아동의 노동을 보호하고자 하였다(장영인 · 최영신 · 백선희 · 임유경, 2006: 91).

7) 신빈민법

1834년에 「빈민법」의 개정의 목적은 「길버트법」과 「스핀햄랜드법」이 제정되면서 증가한 구빈비용의 억제에 있다. 이 법에 의하여 확립된 몇 가지 원칙은 20세기의 사회보장제도가 확립되기까지 영국 공공부조의 기본 원리가 되었으며 그 내용은 다음과 같다.

첫째, 균일처우의 원칙이다. 이것은 행정기구를 개혁하여 전국적인 행정 수준의 통일과 구빈행정의 중앙집권화를 뜻한다.

둘째, 열등처우의 원칙이다. 이것은 구빈대상자의 구제수준이 자활노동자의 생활수준보다 높지 않아야 한다는 것이다.

셋째, 작업장 활용의 원칙이다. 이것은 노역장 강제 수용의 원칙이다. 즉, 원조를 억제할 수 있는 작업장 수용을 원칙으로 하고 다만 병자, 노인, 허약자, 모자 가족에게만 원외구조를 허용한다.

그 외에도 빈민에 대한 선거권의 제한, 사적 부양의무의 이행, 자산조사의 실시 등을 규정했다. 이것은 가능한 한 보호를 청구하지 않도록 하려는 데 그 목적이 있다. 이때는 빈곤의 원인을 도덕심의 결여에 있다고 보아 빈민을 범죄자 같이 취급하였다.

2. 1948년 영국의 국가부조법

영국의 「빈민법」은 공공부조의 출발이라고 할 수 있으나 오늘날과 같은 적극적인 사회보장제도로 나타난 것이 아니고 빈민에게 종교적 차원에서의 시혜나 극히 제한된 범위에서 국가 재정과 국가 책임으로 구제 활동을 하는 것이었고 빈민을 도덕심 결여자로 취급하여 가능한 한 보호 청구를 하지 못하도록 하는 측면도 있었다. 즉, 「빈민법」은 빈곤의 원인이 개인에게 있다는 개인 책임의 이념을 바탕으로 하고 있다. 반면 빈곤의 원인이 사회제도에 있다고 보고 빈곤에 대한 사회의 책임에 대한 인식을 바탕으로 하고 있는 최초의 법이 1948년의 「국가부조법」이다. 영국에서는 빈곤 문제가 가장 큰 사회문제로서 국가가 이를 제거해야 한다고 생각하기 시작한 것은 1900년대 와서였다. 1930년대에 와서 비로소 영국에서는 오랜 역사를 가진 「빈민법」으로부터 근대적인 공공부조제도로의 전환이 이루어졌다. 이때에 와서 겨우 빈곤의 원인이 저임금 및 실업 등 사회적인 요인에 있다고 보았다. 따라서 최저생활의 보장은 국가의 책임이므로 국민은 이의 보장을 받을 권리를 가진다는 것이 인정되어 공공부조가 사회보장제도의 하나로 정착되었다. 이에 따라 1948년의 「국가부조법」이 제정되어 국민의 생존권적 기본권이 어느 정도 보장되었다.

3. 사회보험 시대

사회보험은 19세기 말 출현한 근대 자본주의의 산물이다. 자본주의는 시장과 경쟁을 기본으로 하는 사회이어서 구매력을 갖지 못한 사람은 인간의 기본적인 욕구를 충족할 수 없다. 따라서 인간의 사회적인 욕구를 충족하기 위하여 나온 것이 사회보험이다. 사회보험은 사회적인 위험, 즉 산업재해, 실업, 가족 질병 등 중세 봉건시대에는 존재하지도 않았던 위험에 대비하기 위하여 만들어졌으며 주된 대상은 초기에는 자산이 없는 노동자이었다. 「빈민법」이 중세 봉건시대 내지 절대군주 시대의 정책이라면 사회보험은 자본주의의 사회복지정책이다. 사회보험은 자본가, 노동자, 국가가 그 재정을 부담한다.

사회보험의 의의는 이전이 빈민구제와 달리 제도화된 보험제도에 의해 빈곤을 예방하며, 사회보험의 주요 수혜자는 이전에는 가치 없는 빈민으로 복지의 대상자가 되지 않았던 취업한 남성노동자들이며, 자선이 아닌 권리로서 복지발달이라 할 수 있다.

1) 공제조합

1880년대 독일제국이 사회입법의 일환으로 건강보험을 도입(1883년)할 때 중앙집중적 관리기구를 만드는 대신에 이미 질병급여를 제공하고 있었던 기존의 공제조합을 중심으로 질병 금고(건강보험조합)를 만들었고 영국도 1911년 국민보험의 하나로 건강보험을 실시하면서 별도의 관리기구를 신설한 것이 아니라 기존의 공제조합 중에서 정부가 공인한 조합에게 맡겼다. 프랑스 역시 1930년 공적연금을 시행할 때 기존의 공제조합을 일선 금고로 활용했다.

공제조합이란 노동자들로 구성된 조합원 간의 부조와 복지를 목적으로 하는 상호부조 조직인데 조합원이 갹출한 일정한 부금을 재원으로 하여 조합원이 노령, 재해, 실업, 질병, 사망 등의 사고를 당했을 경우 급여를 지급한다(조합원이 사망했을 경우에는 그 미망인과 자녀에게 지급). 오늘날과 같은 국가 주체의 사회보장제도가 전혀 없어 노동자 가족들의 생계문제는 전적으로 스스로 해결할 수밖에 없었던 19세기 말까지

공제조합은 노동자들이나 서민들의 복지를 위한 유일하고도 유력한 사회조직이었다.

공제조합이 채택한 보장의 기술, 즉 일정한 사회적 위험에 대한 보상을 사전에 약정한 다음 실제로 그러한 위험이 발생하면 약정된 급여를 하나의 권리로 제공하며 이러한 권리를 갖기 위해서는 사전에 일정한 부금을 납부해야 하는 기술은 현대적인 사회보험의 기본원리와 본질적으로 같은 것이다. 또한 이는 오늘날의 공제사업의 기원이기도 하다.

영국에서는 17세기경부터 노동자들의 자생적인 상호부조 조직인 우애조합이 발전했다. 우애조합은 점차 초기 형태의 노동조합으로 성장하였다. 18세기 들어 빈곤과 저임금이 만연되면서 노조의 집단행동도 크게 증대되었다. 1789년에는 프랑스 대혁명이 발발했다. 당시 지배계급은 임금인상은 물론이고, 음모와 소요의 근원지가 노동조합이라고 여겼다. 노동조합을 불온시한 영국정부는 1793년 「로즈법」(Roses Act)을 제정하여 강경한 조합원과 온건한 노동자를 분리시키기 위하여 공제조합의 등록을 의무화하고 그 활동을 규제하였다. 1799년에는 「단결금지법」(The combination Act)을 만들어 모든 노동조합을 불법화하였다.

이와 같이 노동조합을 불법화하고 공제조합이 합법화되자 공제조합의 수가 크게 늘어났으며 공제조합은 조합원들의 복지활동에 주력하였다.

독일에서도 17세기경부터 직인과 도제 및 광부의 상호부조 조직이 전국 각지에서 자연발생적으로 생겨났다. 1845년 프로이센은 「영업법」을 제정하여 독일 최초로 공제조합, 즉 노동자들의 생계와 건강을 위한 상호부조 조직을 합법화하였다. 이로써 공장 노동자는 공제조합에 가입할 수 있게 되었고 지역별로 공제조합을 설립하여 공장 노동자의 가입을 의무화할 수 있게 되었으며 노동자가 부담하는 공제조합 갹출료의 절반까지 고용주가 부담하는 것을 의무화할 수 있게 되었다. 이후 직업별, 공장별, 지역별로 결성된 공제조합들은 통·폐합을 거듭했으며 우후죽순처럼 생긴 건강보험조합과 직장, 지역, 수공업자 조합이 공존하였다. 독일이 세계 최초로 사회보험을 만든 후 그 시행이 비교적 순조로웠던 중요한 요인 중의 하나가 지역별, 직능별, 공제조합이 잘 조직되어 있었다는 데 있다.

프랑스에서도 19세기에 공제조합이 상당히 발달했다. 프랑스의 공제조합도 영국이나 독일과 같이 동일직업에 종사하는 노동자, 예컨대 목수, 미장이, 재화공, 방직공 등이 직업연대성에 기초하여 자생적으로 결성하였다. 프랑스 정부는 노동조합은 물론 공제조합까지도 「형법」상의 집회금지조항의 대상으로 삼았다. 그러다가 1848년 제2공화국의 성립 이후 조직이 허용되어 1850년에는 약 2천 개로 늘어났고 19세기 후반기에는 노동자 및 가족의 생활안정보장의 수단으로 성장하였다. 1889년에는 공제조합헌장이 공포되어 공제조합 결성의 촉매제가 되었다.

프랑스는 특이하게도 국가가 직접 공제조합을 만들어 노동자와 가족의 생활안정 대책을 강구하였다. 1850년에 설립된 국가 노령퇴직 금고가 그것이다. 이 금고는 국가의 재정적 지원에 힘입어 여타의 저축보다도 많은 이윤을 보장함으로써 저임금노동자들의 노후에 대비한 예방적 노력을 장려하기 위한 제도였다. 그러나 한편으로는 노동자들의 무관심과 다른 한편으로는 높은 수준의 이자 수입을 노린 중산층의 대폭적 참여 때문에 본래 목적에서 빗나간 제도로 변질되었다. 그러나 공제조합이나 고용주 금고는 그 혜택범위가 한정되어 대부분의 노동자들은 여전히 질병, 산업재해, 실업, 퇴직 등의 사회적 위험을 스스로 해결해야 했다. 19세기 말에 이르러 노사 간의 계급대립이 심화되고 노동자계급의 생활 처지의 개선 요구가 강해지자 노동자복지에 대한 국가의 관심이 증대되었다. 그와 함께 종전까지는 통제와 감시의 대상이었던 노동자들의 공제조합을 국가가 앞장서서 적극 관장하기 시작하였다.

공제조합은 노동자의 복지문제에 국가가 본격적으로 개입하기 전까지 노동자의 재해, 질병, 노령, 사망 등 사회적 위험을 상호부조를 통하여 스스로 해결하고자 했던 자조조직이었다. 그러나 조합원의 범위가 좁고 비조합원에 대하여 배타적이었으며 재정 규모가 영세한 공제조합은 상업화가 본격적으로 진행되면서 규모가 엄청나게 커진 사회적 위험(대량실업, 산업재해, 직업병 등)에 대응하긴 역부족이었다. 이때 등장한 것이 국가의 사회보험이었다.

2) 독일의 사회보험 입법(비스마르크 입법)

비스마르크는 1883년에 독일제국의 건강보험을 만들었다. 이것이 세계 최초의 사회보험이다. 독일제국은 건강보험의 관리운영을 위하여 국가의 중앙집중식 기구를 별도로 만들지 않고 이미 질병급여를 제공하고 있었던 기존의 길드, 공장, 기업 및 상호부조 조직(공제조합)을 중심으로 건강보험조합인 질병금고를 만들었고 이와 별도로 소매업자를 위한 지역 질병금고와 여기에 가입할 수 없는 사람들을 위하여 교구 금고를 만들었다. 보험료는 통상 노동자가 3분의 2, 고용주가 3분의 1을 분담하도록 했다. 그리고 모든 금고는 해당 조합원들의 대표자들이 통제하도록 했는데 노동자와 고용주는 분담 비율만큼의 대표를, 교구 금고는 지역에서 선출된 대표를 보내 관리하도록 하였다.

이듬해인 1884년에는 「산업재해보상보험법」이 제정되었다. 비스마르크 사회보험 중에서 논란이 가장 심했고 또 비스마르크가 가장 관심을 두었던 것은 「산업재해보상보험」이었다. 「산업재해보상보험법」은 건강보험에 앞서 1880년에 논의가 시작되었는데 당시 비스마르크는 강제보험, 제국보험공단의 중앙집중식 통제, 민간보험회사의 배제, 국가보조금의 지급 등 몇 가지 기본방침을 세워 이를 관철시키고자 했다. 이런 방침에는 산업재해의 보상 책임을 자본가가 아닌 국가가 지고 국가의 직접적 보조가 필요하며 이윤을 목적으로 하는 사기업, 즉 민간보험회사가 국가의 책임 영역에 들어오는 것을 허용할 수 없다는 그의 의지가 내재되어 있었다.

비스마르크는 특히 국가 보조금 지급을 중시했는데 노동자에게 국가가 직접 보조금을 지급해야만 노동자가 자본가가 아닌 국가에 대하여 고마움을 느끼고 국가에 통합된다고 확신하였다. 그의 지시에 따라 만들어진 「산업재해보상보험법」의 초안(1881)에 의하면, 연소득 750마르크 미만의 노동자는 보험료가 면제되고 연소득 750~1500마르크의 노동자는 보험료의 3분의 1, 그리고 연소득 1500마르크 이상의 노동자는 보험료의 2분의 1을 부담하도록 되어 있었다.

그러나 비스마르크의 법안은 좌우 양쪽으로부터 격렬한 비난에 봉착하였다. 노동계의 좌파 지도자들은 산업재해보상보험이 노동운동의 자유에 강철 족쇄를 채우려 하는 것이라고 비난했고 사회주의자들은 산업재해보상보험이 노동자를 복지국가의 노예로 만드는 병영사회주의라고 맹비난하였다. 반면에 보수적인 자유주의자들은 비스마르크의 사회보험이 국가권력의 강화와 관료화를 초래할 것이라고 우려했으며 국가보조는 그만큼 노동자들의 부담을 줄이는 대신 자본가의 부담이 늘어나는 것이라고 하여 이를 거부하고 나섰다. 결국 이 법안은 부르주아지들이 장악한 의회를 통과하는 데 실패하였다. 이로써 비스마르크는 국가의 중앙집중식 통제와 국가보조를 포기할 수밖에 없었다.

이리하여 자본가들이 중심이 되어 노동자를 완전히 배제하고 비스마르크 원안을 상당히 수정하여 1884년에 「산업재해보상보험법」이 제국의회를 통과하였다. 대신 자본가들은 제국보험공단의 운영비를 제외한 모든 비용을 부담해야만 했다. 그래도 그들은 그들로서는 가장 중시한 산업재해보상보험에 대한 통제권한만큼은 확보할 수 있었다.

다음은 연금이었다. 연금은 건강보험과 달리 장기보험이다. 따라서 비스마르크는 연금에 관심을 두지 않을 수 없었다. 비스마르크는 연금, 즉 노령폐질보험에서 다시 한 번 자신의 의도를 관철시키고자 했다. 그는 적은 금액이지만 국가가 전적으로 부담하는 연금을 수령하는 국민이 많다면 이들로부터 국가에 대한 충성심을 이끌어 낼 수 있다고 생각했다. 그러나 1889년 제국의회를 통과한 노령폐질보험에서도 비스마르크는 자신의 의지를 완전히 관철시키지 못했다. 즉, 그의 집요한 요구였던 직접적인 국가

보조에는 성공했지만(재무성이 지급하는 50마르크의 정액기초연금), 이 국가보조금은 미미했으며 재정은 노사 양측이 각각 반씩 부담하는 것으로써 노동자의 국가에 대한 충성심을 이끌어 내는 데 실패했다.

3) 1911년 영국의 국민보험

1911년에 영국의 자유당 정부가 제정한 「국민보험법」은 건강보험과 실업보험으로 구성되었는데 당시 자유당 정부의 개혁을 주도했던 로이드 조지(L. George)와 윈스턴 처칠(W. Churchill)의 합작품이었다. 로이드 조지가 앰뷸런스라고 부른 국민보험 제1부인 건강보험은 공제조합, 보험회사, 의사 등과 같은 강력한 기득권 집단과의 장시간 협상을 거쳐 탄생하였다. 이미 조합원에게 의료급여를 제공하고 있었던 공제조합은 국가의 건강보험이 자신들의 사업 영역을 침해하는 것으로 보아 극구 반대했다. 결국 정부는 공제조합에 건강보험 운영권을 맡김으로써 이들을 포섭할 수 있었다. 다른 한편 공제조합에게 건강보험 운영권을 부여하자 보험회사들이 크게 반발하였다. 이에 로이드 조지는 보험회사의 요구를 수용하여 실업보험상의 미망인 급여와 고아급여를 폐지하였다. 또한 건강보험을 운영하는 공제조합이 언제나 진료비를 깎으려 하여 의사들이 반발하게 되자 협상 끝에 연소득 250파운드 이하 16~70세의 육체노동자와 연소득 160파운드 이하의 비육체노동자만 건강보험의 대상자로 하였다.

국민보험의 제2부는 실업보험이었다. 실업보험은 처칠이 주도했다. 처칠은 당시 실업문제 전문가로 인정받고 있던 베버리지의 도움을 받아 실업보험을 입안하였다. 건강보험이 관련 이익집단들 때문에 상당한 진통을 겪는 반면 실업보험은 비교적 순탄하게 진행되었다. 그리고 건강보험은 독일의 전례가 있지만 실업보험은 생소한 분야였다. 영국에서는 실업기금을 가진 노조가 일부 있었을 뿐이었다. 먼저 실업사태에 직면할 가능성이 많은 특정한 실업분야에 한정하고 갹출방식으로 하였는데 이것은 영국 사회보험의 고전적 원칙으로 평가받고 있다.

그리고 베버리지는 보험료에 비례하여 급여가 정해져야 한다고 주장했고 그의 의견은 법안에 반영되었다. 그리하여 주당 실업급여액은 5주간 불입한 보험료에 상당하도록 정해졌고 대상은 경기 변동에 민감한 산업인 건축, 토목, 조선, 철강, 자동차, 제재업 등이었으며 고용주와 피용자가 각각 25펜스씩 부담하고, 대장성이 고용주와 피용자 보험료 합계액의 3분의 1을 보조하도록 하였다. 실업수당은 성인 남성의 경우 기본액이 주당 7실링이었고 그 이상은 보험료에 비례하고 최고 15주간 지급되도록 하였다. 당시 직업소개소법에 의하여 신설된 각 지역의 직업소개소들이 실업수당 지급실무를 담당했고 실업수당 청구인에게 적절한 일자리를 제공함으로써 청구인의 진실성을 조사할 권한을 부여받았다(원석조, 2021 참조).

4) 1935년 미국의 사회보장법

1929년에 발생한 대공황으로 심각한 경제 위기가 계속되던 1933년에 대통령으로 취임한 루즈벨트(Roosevelt)는 이른바 제1차 뉴딜이라고 불린 일련의 위기극복정책을 폈다. 통화의 흐름과 외환거래를 통제할 수 있는 권한을 대통령에게 부여함으로써 예금의 인출사태를 수습한 「긴급은행법」, 농산물 가격을 인상시키기 위하여 경작면적과 생산량을 줄임으로써 몰락한 농업부문을 회생시키기 위한 「농업조정법」, 최저임금과 최저노동시간 및 가격 고정에 관한 기준을 정하여 상품가격 인하 임금삭감이라는 악순환을 종식시키기 위한 「산업부흥법」 등을 만들어 경제위기를 극복하고자 하였다.

그러나 루즈벨트의 뉴딜정책은 1935년 5월 27일 검은 일요일 대법원이 「산업부흥법」을 위헌이라고 판결함으로써 결정적 위기에 빠졌다. 이로써 루즈벨트는 1차 뉴딜의 국가통제 계획사상을 포기해야만 했다. 그 대신 정부가 대기업의 독점을 막고 노동자들의 권익을 보다 적극적으로 보호하는 방향으로 정책을 선회하였다. 다시 말해, 위헌판결을 계기로 정부의 산업정책이 경기회복과 사회개혁을 동시에 추구한 신국가주의적 정책에서 반독점과 노동자 보호를 지향한 개혁정책을 도모하는 방향으로 정책기조가 전환되었다는 것이다.

여기서 더욱 진보적인 색채를 띤 이른바 제2차 뉴딜이 시작되었다. 제2차 뉴딜에서 가장 중요한 것이 「와그너법」(노동자들의 단체교섭권을 인정한 법)과 「사회보장법」이었다. 뉴딜과 노동조직이 서로 정치적 동맹을 맺는 데 기여한 「사회보장법」은 미국 최초의 연방정부 차원의 복지 프로그램이었으며 명실상부하게 미국 사회보장제도의 근간이 되었다. 이 법은 연방정부가 관장하는 노령보험, 주정부가 관장하고 연방정부가 재정을 보조해 주는 실업보험, 주정부가 관장하고 연방정부가 재정을 보조하는 공공부조와 사회복지서비스로 구성되어 있다.

「사회보장법」의 성격은 1934년 6월 루즈벨트가 의회에 보낸 사회보장에 관한 교시에 잘 나타나 있는데 루즈벨트 대통령은 미국 역사상 처음으로 미국 「헌법」이 경제적 안정에 대한 개인의 권리를 포함하고 있다고 말하면서 가정의 보장, 생활의 보장, 사회보험의 보장이 필요함을 역설했다. 그리고 그는 경기회복과 병행해서 사회재건이 추진되어야 하고 사회재건의 가장 중요한 목표는 시민의 생활보장이며 생활보장은 주택과 고용기회 그리고 생활변동에 대한 대비책에 달려 있고 그 같은 대비책으로 사회보험과 공공부조를 수립해야 한다고 주장했다. 특히 사회보험의 기본방침은 여러 종류의 사회보험을 하나로 묶어 포괄적 제도를 수립하고 사회보험의 운영은 주와 연방정부의 어느 한쪽이 전담하는 것이 아니라 양지의 긴밀한 협조하에 이루어져야 하며, 필요한 재원은 일반조세 수입이 아니라 보험료로 조달하고 연방정부가 기본적인 적립금을 관리하고 전국적인 사회보험을 만든다는 것 등이었다.

이 같은 기본방침하에 1934년 6월 작업기구로서 경제보장위원회가 설치되었다. 그

해 8월부터 실업보험, 노령연금, 건강보험 등의 사회보험과 기타 공공부조를 포괄한 사회보장제도 전반에 관한 기초적인 연구작업에 들어갔다. 여러 차례의 협의와 의견 조정을 거쳐 연방의 권력을 되도록 제한하면서 각 주가 독자적으로 시행할 수 있는 실업보험제도, 노령연금제도 공적부조제도의 도입을 내용으로 하는 「사회보장법」이 1935년 6월 19일 상원을 통과하여 발효되었다. 그러나 건강보험은 의사집단과 보험회사들의 완강한 반대에 부딪쳐 이 당시의 「사회보장법」에는 포함되지 못했다.

4. 복지국가 시대

복지국가란 자유와 법 앞에 평등을 바탕으로 하면서도 시장경제와 경쟁체제라는 자본주의의 내적 모순으로 인한 사회적, 경제적 불평등을 시정하고 경제적 · 실질적 평등을 실현하기 위하여 시민의 인간다운 생활을 보장하는 사회복지를 실현하는 것을 목표로 하는 국가이다. 자유주의와 실질적 평등을 아울러 강조하는 사회민주주의 사상이 복지의 틀을 만들었다고 할 수 있다. 요컨대, 복지국가는 시민의 정치적 성장에 힘입어 확대 발전했으며, 시장의 불평등에 대하여 사회적 연대와 소득의 평등을 추구하는 복지권을 모든 시민의 권리로 보장하는 국가이다. 이 복지국가는 흔히 영국의 「베버리지 보고서」에 그 기원을 두고 있다.

제2차 세계대전 직후 총선에서 예상을 뒤엎고 윈스턴 처칠의 보수당을 애틀리(Attlee)가 이끈 노동당이 이기고 집권하였다. 애틀리와 노동당은 「베버리지 보고서」에 입각하여 복지국가를 만들어 나갔다. 그리하여 영국인에게 「베버리지 보고서」는 복지국가와 동의어로 인식되었다. 「베버리지 보고서」는 영국에만 국한하지 않았고 프랑스,

독일, 스웨덴 등 서유럽복지국가의 기틀 형성에도 큰 영향을 미쳤다. 「베버리지 보고서」는 서유럽 복지국가의 청사진이 되었다.

사회보험과 관련 서비스에 관한 위원회, 즉 베버리지위원회는 영국 노총이 연립정부의 전후 사회재건에 대한 책임을 지고 있던 노동당 소속 무임소장관 그린우드(Greenwood)에게 권고하여 만들어졌다. 영국 노총은 그린우드에게 기존의 국민연금을 전면적으로 재검토할 필요가 있고 이를 위해 정부 각 부처 고위 관료들로 구성된 베버리지위원회를 조직할 것을 요구했던 것이다.

이 위원회에서 베버리지는 1942년 9월에 「베버리지 보고서」를 완성하였다.

「베버리지 보고서」는 다음과 같은 세 가지 원칙에서 출발하였다. 첫째, 과거의 경험을 바탕으로 삼되 집단적 계급적 이해는 무시한다. 그는 1911년의 「국민보험법」이 여러 이익집단 간의 타협의 산물이었고 또한 그러한 타협이 결코 쉽지 않다는 것을 잘 기억하고 있었다. 그러나 전쟁 중인 지금은 그런 이해관계에 발목이 잡혀서는 안 된다. 둘째, 국가 재건을 위해서는 5대 악을 극복해야 한다. 5대 악이란 결핍, 질병, 무지, 불결, 나태를 말한다. 그의 계획은 우선 결핍에 초점을 맞추고 소득보장에 중점을 두었다. 셋째, 사회보장은 국가와 개인의 협력을 통해서 달성된다. 국가는 단지 국민 최저수준만을 보장하고 그 이상은 개인과 가족의 노력에 달려 있다. 국가는 사회보장을 자산조사 없이 하나의 권리로 제공하고 그 외는 국민이 자유롭게 선택한다.

베버리지가 제안한 핵심 내용은 다음과 같다(「베버리지 보고서」).

① 모든 시민을 포함하고 대상자 집단을 경제적 곤란의 원인과 그 보호 방법에 따라 분류한다.

② 사회보험이 성공하기 위해서는 세 가지 기본 조건이 필요하다. 즉, 가족수당, 포괄적 보건서비스, 완전고용이 그것이다. 가족수당은 가족의 크기와 소득을 고려하여 결정되어야 하고 보건서비스는 치료적일 뿐만 아니라 예방적이어야 했다.

실업은 실업수당의 비용과 그에 따른 임금손실을 감안하면 가장 낭비적인 문제이므로 완전고용은 매우 중요한 전제조건이었다.

③ 연금은 자산조사 없는 정액제에 최저수준 이상이어야 한다.

④ 재정은 피보험자, 고용주, 국가가 공동 부담한다.

⑤ 소득에 관계없이 모든 국민이 정액의 보험료를 낸다.

⑥ 사회보험으로 해결되지 않은 부분은 근대적이고 인도주의적인 공공부조가 담당한다.

영국인은 「베버리지 보고서」의 계획을 "요람에서 무덤까지"의 사회보장이라고 표현하였다. 이 「베버리지 보고서」에 대하여 일반대중은 물론이고 노동자와 자본가도 찬성하였다. 또한 노동당은 물론이고 보수당도 원칙적으로 지지하였다. 그러나 1942년 당시의 정부의 각료와 관료들의 반응은 그리 우호적이지 않았다. 그럼에도 불구하고 「베버리지 보고서」는 사회보장의 기틀을 마련한 작품으로 평가받고 있다.

5. 복지국가의 재편

1973년 세계적인 유류 파동으로 인하여 국민의 실질적 평등과 국가의 개입을 의미하는 사회민주주의적 복지국가는 신자유주의에 의하여 위기에 봉착하게 된다. 20세기에 와서 확립된 사회민주주의적인 복지국가는 경제적 위기와 더불어 관료화, 비효율, 의존성 등의 부정적인 결과로 1970년대부터 시민들이 외면하기 시작했다.

1979년에 영국에서 대처 정부가 들어섰고 1980년에는 미국에서 레이건 정부가 들어

섰는데 이들은 모두 신자유주의를 국가복지정책으로 내걸었다. 이를 대처리즘과 레이거노믹스라고 한다.

1973년과 1979년 두 차례의 유류 파동은 스태그플레이션을 유발했고 이는 20세기 복지국가의 이념적 기반인 케인즈주의를 버리게 했다. 이렇게 탄생한 신자유주의는 국가개입정책에 반대하고 자유주의시장경제 및 경쟁을 강조한다. 그리고 국가복지의 민영화를 주장했다. 즉, 시장과 민간 원리에 의한 복지를 모색했다. 따라서 복지에 대한 정부 지출을 줄이고 결과적으로 복지 축소로 나갔다. 그러므로 신자유주의 시대를 복지국가 침체기로 보기도 한다.

대처리즘과 레이거노믹스는 국가의 역할이 미진한 부분에 대하여는 기업이나 종교, 자선단체의 다원적인 복지활동을 강조하여 사회민주주의적 복지국가 전체를 포기하고 경제의 자율성을 회복시켜야 한다고 하였다. 그래야 국가의 부가 더 창출되고 경제성장이 가능하며 국민의 전반적인 소득을 증가시킬 수 있다고 보았다.

그러나 2000년대 들어 유럽에서는 복지, 평등과 같은 사회민주주의 가치와 시장의 자유, 노동의 탄력성 같은 시장자유주의 가치를 동시에 추구하는 수정 사회민주주의 내지 제3의 길이라는 이념이 나타나기 시작했다. 영국의 토니 블레어(Tony Blair) 정부나 독일의 슈뢰더 정부가 추구하는 경제정책이 그것이다. 미국의 클린턴(Clinton) 정부도 이를 지지했다. 이들은 신자유주의로는 복지와 평등을 실현할 수 없고 이 제3의 길 노선이야말로 신자유주의를 개혁하고 복지국가를 달성하기 위한 대안이라고 보았다.

이러한 복지국가의 재편은 새로운 사회적 위험과 복지국가의 경제적 기반의 변화에 근거한다. 먼저, 인구사회학적으로 이혼 · 낮은 출산율, 고령화, 맞벌이 가족의 증가 등은 사회복지정책의 지속성을 위협하였다. 또한 보다 근본적으로 경제적 기반의 생산체계가 포디즘에서 포스트포디즘으로 변화한 것이다. 즉, 포드 자동차회사의 컨베이어 시스템의 대량생산이 가능하였던 포디즘은 대규모의 저숙련 노동자에게 안정된 일자리를 제공하였으며 동질적 노동계급의 단결이 가능해졌다. 이러한 동질적 노동계급의 이해관계에 기반하여 복지국가가 발달하였다.

그러나 포스트포디즘의 생산체계의 변화는 다품종소량생산체제로 저숙련 노동력을 대량 투입하여 획일적인 상품을 생산하는 것이 아니라 끊임없이 변화하는 시장 변화에 적절히 대응할 수 있도록 노동시장을 유연화하고 소수의 숙련노동자를 필요로 하였다. 따라서 숙련도에 따라 노동자계급의 이해관계가 다르며, 이질집단으로 변화하였다. 이러한 경향은 산업구조가 제조업 중심에서 서비스업 중심으로 재편되면서 더욱 심화되었다. 서비스업은 제조업과 달리 고숙련 · 고부가치산업과 저숙련 · 저부가치산업으로 크게 양극화된 부문이기 때문이다. 이러한 포스트포디즘은 성장과 고용, 복지를 동시에 추구해 온 베버리지 · 케인지언 복지국가의 기반을 동요시켰다. 동시에 신자유주의 영향으로 국가개입과 복지급여의 축소가 강조되고 소비자의 선택권을 강조하며 노동시장에서 근로를 강조하며, 혁신을 강조하는 근로복지연계 체제가 구축되었다(사회복지교육연구센터, 2022).

6. 4차혁명과 새로운 사회적 안전망

1980년대와 1990년대를 거치며 점차 완전 자동화를 지향하는 동시에 핵심 노동력을 제외한 부분의 아웃소싱이 확대되면서 노동시장 내 이중구조가 확대되기 시작했다. 제조부문에서는 지속적인 합리화와 자동화로 고용이 축소되었다. 그 결과, 고용 · 노동구조는 교섭력이 있는 대기업 · 공공 부문의 종사자와 교섭력이 없거나 미약한 대다수 영세 중소기업의 노동자로 양분된 채 노동시장 이중구조로 인한 사회적 양극화는 더욱 심화되어 대기업·공공부문의 조직노동과 대다수 영세중소기업의 미조직노동 사이에 임금과 근로조건의 격차는 더욱 벌어졌다.

더구나 21세기의 시작과 동시에 출현한 4차혁명은 유비쿼터스 모바일 인터넷, 인공지능, 기계 학습 등을 특징으로 하며 디지털 경제를 통한 상품, 서비스, 노동 등을 거래하며, 운송·물류 직업과 대다수 사무직, 행정보조지원 인력, 생산직 노동이 컴퓨터 자본에 의해 대체되고 있다(사회정책연구회, 2019).

새로운 기술의 변화와 저고용으로 인한 소득의 격차는 고용을 중심으로 사회구성원의 인간다운 생활의 최저한을 보장하며 사회적 안전망 기능을 하여 왔던 기존 사회복지제도를 새롭게 개혁하여야 하는 과제를 떠안게 되었다. 이제는 고용을 중심으로 한 사회적 안전망제도가 아니라 "인간이 어떠한 삶을 살아야 하는가" 하는 이념에 기반한 사회적 안전망제도의 구축이 필요한 시기가 도래하였다.

4차 산업혁명은 사회복지에 과제만을 주는 것이 아니라 빅데이터(Big data)를 통한 다양한 정보화 기술을 이용하여 사회복지서비스 제공시스템을 개발하거나 대상자를 선별하고 시뮬레이션을 통해 가장 최적화된 맞춤형 서비스를 제공할 수 있는 긍정적 효과도 있다. 또한 비대면 서비스를 통하여 상담과 프로그램을 진행하고, 축적된 데이터를 통해 식사, 투약, 일상생활 활동, 사회적·정서적 활동 등에 대한 정보 등을 확인할 수도 있다. 최근에는 돌봄로봇과 에코케어시스템, 스마트 약품통, GPS 신발, 원격돌봄시스템, 기억력 촉진 폰, 웨어러블 섬유, 스마트 셔츠 등의 활용을 통하여 돌봄서비스의 획기적 전환을 이루고 있다.

그러나 고용 없는 성장이 주된 오늘날 산업구조에서는 일자리를 중심으로 자기 책임을 완수할 수 없는 사회구조가 되었다. 그러므로 완전 고용이 아닌 절반 고용을 중심으로 새로운 복지체제를 모색하여야 한다. 아울러 인간다운 삶의 기본은 무엇이며, 우리 사회는 어디까지 연대를 하여야 하는지에 대한 논의가 필요하다.

예컨대, 기본소득은 자유, 평등, 연대라는 복지국가의 이념을 그대로 계승하면서도 고용절벽과 소득격차의 심화 속에 새로운 복지제도를 재편성할 수 있는 대안적 복지제도의 하나라라 할 수 있다. 이는 기본소득이 보편적 복지에 기반한 사회안전망 구축을 통해 인간의 실질적 자유를 보장할 수 있는 사회복지제도이기 때문이다.

기본소득은 모든 사람에게 보편적으로, 개인을 단위로, 아무런 조건 없이, 정기적으로 지급되는 현금을 의미한다. 이것은 기존의 사회복지제도의 최저생활보장의 자격이 되는 자산심사와 노동가능여부라는 조건이 없이 보편적으로 지급되어 낙인효과가 없고, 행정비용이 적게 드는 장점이 있다. 이렇듯 기본소득이 기존 사회복지제도와 커다란 차이점은 노동과 소득을 분리하여 이해한다는 것이다. 즉, 노동이 없어도 소득이 있을 수 있다는 것이다. 반드시 일해야만 그리고 그 노동이 가치가 있어야만 인간으로서 살 권리가 있는 것이 아니라, 그와 상관없이도 살 권리가 있다는 것이다.

기본소득의 배경에는 인간은 어떠한 경우에도 생존에 필요한 최소한의 소득을 보장받아야 한다는 사상과 자산조사나 노동에 기반한 현재의 사회복지시스템이 빈곤과 불평등에 제대로 대처하지 못한다는 현실이 반영되어 있다.

무엇보다도 사회적 안전망으로서 기본소득에 관심을 갖는 것은 기존의 사회보장제도의 핵심적 구조인 사회보험과 공공부조가 제대로 기능하지 못하게 된다는 문제점에 기인한다. 사회보험은 사회적 위험으로부터 빈곤을 예방하고 소득을 유지하기 위한 핵심적 제도이지만 고용시장의 변화로 인해 실직자가 많아지고 플랫폼노동자, 하청노동자, 용역 등 다양한 형태의 비정규직이 많아지면서 안정적인 정규직 일자리를 바탕으로 한 사회보험이 잘 기능하지 못하게 된다는 점이다. 또한 공공부조에 있어서도 사각지대에 해당하는 저소득층이 점점 증가하고 있다는 것이다.

기본소득제도에 대한 반대 목소리도 크다. 기본소득은 개인의 근로 동기를 약화시킬 수 있다는 우려가 지적된다. 또한 가장 큰 문제는 재원소요가 크다는 점이다. 재원조달을 위한 세금인상은 물가인상을 초래하고 결국 빈곤층이 가장 큰 피해대상이 될 것이라는 지적이다. 그러나 기본소득은 모든 시민들에게 기본소득을 받을 권리가 있다고 주장한다. 오늘날 우리의 소득과 부는 우리 스스로 일구었다기보다도 훨씬 더 과거세대의 노력과 성취에서 기인한 것이며, 토지, 공기, 물, 탄소, 지식 등에서 발생하는 우리 모두의 소득의 일부, 공유자산을 우리 모두가 나누어 가질 권리가 있다고 주장한다.

7. 우리나라 사회복지정책의 역사

우리나라 「헌법」은 모든 국민에게 인간다운 생활을 할 수 있도록 국가에 요구할 수 있는 권리를 보장하고 있다. 이 권리가 이른바 생존권적 기본권이다. 이 생존권적 기본권은 자유권에 비하여 현대적인 권리이며 국제인권법은 이를 사회적, 경제적 권리, 즉 복지주의적 권리라고 부른다. 또한 이 생존권적 기본권은 사회적 실질 평등을 핵심요소로 한다. 이는 자유주의적 시장경제를 넘어 사회적 시장경제주의에 근거하고 있다. 우리나라는 자유와 법적인 평등을 이념으로 하는 자유주의를 존중하면서 국가의 자유시장에 대한 규제와 조정을 할 수 있도록 「헌법」에서 규정함으로써 사회적 시장경제체제 내지 혼합경제체제를 정책으로 하고 있다. 「헌법」에서는 국가는 국민을 위하여 사회보장과 사회복지의 증진에 노력할 의무가 있다고 규정하고 있다.

여기에서는 우리나라 사회복지정책의 역사에 대하여 일제강점기, 미군정 시대, 1960~1970년대, 1980년대, 1990년대, 2000년대로 나누어 살펴본다.

1) 일제강점기의 사회복지정책

우리나라에서 이루어진 일제강점기의 사회복지정책은 1944년의 조선구호령 이외에는 별다른 정책을 찾을 수 없다. 일본은 내선일체를 부르짖으며 한편으로는 한국을 일본의 영토로 편입하고 일왕의 신민으로 통치하려 했으나 사회복지정책이나 법제에는 관심을 두지 않았다. 「조선구호령」은 1929년에 일본의 구호법을 시혜적 차원에서 한국에도 확대 시행하기로 한 법령이다.

일본의 1929년 「구호법」은 구호기관, 구호내용, 구호방법, 구호비분담 등을 자세하게 규정했다. 그리고 구호대상을 65세 이상의 노약자, 13세 이하의 유아, 임산부, 질병 · 상병 · 심신장애 때문에 직업생활에 지장이 있는 자를 위한 제한적 부조의 입장을 취했다. 일제강점기의 「조선구호령」은 광복 후 미군정기를 거쳐 1961년에 「생활보호법」이 제정되기까지 한국의 공공부조법의 기본법으로 위치를 가지고 있었으며 1961년 이후에는 「생활보호법」의 기본골격으로 남아 있었다는 점에서 사회복지정책사에서 중요한 역사적 의미를 부여할 수 있다. 이는 1999년에 와서 「국민기초생활보장법」이 제정됨에 따라 새로운 공공부조의 기본 틀을 갖추게 되었다.

2) 미군정 시대의 사회복지정책

미군 군정하의 사회복지정책은 빈곤과 사회적 혼란에 대처하기 위한 구호적, 응급적 대책으로서의 성격을 가진다. 구호정책과 연관된 미군정의 사회복지정책은 후생국보 제3호(1946. 1. 12.)와 후생국보(1946. 1. 14.) 및 후생국보 제3C호를 들 수 있다. 후생국보 제3항의 C호는 공장구호를 규정하고 있는데, 「조선구호령」과 유사하게 구호의 대상으로, ① 65세 이상인 자, ② 6세 이하의 소아를 부양하고 있는 모, ③ 13세 이하의 소아, ④ 불치의 병자, ⑤ 분만 시 도움을 요하는 자, ⑥ 정신적, 육체적 결함이 있는 자로서 구호시설에 수용되지 않고 가족이나 친척의 보호가 없고 노동할 수 없는 자로 규정하고, 구호내용으로는 식량, 주택, 연료, 의류, 매장으로 분류하였다. 후생국보 3A

호는 이재민과 피난민에 대한 구호를 규정하고 구호내용으로는 식량, 의류, 수가, 연료, 주택부조, 긴급의료, 매장, 차표제공 등을 들고 있다. 후생국보 3C호는 빈민과 실업자에 대한 구호규칙으로서 거택구호 시 세대인원에 대한 지급한도액을 규정하고 있다.

미군정은 1946년 9월 18일에 아동노동법규를 발표하여 아동의 노동을 보호하였다. 그 후 이 정신을 발전시켜 1947년 5월 16일에는 전문 12조로 된 과도정부 법령 제4호로 「미성년자 노동보호법」을 공포하여 미성년자를 유해, 위험한 직업 또는 과중한 노동으로부터 보호하고 아동의 건전한 발육과 정당한 이익을 보장하도록 하였다.

미군정기의 사회복지정책은 「구호법규」, 「아동노동법규」 혹은 「미성년자보호법」 등과 같이 당시의 시대적 환경에 대응하는 임시 변동적 구호정책이 주류를 차지하고 있었고, 이 역시 일제강점기의 「조선구호령」이 가진 기본적 성격의 연장선상에서 전개된 것으로 이해할 수 있으므로 계획적이고 창의적인 정책이나 입법은 발견할 수 없었다. 다만, 미성년자 노동보호정책은 1953년 8월 9일에 「근로기준법」이 실시되어 폐기되기 전까지의 아동복지에 영향을 미친 것으로 이해할 수 있다.

3) 1950년대의 사회복지정책

1948년에 대한민국 정부가 수립되었으나 정치적, 사회적으로 안정되지 못하였고 1950년에 한국전쟁이 발발한 이후에는 전쟁고아의 수용과 보호, 전쟁 이재민을 구호하기 위한 각종 구호시설이 등장하였고 이들 시설을 지도 감독하기 위하여 사회부장관의 훈령으로 후생시설 운영요령을 제정, 시행하였다.

그리고 1953년 5월 1일에는 「근로기준법」을 제정하여 근로자 보호제도의 기틀을 마련하였고 1956년에는 어린이헌장을 제정, 공포하여 미래의 국가 사회의 주역으로 성장할 어린이를 밝고 건전하게 육성하려는 정책의지를 밝혔다.

1950년대 중반 이후의 시기는 국가사회의 혼란을 종결하고 외부 원조기관으로부터 유입된 물자를 통하여 빈곤과 고통을 해결해 나가는 시기이다. 그리하여 정부가 독자적 사회복지정책을 준비할 수 있는 사회적 기반을 마련해 가는 시기로 이해할 수 있다.

4) 1960~1970년대의 사회복지정책

1960년대부터 1970년대 이르기까지 20년 간은 박정희 정권의 강력한 근대화 정책으로 국가 전반에 획기적 변화를 가져온 시기이고 오늘날의 근대화 내지 경제적 번영을 가져오게 된 기틀을 마련한 시기이다. 그러나 다른 한편으로는 급격한 도시화와 산업화로 인하여 지역 간의 빈부격차, 상대적 빈곤감, 분배의 불평등, 빈부의 격차로 인한 노동자의 희생 내지 심한 갈등 및 투쟁이 일어났던 시기이기도 하였다. 이와 같은 배경에서 새로운 사회복지 입법을 제정, 시행하게 되었다.

이 시기의 사회복지 입법을 살펴보면 1961년 1월 1일에 제정된 「공무원연금법」이 있다. 다음으로는 1961년 9월 30일에 제정된 「갱생보호법」으로서 동법은 징역 또는 가석방자, 선고유예, 가퇴원자 등을 대상으로 재범의 위험을 방지하고 자립활동의 경제적 기반을 조성시켜 사회를 보호하고 공공의 복리 증진을 목적으로 하고 있다. 1961년 11월 1일 「군사원호보상법」이 제정되었는데 이는 한국전쟁 후의 상이군경, 전몰군경, 그리고 그 유족을 보호하기 위한 법적 장치이다.

한편으로는 1961년 11월 9일에 「윤락행위 등 방지법」을 제정하여 전쟁의 후유증과 서구적 가치관의 유입으로 인한 윤락 등의 문제가 발생하자 여기에 대처하기 위하여 법적, 제도적 장치를 서둘렀다. 그리고 「조선구호령」을 폐지하고 새로운 시대 상황에 요청되는 「생활보호법」을 1961년 12월 30일에 제정하였다. 이 법은 2000년 7월 1일에 시행된 「국민기초생활보호법」이 있기까지 약 40년간 공공부조의 기본적 법제로서 역할을 수행하였다.

「아동복리법」이 「생활보호법」과 함께 1961년 12월 30일에 제정되었는데 이는 앞에서 보았던 미군정기의 어린이헌장과 미성년자 노동보호 입법 등으로 아동복지에 대한 관심이 고조되자 독립적 입법으로 제정되었다. 이에 조금 앞서 1961년 9월 30일에는 「고아입양특례법」이 제정되어 외국입양을 합법화시켰다.

1962년도에는 「선원보호법」이 1월 10일에 제정되었고 같은 해 3월 30일에 「재해구호법」이 제정되었다.

1963년에는 「군인연금법」, 「산업재해보상보험법」, 「사회보장에 관한 법률」, 「의료보험법」이 각각 제정되었다. 특히 「산업재해보상보험법」은 노동자의 업무상 재해에 대하여 신속하고 공정한 보상을 행하는 것이 목적이다. 또한 「사회보장에 관한 법」은 당초 이 법 초기에는 사회보장 관계전문가들이 장래의 국가 발전에 따른 사회보장계획을 구상하여 입법을 추진하였으나 이 법의 제정과정에서 실제적 내용은 빠지고 형식적인 법이 되고 말았다. 동법은 1995년 「사회보장기본법」으로 확대 개편됨으로써 폐지되었다.

「의료보험법」 역시 1963년에 제정되었으나 실시할 수 있는 경제적, 기술적 여건의 미비로 인하여 1977년 7월 1일에 가서야 500인 이상 사업장을 중심으로 강제 적용을 하는 사회보험제도로 실시되었다.

1968년에는 「자활지도에 관한 임시조치법」이 제정되어 「생활보호법」의 보충적 성격을 띤 법으로서 기능하였다.

1970년대 초기에는 사회복지 입법이 활발하였는데 1970년에는 「사회복지서비스법」의 모법이라고 할 수 있는 「사회복지사업법」이 제정, 시행되었다. 동법은 사회복지사업의 법적 근거를 제공하는 역할을 수행하고 있다.

1973년 12월 30일에는 「사립학교 교원연금법」이, 그리고 동년 12월 24일에는 「국민복지연금법」이 제정되었다. 그러나 「국민복지연금법」 역시 「의료보험법」과 유사하게 경제적, 기술적 여건의 성숙이 이루어질 때까지 기다려야 했는데 1988년에 「국민연금법」으로 개정되어 비로소 실시되었다.

「의료보호법」은 1977년에 실시되었는데 이는 「생활보호법」과 함께 공공부조의 기본 골격이 이루어졌다고 볼 수 있다. 또한 1977년에는 「공무원 및 사립학교 교직원 의료보험법」이 제정 실시되어 사업장과 함께 의료보험제도의 적용범위가 확장되었다.

이상과 같이 1960년대와 1970년대에는 사회복지에 관한 입법을 만들었으나, 시행할 만한 여건이 갖추어져 있지 않았다. 정부 책임자나 국민도 사회복지에 관한 인식을 가지지 못하던 시기였다. 국민 대다수가 절대 빈곤에 처해 있던 1960년대에는 공공부조법이 중심이 되었고 이런 점에서 1961년에 제정된 「생활보호법」은 중요한 뜻을 가진다. 그러나 이 법은 그 내용이 부분적이고 매우 미흡하였다.

1970년 이후 점차 경제가 고도로 성장하게 됨에 따라 도시화, 산업화가 급속하게 진행되었고 다른 한편 가족구조도 핵가족화 되었다. 그 결과 도시빈민 문제, 노동자의 생존권 문제, 계층 간의 불평등 문제 등이 발생하여 사회복지 입법에 대한 관심이 높아지게 되었다.

5) 1980년대의 사회복지정책

이른바 제5공화국 시대인 이 시기는 노동조합의 획기적인 증대, 산업화와 도시화의 가속화, 산업의 발전과 생활의 현대화로 인한 산업재해와 환경오염 등은 물론이고 핵가족의 가속으로 인한 가정문제, 장애인문제, 청소년 비행문제, 노인문제 등 지금까지 경험하지 못했던 사회복지에 대한 수요의 필요성이 나타나게 되었다. 따라서 새로운 사회복지 욕구를 해결하기 위한 정책을 펴게 되었다.

1980년 12월 13일에는 「사회복지사업기금법」이 제정되어 사회복지사업의 기금조성을 위한 법적 기틀을 마련하였다. 그리고 1981년에는 「사회복지서비스법」 중 「노인복지법」과 「심신장애자복지법」이 독립된 법으로 입법화되었고 1961년에 처음으로 제정되었던 「아동복리법」이 「아동복지법」으로 전면 개정되었다.

1983년에는 「사회복지사업법」과 「생활보호법」이 개정되었고, 1986년 12월 23일에는 「갱생보호법」이 개정되었다. 동시에 1986년에는 「국민연금법」이 「국민복지연금법」을 대신하여 개정되어 1988년에 비로소 실시되는 한편, 「최저임금법」도 제정되어 1988년 1월 1일부터 시행되기에 이르렀다. 1988년부터는 농어촌지역 의료보험이 전면 실시되었다. 동년 11월에는 「보호관찰법」이 입법화됨으로써 갱생보호제도와 함께 범죄자의 건전한 사회복귀를 도울 수 있는 제도적 장치를 마련하였다.

또한 1989년에는 「모자복지법」이 입법화되고 동년 7월 1일부터는 도시지역 의료보험이 시행되어 「의료보험법」 시행 12년만에 모든 국민을 대상으로 한 의료보험제도가 정착되었다.

1980년대의 사회복지정책은 기존의 사회복지제도를 확대 개편하려는 것과 사회복지서비스를 제도적으로 정착하기 위한 것이었다. 예컨대, 국민연금의 전면 실시와 의료보험의 확대가 대표적이다. 이는 사회보험을 전면 실시하는 토대가 되었다. 다음으로는 각종 「사회복지서비스법」의 제정이다. 「사회복지사업법」의 제정은 「사회복지서비스법」의 모법으로서 각종의 복지서비스를 제공할 수 있는 기틀을 마련했다는 점에서 그 의미가 크다. 이 시기는 경제 사회의 새로운 변화에 따른 복지욕구에 대처하기 위한 정책을 수립했던 시대이다. 공공부조와 그 뒤를 이은 사회보험에서 나아가 복지서비스로 나아간 시대로 평가된다.

6) 1990년 이후 2000년대의 사회복지정책

이 시기는 정치적으로는 1988년 노태우 정권, 1993년 김영삼 정권, 1998년 김대중 정권으로 이어지면서 평화적 정권교체와 민주화가 이루어졌다. 경제적으로는 1997년에 IMF 구제금융을 받게 되는 위기를 겪었지만 2005년에 1인당 국민소득이 약 16,000달러로 전체 경제규모가 당시에 세계 11위가 되었다. 2010년 현재는 1인당 국민소득이 2만 불을 돌파했고 경제 총 규모도 2010년 현재 세계 14위로 되었다. 그러나 그 사이 고도의 산업화 및 재벌경제의 폐단과 정치적인 변혁의 결과로 1990년 후반에는 기업의 연쇄부도와 파산이 이어지고 이를 개선하기 위하여 기업과 금융의 과감한 구조조정이 있게 되어 명예퇴직자의 실업자가 양산된 것이 새로운 사회문제가 되었다. 또한 실직노동자의 문제, 경제의 불안정과 생산력의 저하, 가정파탄, 자살, 생활범죄 등의 사회문제도 나타났다. 한편으로 소득의 증대로 중산층이 튼튼하게 형성되고 빈민의 비율이 많이 줄어들고 빈부의 격차가 예전보다는 어느 정도 개선되기는 했으나 아직도 빈부의 갈등이 여전하고 그 격차를 개선, 해소해야 할 과제를 낳고 있다.

1990년 이후 2010년 현재까지 우리나라 사회복지정책은 사회복지의 내실화를 기하고 그 범위를 확대하였다. 그리하여 정책의 결과물이라고 할 수 있는 사회복지 법제가 더욱 정비되고 확대되었으며 새로운 법제가 탄생하였다.

먼저 1995년의 「사회보장기본법」은 현재까지 다양하게 입법화된 사회복지법의 상호관계를 위한 사회보장에 관한 법을 확대 개편한 것으로 이해할 수 있다.

다음으로는 여권신장의 결과 여성의 복지에 관한 내용을 입법화한 것을 찾을 수 있다. 1991년의 「영유아보육법」은 영유아복지증진을 위한 것이지만 한편으로는 여성의 사회진출과 여권신장을 위한 것으로 해석할 수 있다. 1995년에 제정한 「여성발전기본법」은 여성복지에 관한 획기적인 입법이다. 그리고 「성폭력방지와 가정폭력방지에 관한 법」이 제정되어 성폭력에 따른 여성보호와 가정복지에 관심을 보이게 되었다. 또한 모든 국민을 상대로 한 국민건강보험과 국민의 생존권 보장 차원에서 「국민기초생활보장법」을 만들어 모든 국민의 의료복지정책과 생존권 복지정책을 실현했다. 특히 중요한 입법으로 노인들의 복지를 위한 정책을 펴고 그 결과 기초노령연금(현, 기초연금) 제도와 노인장기요양보험을 도입하였다. 우리나라는 2008년에 이미 고령화사회로 들어가 고령화가 그 어느 나라보다 빠르게 진행되고 있다. 이 결과 노인의 노후생활 안정을 꾀하는 요양, 의료, 간병 등의 복지정책을 강화할 필요가 생겼다. 그리고 국민연금이나 기초생활보장의 혜택을 받지 못하고 그 제도의 사각지대에 놓여 있는 극빈자의 실질적 생활안정을 위해서 이들 계층의 생활안정을 꾀하는 정책도 수립하였다. 나아가 영유아를 안심하고 돌볼 수 있는 제도를 보완하고 장애인의 복지도 확대하였다.

이 시기의 사회복지 입법을 소개하면 다음과 같다.

1991년에는 「영유아보육법」이 제정되어 영유아를 건전하게 보육, 보호할 책임을 국가 사회가 공동으로 지게 됨을 명시하였다. 또한 동년 12월 13일에는 「청소년기본법」을 제정하여 청소년에 대한 복지정책을 체계화하였다. 이 「청소년기본법」은 2004년 2월 9일에 전면 개정되었다. 동시에 동년에는 「고령자고용촉진법」을 제정하여 증가하는 고령자문제에 대응하는 법적인 체계를 수립하였다.

1993년에는 실업과 고용촉진 등의 대책을 종합화, 체계화하여 12월 27일에 「고용보험법」을 마련하였다. 동법은 1995년 7월 1일부터 시행되어 근로자의 소득보장과 함께 실업의 예방, 고용의 촉진, 근로자의 직업능력개발과 향상에 이바지할 수 있도록 제도적 장치를 마련하였다.

1990년대에 들어오면서 성폭력문제가 사회적인 쟁점으로 되면서 1994년 1월 5일에 「성폭력범죄의 처벌 및 피해자보호 등에 관한 법률」이 제정되었다.

1995년은 농어민연금의 시행, 「사회보장기본법」의 제정 및 「정신보건법」의 제정 등이 이루어졌다. 동년 12월 30일에 제정되었던 「사회보장기본법」은 1963년에 제정되었던 「사회보장에 관한 법률」을 새로운 사회경제적 변화에 따라 대체한 입법이다. 또한

「정신보건법」은 정신질환자의 증가에 따라 이들을 효과적으로 예방 치료함은 물론 건전한 사회적 복귀를 위한 체계적 법제화가 요청되었던 것에 대응한 법적 조치이다. 나아가 남녀평등을 촉진하고 여성의 발전을 도모하기 위하여 「여성발전기본법」을 제정하였다.

1997년에는 「사회복지공동모금회법」이 제정되었는데 이 법은 사회복지사업을 지원하기 위한 국민의 자발적 성금 등으로 모금된 재원을 효과적으로 관리 운용하여 사회복지의 증진에 이바지하기 위한 목적에서 제정한 법이다. 또한 1997년에는 「청소년보호법」이 제정되었고 동년 12월 13일에는 「가정폭력방지 및 피해자보호 등에 관한 법률」이 제정되었다. 이 법은 증가하는 가정폭력을 예방하고 그 피해자를 보호하여 건전한 가정을 육성하는 것을 목적으로 하고 있다. 또한 동년 8월에는 「노인복지법」을 제정하여 노인의 복지증진에 기여하도록 했다.

1999년 2월 8일에는 「남녀차별금지 및 구제에 관한 법률」과 「장애인복지법」이 제정되었는데 「장애인복지법」은 장애인의 복지증진과 사회참여증진에 기여함을 목적으로 한다. 그리고 「국민건강보험법」이 제정되었는데 특히 「국민건강보험법」은 종래의 「의료보험법」을 확대 개편하여 직장근로자, 공무원, 교직원, 농어촌 및 도시자영업자 전체를 포괄하는 종합의료보험체계를 구축하는 기반을 만들었다. 동법에 의거하여 2000년 7월 1일부터 국민건강보험공단이 설립되어 동법이 실시되기에 이르렀다.

또한 1999년 1월 12일에는 「장애인고용촉진 및 직업재활법」을 제정하여 장애인의 고용과 직업재활을 촉진하고 있다. 또한 같은 날에 「아동복지법」을 개정하여 아동이 건전하게 출생하여 행복하고 안전하게 자라나도록 보장하고 있다. 이후 2001년에 「재해구호법」을 제정하여 재해피해자의 보호와 생활안정에 기여하고 있다.

김대중 정부는 2000년 10월에 「국민기초생활보장법」이 실시하고, 생산적 복지를 강조하였다. 「국민기초생활보장법」은 시혜적인 단순보호차원의 생활보호제도에서 벗어나 연령과 근로능력에 관계없이 소득이 최저생계비이하에 미달한 저소득층에 대한 지원을 권리로서 보장하는 획기적인 복지정책이었다. 또한 근로능력자의 경우 자활사업 참여 조건부 생계급여 등을 실시하는 자활급여를 도입하였다. 나아가 여성 사회진출 확대를 위한 보육지원, 장애인 재활사업에 이르기까지 복지의 모든 분야에 걸쳐 생산적 복지이념을 구체화하기 위한 사업들이 실시되었다(보건복지부, 2004).

또한 2001년 5월에 종래의 「의료보험법」을 폐지하고 생활이 어려운 자에 대한 의료급여를 실시함으로써 새 국민보건과 사회복지의 증진에 이바지하고자 「의료급여법」을 제정하였다.

7) 2000년대 이후 사회복지정책

2003년에 출범한 노무현 정부는 참여복지를 새로운 복지정책 이념으로 제시하였다. 참여복지는, 첫째, 저소득층 위주의 복지정책에서 탈피하여 모든 국민을 대상으로 하고, 소득보장 위주에서 의료 · 보육 · 주거 · 환경 · 문화 등 의식주 전반의 생활권 보장으로 복지정책의 범위를 확대하는 '복지의 보편성'을 추구한다. 둘째, 적정수준의 복지혜택 제공은 1차적으로 국가 책임이며, 복지를 외교 · 안보 등과 함께 국가가 당연히 공급해야 하는 인프라이자 공공재로 인식하는 '국가 책임'을 강조한다. 셋째, 국민이 정책의 형성 과정에 주체로서 참여하며, 서비스의 선택과 제공 및 평가 과정에 이용자(권리자)로서 참여를 보장한다.

참여정부는 참여복지 이념을 실현하기 위해 '참여복지 5개년 계획'을 수립하였다. 참여복지 5개년 계획은 「사회보장기본법」에 의거하여 2004년부터 2008년까지 추진될 사회보장장기발전계획이었다. 이러한 계획에 의해 참여정부는 기초생활수급자와 의료급여수급자를 확대하는 등 기초보장의 확대를 추진하며, 장애수당 대상자를 확대하거나 노인일자리를 확대하고 빈곤아동에 대한 지원을 확대하는 등 사회서비스의 개선에 노력하였다. 2008년까지 70%의 보장성을 확보하는 건강보험의 보장성을 강화를 위한 로드맵 발표 등 공공의료의 강화를 시도하였다(조흥식 외, 2020: 186-187).

그리고 2003년 12월 30일에는 「청소년활동진흥법」을 제정하여 청소년활동의 진흥을 꾀하였다. 또한 2004년 2월 9일에는 「건강가정기본법」을 제정하여 가족구성원의 복지증진에 이바지할 수 있는 지원정책을 강화함으로써 건강가정 구현에 기여하고 있다. 그리고 2004년 3월 22일에는 「성매매방지 및 피해자보호에 관한 법률」을 제정하여 성매매를 방지하고 성매매피해자의 자립을 지원하고 있다. 그리고 「여성발전기본법」이 2005년 12월 29일에 개정되면서 「남녀차별금지 및 구제에 관한 법률」이 폐지되었다.

그 외 기존 복지제도로 대처하기 어려운 위기상황에 대처하는 「긴급복지지원법」을 제정(2005년 12월)하였고, 24시간 긴급지원을 위한 보건복지통합콜센터 129의 운영을 시작했다. 또한 지방의 새로운 복지수요 증대에 대처하여 사회복지재정의 지방이양과 함께 지역복지인프라 확충에 노력하였다. 그리고 저출산대책으로 「저출산·고령사회기본법」을 제정하고 대통령이 위원장을 맡는 저출산·고령사회위원회를 출범시켜 5개년 기본계획을 마련하였다(조흥식 외, 2020: 187-188).

2007년 출범한 이명박 정부의 복지정책의 기조는 능동적 복지이다. 능동적 복지는 '일을 통한 복지'이자 '경제성장과 함께하는 복지'를 강조한다. '일을 통한 복지'는 4대 추진방향으로서, 그리고 '경제성장과 함께하는 복지'는 4대 목표의 하나로 '능동적 복지'의 핵심내용을 구성하고 있다. 능동적 복지의 4대 핵심전략은 평생복지, 맞춤형 복지, 서민의 주거복지, 일을 통한 복지 등으로 제시되었다. 공공성보다는 시장을 통한 효율성을, 국가의 역할보다는 영리부문까지 포함한 민간의 역할을, 보편적 복지보다는 선별적·잔여적 복지를 강조한다는(참여연대, 2008) 비판을 받기도 하였다.

이 시기에는 「노인장기요양보험법」 시행(2008), 「기초노령연금법」 시행(2008년), 희망복지 전달체계방안 수립(2008), 0~5세 아동의 양육비 지급(2008), 「국민연금과 직역연금의 연계에 관한 법률」 재정(2009), 「장애인연금법」 제정(2010), 저출산·고령사회

2차 5개년 계획(2010), 사회복지통합관리망(행복e,음) 개통(2010) 등이 실시되었다(조흥식 외, 2020). 2010년 4월부터 취업수급자가 일정 금액을 매월 저축(적립)하면, 정부 근로소득장려금, 민간 매칭금('14년 이후 가입 가구는 미지원)을 추가로 지원하여 적립금을 많이 축적할 수 있도록 돕고, 사업참여자가 생계 · 의료수급가구에서 벗어나면 이를 모두 지급하는 '희망키움통장I' 제도를 실시하였다(보건복지부, 2017).

2013년에 출범한 박근혜 정부는 2012년 1월 「사회보장기본법」이 전면 개정된 내용을 바탕으로 복지정책 비전을 '국민 100% 행복사회'로 결정하고 중점목표로 보다 두터운 중산층 형성, 안락하고 건강한 삶, 모두가 함께 가는 사회통합 등 3가지를 제시하였다. 아울러 아동, 청장년, 노인 등 생애주기별 복지대상자와 취약계층, 보건의료 분야 등 5가지 복지정책 표적집단을 구분하여 맞춤형 복지를 내놓았다(조흥식 외, 2020).

이러한 박근혜 정부의 복지정책의 특징은 국가의 책임성을 강조하는 보편주의 성격의 '제도적' 복지유형과는 구별되는 가족이나 사회가 일차적 책임을 지고 그것이 안될 때 국가가 이차적으로 나서서 책임을 지는 '잔여적' 복지유형에 가깝다고 할 수 있다. 보편적인 사회서비스의 제공을 강조하면서도 부담능력이 있는 개인들에 대해서는 수익자부담 원칙에 따라 이용료를 부담시키는 소득수준별 차등이용료 방식을 취한다는 점에서 더욱 그러하다. 또한 복지전달체계에서 민간부문의 활성화를 추구함으로써 개인의 소득보장을 위해 민영기업과 공공부문의 효과적인 연계를 추구하며, 사회보장에 대한 민간부문의 참여를 유도하기 위한 각종 정책들의 개발에 관심을 가진다는 점에서 복지 다원주의를 표방하고 있다. 그러나 복지 다원주의는 아직 국가 책임이 충분히 제도화되지 않은 현 시점에서 적용하기는 시기상조라 지적을 받고 있다(지식협동조합 좋은 나라 · 내가 만드는 복지국가, 2016).

2015년 7월 개편된 맞춤형 급여체계는 생계 · 의료 · 주거 · 교육급여 등 총 4가지 급여의 선정기준을 다르게 하여 소득이 더 늘어나도 주거비, 교육비 등 필요한 지원을 받을 수 있게 되었다. 희망키움통장에 가입할 수 없는 자활사업 참여자들을 대상으로 자활근로사업단의 매출액, 수익금 등을 통해 자산 형성을 지원하는 '내일키움통장'을 도입하였다(보건복지부, 2017).

2017년에 출범한 문재인 정부는 같은 해 100대 국정과제를 제시하면서 5대 국정목표 가운데 하나로 '내 삶을 책임지는 국가'를 제시하면서, 20대 국정전략의 하나로 '모두가 누리는 포용적 복지국가'의 비전을 제시하였다. 모두가 누리는 포용적 복지국가의 비전 아래, 첫째, 국민의 기본생활을 보장하는 맞춤형 사회보장, 둘째, 고령사회 대비, 건강하고 품위 있는 노후생활 보장, 셋째, 건강보험 보장성 강화 및 예방 중심 건강관리 지원, 넷째, 의료 공공성 확보 및 환자 중심 의료서비스 제공, 다섯째, 서민이 안심하고 사는 주거 환경 조성, 여섯째, 청년과 신혼부부 주거 부담 경감의 정책 방향을 제시하였다(김기태 외, 2022).

2017년에는 치매국가책임제가 도입되어 전국 보건소에 256개 치매안심센터가 운영되고 있으며, 온종일 돌봄체계 구축을 통해 공공시설, 아파트 유휴공간 등을 활용한 방과 후 아동돌봄 서비스를 제공하였다(보건복지부, 2018).

소득보장의 사각지대 해소를 위한 부양의무자 기준의 단계적 완화를 위해 2017년에는 수급자 및 부양의무자 가구에 노인 또는 중증장애인이 모두 포함된 경우를 포함하여 2018년에는 주거급여부양의무자 기준을 폐지하고, 2019년에는 부양의무자 가구에 장애인연금수급자가 포함된 경우, 부양의무자 가구에 기초연금수급자가 포함된 경우, 수급자가 만 30세 미만 한부모가구 및 보호종료아동인 경우, 2022년에는 생계급여 부양의무자 기준을 폐지하였다.

2018년에는 '지역사회 통합 돌봄 기본계획(1단계: 노인 커뮤니티케어)'을 수립하여 살던 곳에서 건강한 노후를 보낼 수 있도록 4대 중점과제로 주거로는 고령자 맞춤형 케어안심주택 확충, 건강 · 의료로는 찾아가는 방문의료, 건강관리 활성화, 퇴원환자 퇴원 지원 등, 요양 · 돌봄으로는 장기요양보험 확대, 신규서비스 개발(이동지원 등), 재가의료급여 신설 등, 서비스 통합제공으로는 서비스 통합제공을 위한 플랫폼 구축,

인력 확충하기로 하였다(보건복지부, 2019).

2018년에는 소득보장 강화를 위해 최초 보편수당인 아동수당(2018.9.)을 도입하고, 노인 · 사회서비스 일자리 큰 폭으로 확대하였다(보건복지부, 2022). 또한 1인 가구 기준중위소득의 20% 이상인 일하는 생계급여수급 청년들의 자립지원을 위해 청년희망키움통장 도입하였다.

2019년에는 사회서비스 전달의 공공성을 강화하고 효과성을 높이기 위한 사회서비스원 신설을 추진하여 전국 시도에 4개소, 2022년에는 17개소를 설치하였다.

고용보험 사각지대 해소와 모든 취업자에 대한 고용보험 적용을 위해 고용보험 당연적용에서 제외된 비임금근로자에 대해 고용보험을 단계적으로 확대 적용하여 2020년 12월 10일부터 예술인에 대한 고용보험이 적용되었으며, 2022년 1월 1일부터 퀵서비스와 대리기사에 대한 고용보험이 적용되었다. 2021년 1월에는 한국형 실업부조인 국민취업지원제도가 도입하였다.

건강보험 보장성 확대를 위해 선택진료비 폐지(2018), 상급병실 급여화(2018.7., 2019.7.), 간호 · 간병 통합서비스 확대 등 3대 비급여를 해소하고, 초음파 · MRI 건강보험 적용 확대하였다. 2019년 7월에는 장애등급제를 폐지하고 활동지원 및 발달장애인 돌봄 강화, 탈시설자립지원 등 수요 중심 지원체계를 구축하였다(보건복지부, 2022).

저출산과 관련하여 아동의 양육을 지원하기 위해 2018년에는 아동수당이 시행되었으며, 2022년 영아수당 시행과 더불어 모성보호 급여 확대를 위해 출산휴가 및 육아휴직급여의 대폭적인 확대하며, 2022년 1월 1일 이후 출생하는 모든 아동에게 첫만남이용권 바우처 200만 원 바우처를 지급하였다. 나아가 2023년 부모급여로 확대 개편되었다. 이 외도 많은 복지제도가 실시되어, 기존 사회보장제도의 사각지대를 보완하고 사회보장의 내실화에 기여하며 보편적 복지국가의 외형적 구조적 체계를 갖추게 되었다고 평가받고 있다(김기태 외, 2022).

Chapter 08

사회복지정책 형성의 과정과 평가

1. 사회복지정책 형성의 과정

사회복지정책의 형성은 사회문제의 인식으로부터 이슈화, 의제의 형성, 정책 대안의 형성, 정책의 결정, 정책의 집행, 정책의 평가 등 여러 단계를 거쳐서 이루어진다. 이러한 과정은 정책형성 과정의 일반적 과정이지만 학자마다 다양한 여러 과정으로 설명하고 있으며, 각 국가의 상황과 환경에 따라 복잡한 과정을 거친다.

1) 사회문제의 인식과 이슈화

(1) 사회문제의 의의

사회복지정책은 사회에서 일어나는 여러 가지의 사회문제를 해결하기 위한 것이며 이 사회문제가 복지정책과정의 출발점이다(김종명, 2009: 114). 사회복지 문제해결을 위한 방안 중 하나가 사회복지정책이기 때문에 사회복지 문제는 정책 형성을 촉발시키는 원동력이자 원료이다(이진숙 외, 2021; 송근원 · 김태성, 2008). 사회문제는 어떠한 경우에 발생하는가? 사회 내에서 어떠한 상황에서 해결되어야 한다고 생각할 때 사회문제가 된다. 그것은 다소 주관적이므로 사람마다 사회문제라고 생각하는 인식이 다를 수 있다. 어떤 사회 현상이 사회적 규범에서 벗어나고, 상당수의 사람들이 그 현상으로 인하여 부정적 영향을 받고 있으며 그 원인이 사회적인 것이며 다수의 사람들이나 영향력 있는 사람들이 문제로 판단하고, 사회가 그 개선을 원하고 있고, 개선을 위하여 집단적, 사회적 요청이 되는 것을 사회문제라고 한다(최일섭 외, 1995: 24-25).

(2) 사회문제의 이슈화

사회복지정책을 결정하는 데 있어서는 제일 먼저 발생하고 인식한 사회문제 내지 사회복지 문제를 이슈화하는 것이 중요하다. 사회문제를 이슈화하는 것은 쉬운 일이 아니다. 사회문제는 정치적, 경제적 약자의 문제이기 때문에 이슈화해서 여론을 환기시켜 공론화를 거친 후에도 사회문제 내지 사회복지 문제의 의제로 형성되지 못하고 무시되는 수가 많기 때문이다. 사회문제가 이슈화되면 일반국민들이 관심을 가지게 되고 이 문제는 공론화되어 사회복지정책을 위한 대안을 제시할 수 있는 사회문제 내지 사회복지 문제의 의제를 형성하게 된다.

가. 이슈화의 개념

이슈(issue)란 이해 당사자들 사이에서 나타나는 의견의 불일치로 인하여 발생하는 것이라고 정의하기도 하고(이태영, 2008: 25; 김종명, 2009: 115), 넓은 의미에서 이슈란 어떤 문제나 요구가 '공공의 관심'을 끌어 '공공정책상의 논점'으로 제시되는 경우를 의미한다. 좁은 의미에서의 이슈란 어떤 문제나 요구가 공공의 관심을 끌어 공공정책상의 논점으로 제시되어 '이해갈등'이 나타나는 경우, 특히 정책 결정자 간의 이해관계가 대립되는 것을 뜻한다. 예를 들어, 코로나의 발생으로 많은 소상공인과 자영자, 국민들에게 경제적 손실이 커졌을 때 경제적 어려움에 도움을 주고자 재난소득을 지급할 경우 이를 모든 국민들에게 보편적으로 지급하는가 아니면 손실이 비교적 큰 소상공인, 자영자를 중심으로 선별적으로 지급하는가의 논쟁을 둘러싼 기획재정부와 여야 정당 간의 이해관계 대립을 들 수 있다.

이런 점에서 보았을 때, 이슈란 상반된 이해 당사자들이 서로 유리한 위치에 서기 위해 명분을 내세우고 합리화시키기 위한 싸움과정에서 나타나는 '문제에 대한 개념규정들 간의 갈등'으로 파악할 수 있다. 이슈의 크기가 크면 클수록 정책에 의제(아젠다)에 오르기가 쉽다(박용순 · 송진영, 2016: 116).

나. 없이슈와 잠재적 이슈, 가짜 이슈

가) 없이슈(non issue)

억압된 이슈라고도 하며, 공공의 관심을 끌기는 했으나 정치적 논점으로 부각되지 못하고 무시되는 경우를 말한다. 통일과 분배, 사회정의의 실현을 바라는 국민의 욕구와 주장이 권력기관이나 정부에 의해 의도적으로 사장되는 경우가 이에 해당한다(황선영 · 노병일 · 김세원, 2016: 55).

나) 잠재적 이슈(latent issue)

공공의 관심을 끌었지만 시간이 지나면서 관심 밖으로 밀려났거나 공공정책상의 논의가 중단되었지만 시간이 지나면 다시 이슈로 등장할 가능성이 존재하는 이슈이다.

다) 가짜 이슈(pseudo issue)

어떤 문제나 요구를 정책결정자가 형식적으로는 관심을 가져 주나 문제해결을 위한 실질적인 노력을 보이지 않고 계속 무시된 상태로 남아 있는 이슈이다(사회복지교육연구센터, 2022).

다. 이슈화 과정

이슈화 과정이란 어떤 문제나 요구를 이슈화하여 일반국민들과 정책자의 관심을 끌게 하는 과정이다. 사회문제나 요구는 사회적 약자의 문제이므로 이슈화하지 않는 경우 정책의제로 채택하기 어렵기 때문에 이슈화 과정은 사회복지정책과정에서 매우 중요한 의미를 지닌다. 이슈 제기자나 이슈 촉발장치에 의하여 이슈화된다.

가) 이슈 제기자(issue intiator)

이슈 제기자란 어떤 문제를 해결하기 위하여 그 문제를 제기하고 국민에게 널리 인식시키려고 하는 사람들이다.

(가) 클라이언트

사회복지정책의 대상이자 여러 가지 문제로 고통을 받는 사람이다. 자신의 고통 해결과 욕구충족을 위해 사회복지문제의 이슈 제기자가 된다. 자신에게 국한된 문제에만 집착하는 경향이 있다. 의도적이고 계획적이기보다는 비의도적이고 무계획적인 경우가 많다.

문제를 정확하게 파악할 수 있는 능력이나 지식이 결여되어 있는 경우도 많고 이들을 이슈화할 수 있는 지식이 충분하지 못한 경우가 대부분이다.

(나) 사회복지전문가

클라이언트의 문제점을 잘 숙지하고 있는 집단이다. 사회복지문제의 성격과 해결방안, 정부의 역할과 능력 등에 대해서도 깊이 있는 지식을 가진 집단이다. 사회복지문제의 이슈 제기자로서 가장 중요한 역할을 담당하는 집단이기도 하다.

사회복지문제를 이슈화하여 정부아젠다 위에 올려놓는 데 최적인 사람이다.

(다) 언론

국민들의 관심을 집중시키는 데 영향력이 크다. 그러나 항상 적극적인 것은 아니다. 다른 중요한 문제가 발생하면 바로 관심을 다른 데로 돌린다. 따라서 사회복지전문가가 사회복지문제의 심각성이나 중요성을 알려 줄 필요가 있다.

(라) 정치인

적극적이고 능동적인 이슈 제기자는 아니다. 정치적인 이유와 선거의 영향에만 관심을 가지기 쉽기 때문이다. 선거기간 동안 적극적으로 사회복지문제에 관심을 가지며 사회복지문제를 이슈화하는 경향을 보인다(황선영 · 노병일 · 김세원, 2016: 55-56 부분 수정).

나) 이슈 촉발장치(issue trigger device)

사회문제가 사회적 이슈로 전환되기 위해서는 사회복지 이슈을 구체화해야 하고 사회적으로 관심을 일으킬 수 있어야 하는데 이슈 촉발장치는 일반대중의 관심을 유도하는 것들로서, 자연재해와 사회적 사건(대형참사, 정치적 사건) 등이 있다(사회복지교육연구센터, 2022).

2) 사회복지정책 이슈의 의제 형성

(1) 의제(아젠다) 형성의 개념

의제란 공공정책으로 전환하기 위하여 정책결정자의 관심을 불러일으키고 논의될 수 있는 상태에 있는 문제를 말한다. 의제 형성이란 사회의 다양한 요구가 정부의 진지한 관심의 대상이 되는 항목으로 전환되는 과정이고 정부가 사회문제를 정책적으로 해결하기 위하여 심각하게 검토하기로 결정하는 행위 또는 과정을 의미한다(김종명, 2009: 117).

사회복지정책의 의제 형성에 가장 많은 영향을 미치고 참여하는 자는 사회복지 문제를 이슈화하고 정책가로 하여금 논의하게 만드는 이슈 제기자, 사회복지 이슈와 관련된 이해관계자, 사회복지 문제를 정책의제로 다루는 정책가들이다.

(2) 의제의 종류

가. 공공의제(public agenda)

일반 대중의 주목을 받을 가치가 있으며, 정부가 문제해결을 하는 것이 당연한 것으로 인정되는 문제를 의미하며, 체제의제 혹은 환경의제라고도 한다(박경일, 2023).

나. 정부의제(governmental agenda)

정부가 공식적인 의사결정을 통하여 해결하기로 명백히 밝힌 문제로 공공의제가 정부 내로 진입하게 되면 정부의제가 된다.

(3) 사회복지정책의 의제 형성에 관한 이론 모형

의제 형성에 관한 이론적 모형은 학자들에 따라 다양하게 분류되고 있으나 일반적으로는 사회문제에서 사회 이슈으로 발전시키고 여기서 공공의제(public agenda)로 채택되어 다음으로 정부의제(governmental agenda)로 채택되는 과정을 거친다.

가. 존스의 이론

존스(Johnes)는 정책의제 형성과정을 사건인지 및 문제 정의 단계, 결집 및 조직화 단계, 대표 단계로 제시하고 있다. 사건인지 및 문제 정의 단계는 문제가 정부에서 다루어지기 위한 초기 단계이다. 결집 및 조직화 단계는 문제가 정의되고 문제에 영향을 받거나 공통적 관심을 가진 사람들이 결집되고 조직화되는 단계이다. 대표 단계는 정치인, 신문 및 방송 등의 언론기관, 사회복지전문가 및 클라이언트 등 대표자들이 사회복지 문제를 정부의제로 가져가 국민과 국민들의 문제를 정부로 연결시키는 활동을 말한다.

나. 아이스톤의 이론

아이스톤(Eyestone)은 사회문제가 집단에 의하여 인지되고 다른 견해를 가진 집단이 관여하면 사회문제가 사회적 이슈로 성립하고, 더 많은 집단들이 계속 관여함으로써 공공의제가 되고, 이슈제기자의 활동을 통하여 정부의제로 발전한다고 본다.

다. 코브와 로스의 이론

코브와 로스(Cobb & Ross)는 외부주도형, 동원모형, 내부접근모형 등 세 가지 모형을 제시하였다.

가) 외부주도형

공식적 정부구조의 외부에 있는 개인이나 집단이 고통이나 불만을 제기하여 사회문제로 만들어 사회적으로 이슈화하고 이를 언론 등이 대중매체를 통하여 확산시켜 공공의제를 만들고 정책결정자에게 문제 해결을 심각하게 고려하도록 영향력을 행사하여 공식의제, 즉 정부의제로 설정하는 모형이다. 이 모형은 여론 정치의 설명에 유용하며 정부의 반응도가 높은 민주적 선진 정치체제의 정책의제를 설명해 주는 데 적합하다.

나) 동원모형

이 모형은 정치 지도자들이 정책을 주도하며 그 집행을 위해 대중의 지지가 필요할 때 확산과정을 거치는 의제형성과정이다. 이른바 엘리트 모형이라고도 하는데, 소수의 정부 내 엘리트가 문제의식을 갖고 만들어 낸 것을 국민이 동의 혹은 추인하는(강제도 포함) 경우이다. 일반적으로 정치적 민주화가 덜 이루어진 후진국의 정치체제에서 많이 발견된다(황선영 · 노병일 · 김세원, 2016: 60).

다) 내부접근모형

이 모형은 이슈가 정부기관이나 정책결정자에 의해서 창출되고 이것을 일반 공중에게 확산시키지 않고 정부나 정책결정자가 바로 공식의제로 채택하게 하는 경우이다. 핵무기, 국방사업 등이 그 예이다.

3) 사회복지정책의 대안 형성

(1) 정책 대안의 의미

특정한 사회문제나 이슈가 정부가 다루어야 할 의제가 되면 정책과정의 다음 단계는 이 문제를 해결하기 위한 여러 가지 방안을 모색하고 개발하는 것이다. 이러한 과정을 정책 대안의 형성과정이라고 한다. 정책 대안 문제의 해결 방안이며 협의로는 주어진 목표의 달성을 위한 여러 방법을 강구하고 이들 방법을 비교 분석하는 과정을 말한다.

정책 대안을 광의로 말하면 정책문제가 무엇인지를 파악하고 그 문제를 둘러싼 상황을 파악하여 정책목표를 세우고 그 목표를 달성할 수 있는 정책 수단으로써 정책 대안을 개발하여 어떠한 정책 대안이 가장 바람직한 것인지를 비교 분석하는 과정을 의미한다.

(2) 사회복지정책 대안의 형성과정

가. 사회복지 문제와 상황파악

사회복지 문제와 그 문제를 둘러싼 상황을 정확하게 파악하기 위해서는 사회복지 분야에서 그 문제를 다루는 전문가 또는 관료와의 면담이 필요한 경우도 있고 비슷한 문제나 선례에 관하여 문헌 조사를 할 수도 있다. 또한 클라이언트나 이해 관계자를 상대로 현지 조사를 할 수도 있다. 이러한 조사를 하여 문제를 파악하는 데는 다음과 같은 여러 가지를 고려해야 한다(이진숙 외, 2021; 김종명, 2009).

첫째는 문제나 욕구의 원인을 고려해야 한다. 어떤 사회복지 문제가 발생하게 된 원인이 그 문제로 인하여 고통받고 있는 그 사람 개인에게 있는지 아니면 사회체제나 사회변동에 있는지를 파악해야 한다.

둘째는 문제의 영향을 고려해야 한다. 사회복지 문제가 미치는 영향이 직접 관련된 사람에게 미치는 것인지 다른 사람에게도 미치는 것인지 그리고 어느 정도로 영향을 미치는 것인지, 영향을 받는 사람들이 어느 정도나 심각하게 그 문제의 영향을 받아들이는지를 파악해야 한다.

셋째는 문제의 인식범위를 고려해야 한다. 사회복지 문제를 인식하고 있는 사람은 어느 정도이며, 어떠한 특성을 가지고 있는지, 어떠한 해결방법을 원하는지를 파악해야 한다.

넷째는 문제의 해결능력을 고려해야 한다. 그 사회복지 문제가 개인의 힘에 의하여 해결할 수 있는지의 여부 그리고 사회적 해결에 드는 비용이나 자원의 조달방법은 무엇인지에 관한 것을 파악해야 한다.

다섯째는 문제의 성격을 고려해야 한다. 사회복지 문제가 어느 정도로 사회적인 중요성을 가지는가 그리고 어느 정도로 정치적 성격을 가지는가에 관한 판단이 필요하다(김종명, 2009; 이진숙 외, 2021).

나. 미래에 대한 예측과 목표의 설정

사회복지 문제가 무엇인지 그리고 그 문제의 상황을 파악하고 나면 그다음에는 미래에 관한 예측을 통하여 정책의 목표를 설정하는 일이다. 이 목표 설정에 고려해야 할 것들은 다음과 같다.

첫째는 정책의 대상 집단으로, 클라이언트의 비용부담자와 지역사회의 이해관계를 고려해야 한다. 둘째는 정책문제의 특성이다. 정책문제가 사회적인가, 정치적인가를 고려해야 한다. 셋째는 문제 해결목표의 종류와 성격이다. 단일 목표인가 복수 목표인가, 장기 목표와 단기 목표는 무엇인가, 사회 전체적인 목표인가 지역에 국한된 목표인가를 고려해야 한다. 넷째는 다른 목표와의 관계, 다섯째는 목표가 기초하고 있는 가치 등으로 이를 고려해 목표를 설정해야 한다.

다. 정책 대안의 탐색 및 개발

사회복지정책의 목표가 설정되면 그 정책수단으로써의 해결방법을 만들어야 한다. 이 해결방법이 정책 대안이다. 정책 대안을 만들기 위해서는 사회복지 문제와 그 상황 그리고 미래 예측을 위한 정보를 수집하여 종합적으로 분석해야 한다. 정책 대안을 개발하는 방법을 차례로 보면 다음과 같다(이진숙 외, 2021; 김종명, 2009).

첫째는 과거의 정책이나 현존의 정책을 분석하는 것이 가장 중요한 정책 대안의 근원이 된다.

둘째는 외국의 정책 사례를 참고할 수 있다. 정책문제로 하기로 결정된 사회복지 문제에 관하여 과거의 경험적 선례가 없는 경우 외국 또는 다른 지방정부의 정책 사례에서 좋은 아이디어를 얻어 정책 대안을 개발할 수 있다. 이 경우 사회적, 정치적, 문화적 차이로 예상한 결과를 얻지 못할 수도 있다.

셋째는 사회복지 문제를 해결하기 위한 정책 대안은 사회복지학, 심리학, 사회학, 정치학 등의 사회과학적 지식을 동원하여 만들어 낼 수 있다.

넷째는 정책 대안에 관한 선례나 전문지식 또는 사회복지 문제의 상황에 대한 정보가 부족한 경우 직관적인 방법에 의하여 주관적인 판단하에 정책 대안을 만들 수도 있다. 그러나 이 방법은 부정확하고 실현이 어려울 수도 있으므로 관련 전문가들의 의견을 널리 수렴할 필요가 있다.

라. 정책 대안의 비교 분석

정책 대안들이 형성되면 여러 가지 기준에서 분석하고 대안을 시행할 때, 나타날 수 있는 결과를 예측하여 다른 대안들과 서로 비교하여 평가한다.

가) 정책대안의 비교분석 방법

(가) 미래의 예측방법

정책문제를 둘러싼 상황을 파악하여 정책목표를 세우기 위하여 미래의 상황을 예측하는 방법이다.

① 유추의 방법

비슷한 구조의 사례를 통해 미래의 상황예측에 적용하는 방법이다.

② 경향성 분석

과거의 경향이나 추세를 미래에 연장하여 추측하는 방법이다.

③ 마르코프(Marcov) 모형

어제의 일이 오늘에 영향을 미친다는 것으로 과거에 있었던 변화를 토대로 하여 앞으로 나타날 변화를 연속적으로 예측하여 확률적 정보를 제공한다. 예들 들어, 오늘 날씨를 통해 내일의 날씨를 확률적으로 예측하고, 다시 내일의 날씨 정보에 기반해서 모레의 날씨를 예측하는 것이라 할 수 있다.

④ 회귀 분석

통계적 결과를 토대로 둘 이상의 변수 간에 상관관계를 도출하여 이를 근거로 미래를 예측 추정하는 방법이다. 예를 들어, 우울과 자살율이 서로 영향을 주고받은 상관관계에 있다면 우울 정도에 따라 자살율을 예측하는 것이다.

(나) 델파이(Delphi)기법

예측하려는 현상에 관한 선례가 없거나 적절한 자료가 없는 경우 전문가로부터 의견을 모으고 교환하고 발전시킴으로써 미래를 예측하는 방법이다. 어떠한 문제에 관하여 전문가들의 의견을 묻고, 중재 및 타협의 방식으로 반복적으로 피드백을 받는다. 이러한 반복적인 피드백 과정을 통하여 전문가들의 의견을 종합하여 합의를 도출하는 방법이다. 전문가들이 직접 모이기보다는 주로 우편이나 이메일 통해 다양한 의견을 주고받는다.

(다) 모의실험 방법

미래에 발생할 수 있는 사건과 문제를 예측하기 위하여 유사한 모형을 만들어 모의실험을 시도함으로써 실제 현상의 특성을 예측하려는 기법이다.

(라) 브레인스토밍

다양한 아이디어를 자유분방한 상태에서 제안하는 것으로, 집단에 소속된 인원들이 자유롭게 창의적으로 아이디를 내어 해결방법, 목표 및 전략 등을 창출하는 방법이다.

나) 정책 대안의 비교분석 기법

정책 대안들 중에서 어느 대안이 가장 좋은가를 비교 분석을 통해서 확인하기 위해서는 어떤 대안을 채택할 경우 집행 후 어떤 결과를 가져올 것인지를 예측하고 그 결과를 일정한 기준을 적용하여 비교하여 선택하게 된다.

(가) 비용편익분석

각각의 정책 대안을 집행할 때 사용될 비용과 예상편익을 비교, 분석, 평가함으로써 어떠한 정책 대안이 가장 효율적인지를 찾아내는 기법이다. 모든 내용과 편익을 화폐가치로 환산하여 기간별로 추정하고 서로 배타적인 대안 중에서 순 현재가치가 가장 큰 대안을 선택한다. 경제적 합리성이 중시되기 쉽다. 비용편익분석의 한계점은 비화폐적 요소의 소득측정의 제약이다. 사회복지정책에서 눈에 보이지 않는 비화폐적 효과가 간과되기 쉽고, 사회적 형평이나 클라이언트의 반응성 등의 기준은 적용하기 곤란하다는 문제점이 있다. 예를 들어, 노인의 우울증 완화, 실업률 감소 등의 가치와 같이 화폐로는 따질 수 없는 가치가 있다(박경일, 2023 참조).

(나) 비용효과분석

정책 대안의 집행 시 사용되는 비용과 나타나는 효과를 비교 분석하는 방법이다. 비용편익분석과 비슷하나 비용은 화폐단위로 측정되고 효과는 화폐가치뿐만 아니라 물건 단위, 용역 단위 등으로 측정된다.

비용효과분석에서는 다음과 같은 두 가지 적절성 기준에 의하여 대안을 선택한다. 즉, 최소비용기준은 일정한 효과수준을 최소비용으로 달성 가능한 정책대안을 선택하는 것이며, 최대효과기준은 일정한 비용으로 최대의 효과를 달성할 수 있는 정책 대안을 선택하는 것이다(박경일, 2023). 비용편익분석과는 다르게 이러한 방법론은 각 정책의 급여를 화폐로 환산할 필요가 없다. 비용과 편익을 모두 고려하지만, 편익을 화폐가치로 측정하는 문제를 피하므로 이윤극대화의 논리를 따르지 않는다(사회복지교육연구센터, 2022).

(다) 결정분석기법

정책 대안의 결과를 예측하기 위하여 나타날 수 있는 확률적 사건을 나뭇가지처럼 그려 놓고 분석하는 방법이다. 예를 들어, 아래의 그림과 같이 질문을 하며 그 대상이나 방법을 좁혀가며 결정을 한다.

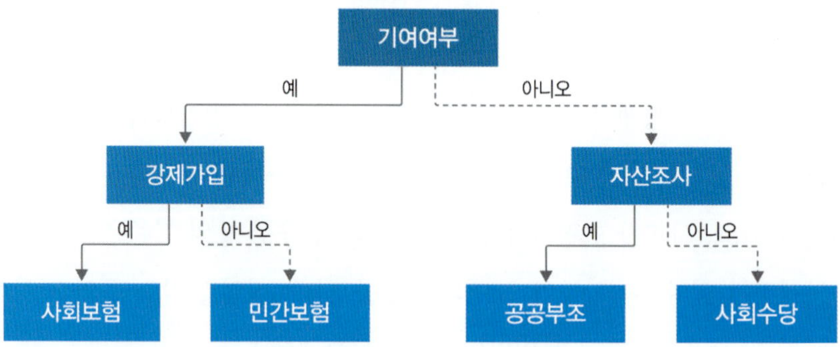

※ 이 도표에서 사회수당은 데모그란트(demogrants)로 인구학적 조건만을 고려하여 급여를 제공하는 것을 말한다. 이 사회수당은 잔여적 복지제도에 대비되는 보편적 보장 범위를 가지며 일반적으로 조세를 기반한다. 예컨대, 65세 이상 노인 모두에게 적용하는 것을 말한다. 이에 비하여 우리나라의 기초노령연금과 같은 경우 인구학적 기준에 따른 지원대상에 소득기준을 추가하여 선별하여 지급하는 제도로 일반적 사회수당제도와 공공부조제도의 특성을 공유하는 범주적 공공부조에 해당된다고 할 수 있다.

(라) 줄서기 분석기법

기다리는 시간 등의 사회적 비용과 이를 줄이기 위해 투자하는 시설 투자비의 적정 수준을 찾아내기 위한 분석기법이다. 대기시간과 공공서비스의 수준을 결정하기 위하여 사용하는 경제학적 분석기법의 하나이다(김종명, 2009: 127 참조). 실례로서 사회복지서비스에서 상담서비스를 제공하는 경우 몇 명의 사회복지사를 고용할 때 기다리는 시간을 줄일 수 있는지 분석한다. 서비스대기자 명단 등을 참고하여 판단한다.

다) 정책 대안의 비교 분석 기준

정책 대안들이 형성되면 여러 가지 기준에서 분석하고 대안을 시행할 때 나타날 수 있는 결과를 예측하여 다른 대안들과 서로 비교하여 평가한다. 정책 대안을 비교 분석하기 위한 기준으로는 다음과 같은 것을 든다(이진숙 외, 2021: 김종명, 2009 참조).

(가) 기술적인 실현 가능성

정책 대안을 실행하는 데 걸림돌이 되는 기술적인 문제점은 없는가? 또는 그 문제를 다루는 집행기관의 전문화 수준, 재정 능력, 행정 능력에 비추어 그 정책 대안이 만족스럽게 시행될 수 있는지에 관한 것이다.

(나) 정치적 실현 가능성

정책 대안이 정치적으로 받아들여질 수 있는지에 관한 것이다. 아무리 좋은 정책 대안이라 하더라도 국회에서 통과되지 않거나, 국회에서는 통과되어도 대통령이 거부권을 행사하든가, 정책 대안 집행 시에 주민들의 반대 때문에 집행 자체가 유야무야로 될 때는 그 정책 효과는 낮아질 것이다.

(다) 효율성(능률성)

투입과 산출의 비율을 말한다. 투입이 일정하면 산출을 최대한으로 하는 것이 효율적이고, 반대로 산출이 일정하다면 투입을 최소화하는 것이 효율적이다. 예컨대, 사회복지 문제의 해결에 동원할 수 있는 자원이 한정되어 있는 경우 그 자원을 가지고 문제해결을 위한 복지서비스를 최대한으로 창출 제공하는 것이 효율적이다.

효율성 평가는 쉽게 말해 서비스 단위당 얼마의 비용이 들었는가를 계산해 프로그램의 효율성을 측정하는 것이다. 투입/산출의 비율, 즉 효율성을 평가할 때 '산출'을 계산하기 위해 사용되는 개념은 '노력의 양'이며, 노력의 양은 대부분 '서비스의 단위'로 표현된다. 그리고 효율성은 서비스 단위당 비용으로 표현된다(정무성 · 정진모, 2001: 220).

(라) 효과성

효과성은 문제 해결에 동원되는 자원과 이로부터 나타나는 복지서비스와의 관계에서 자원이 얼마가 들든지에 상관없이 복지서비스를 최대한도로 창출해내는 것을 말한다. 즉, 정책의 목표달성 정도로서 최대의 결과를 얻는 것을 의미한다.

효과성 평가에서 관심을 갖는 변화의 결과는 이용자 개개인에 대한 것이다. 또한 효과성 평가를 할 때는 의도된 결과와 아울러 예기치 않았던 결과도 생각해야 한다. 인간에 대한 서비스의 효과를 측정할 때 가장 큰 어려움은 그 정책의 산출 척도에 대한 합의이다. 예를 들면, 상담의 효과를 무엇으로 규정할 것인가에 대한 문제이다.

효과성은 상대적인 개념으로 정책의 효과성을 평가하려면 지난해의 실적이나 같은 시기에 같은 사업을 수행한 다른 기관의 목표성취 정도, 전문기관이 제시한 성취기준을 비교기준으로 삼을 수 있다(정무성 · 정진모, 2001: 220).

(마) 사회적 효과성

사회복지정책의 시행결과로 나타나는 사회복지의 유대감, 즉 통합성을 달성하는가에 관한 것이다. 사회복지정책에서는 인간의 존엄성을 존중해야 하므로 능률성이나 효과성보다 사회적 효과성을 중시하는 경우가 많다(이진숙 외, 2021).

(바) 사회적 형평성

사회복지정책이 시행되는 경우 사회계층 사이의 불평등이 어느 정도 시정될 수 있는가에 관한 것이다. 사회적, 경제적 약자에게 복지서비스를 많이 제공함으로써 인간의 생존권 확보 차원에서 실질적 평등, 즉 복지의 평등을 실행하는 것이다. 이는 배분적 정의를 실현하는 것이다.

(3) 사회복지정책 대안 형성의 한계와 문제점

가. 예측능력의 한계

정책 대안을 개발하는 데 있어서는 앞에서 본 바와 같이 미래 상황에 대하여 정확한 예측을 해야 한다. 그러나 미래 상황에 대한 정보와 자료는 부정확하고 또 부족한 경우가 많아 미래 예측이 잘못될 수 있다. 이것이 예측능력의 한계이다. 이를 극복하기 위해서는 행정정보체계를 체계화하고 행정기관 사이의 유기적인 자료 교환 및 정책 형성에 관한 기록과 보관 그리고 공개가 필요하다.

나. 계량화

사회복지정책의 대안을 개발하는 데는 대안 마련에 필요한 자료를 계량화하는 작업이 필요하다. 그러나 사회복지정책 대안들은 주로 사람을 대상으로 하기 때문에 계량화할 수 없는 부분이 많다는 문제점이 있다. 이를 극복하기 위해서는 사회복지 목표 자체를 명확하게 규정하고 측정에 필요한 지표 및 척도의 개발이 요구된다.

다. 공동비교 척도의 부재

사회문제를 해결하기 위하여 최선의 대안을 찾아내기 위해서는 여러 대안들을 비교 분석해야 하는데 이들을 비교하기 위해서는 이들의 장단점을 비교해야 한다. 그러나 이들을 서로 비교할 수 있는 공통척도가 없는 경우가 많다. 이런 점이 문제이다.

라. 시간과 비용

정책 대안의 형성에는 시간과 비용이 든다. 그런데 시간과 비용이 한정되어 있으므로 이 한계 속에서 정책의 대안이 개발될 수밖에 없다.

마. 국가의 다른 목표와의 관계

단순히 정책문제로서 사회복지 문제만을 고려하여 정책 대안을 만드는 경우 다른 국가 목표와 대립하고 상충되는 수가 있을 수 있다. 이를 극복하기 위해서는 다른 분야의 정책목표를 함께 고려해야 하고 인접 정책 분야에 대한 이해를 넓히는 것이 중요할 것이다.

4) 사회복지정책의 결정

(1) 사회복지정책 결정의 의미와 특성

가. 의미

사회복지정책 결정이란 권위 있는 정책결정자가 정당성과 권위를 갖고 문제해결을 위한 여러 대안 중에서 하나를 선택하는 과정이다. 예를 들어, 국회 통과, 대통령 서명, 명령, 규칙, 조례제정 등이 여기에 해당한다(박경일, 2023).

나. 정책결정의 특성

정책결정과정은 정책 대안의 형성과정과는 여러 가지로 다른 특성이 있다. 구체적으로 살펴보면 다음과 같다.

가) 권위 있는 정책결정자의 결정

정책결정은 정책을 결정할 수 있는 자만이 할 수 있다. 정책결정 권한을 가진 자이다.

나) 정책결정자에 의한 대안의 채택

사회복지정책결정자는 사회복지 문제에 대하여 여러 가지 서로 다른 이해관계를 가진 자들의 이해를 분석하고 제안된 여러 개의 정책 대안 가운데 어느 하나를 선택하여 사회복지 문제에 관한 해결 방안을 마련하는 것이다. 그러므로 정책결정은 이해 관계 자들의 다툼 속에서 권위 있는 정책결정자에 의하여 정책 대안이 채택된다는 특징이 있다.

다) 공익적 기준에 의한 정책결정

정책결정자가 여러 정책 대안 가운데 어느 하나를 대안으로 선택 결정할 때 정책결정자는 사회 전체의 공익을 기준으로 해야 하며 정책문제를 둘러싼 이해관계 사회세력 사이의 이해를 조정해야 한다. 어느 한편의 이해를 대변해서는 안 되고 공익적 관점에서 결정이 내려져야 한다.

라) 사회복지정책의 결정과정의 정치적 성격

사회복지정책의 결정과정이 사회 전체를 위한 공익적 특성을 가지고 있지만 결정된 사회복지정책은 여러 이해관계를 가진 사회 여러 세력들 사이의 타협의 산물이기 때문에 사회복지정책의 결정과정은 정치적 특성을 지닌다.

마) 거시적인 고려

사회복지정책을 결정할 때 논의되는 해당 사회복지 문제만을 고려할 것이 아니라 다른 정책과의 관계 및 장래의 사회적 상황변화 등 사회 전체적인 입장에서 거시적인 고려가 필요하다.

(2) 사회복지정책결정의 모형

가. 다원주의 이론과 공공선택 이론

다원주의 이론이란 어떤 권력이 어떤 개인이나 한 집단에 집중되어 있는 것이 아니라 광범위하게 확산되어 있고 영향력을 끼치고자 하는 모든 집단들의 주장이 동등하게 청취된다는 이론이다. 달과 폴스비(Dahl & Polsby)에 의하여 개발된 이론이다. 그러나 실제로는 많은 권력을 가진 집단은 그렇지 못한 집단보다 대중에게 더 많은 영향력을 끼쳐 사회복지 문제를 자기들에게 유리한 방향으로 이끌어 가고 있는 점을 이 이론은 간과하고 있다.

공공선택 이론이란 모든 정치 이해 관계자들, 즉 유권자, 납세자, 정치가, 관료, 이익집단, 정부 등이 자신의 이익을 최대로 늘리고자 노력하는 가운데 어떠한 정책이 선택된다고 본다(이진숙 외, 2021). 정치인들은 선거에서 승리해야 하기 때문에 정책 방향도 유권자들의 지지를 가장 많이 받는 쪽으로 결정한다. 이 이론에서 정치가는 선거를 고려하고, 이익집단은 자신들에게 유리한 방향으로 정책이 결정되도록 정치인과 관료를 대상으로 로비를 하고 관료들은 자신들의 소속 부처 예산이 증대된다는 점을 고려하여 이익집단, 정치인, 관료, 유권자가 상호 협력체제를 구축한다는 것이다.

나. 합리모형

인간은 합리적인 사고를 가지고 있는 존재이므로 정책결정자가 고도의 합리성을 가지고 주어진 상황에서 주어진 목표 달성을 위해 가장 합리적인 최선의 정책 대안을 찾아낼 수 있다고 보는 것이 합리성 모형이다.

합리모형의 특징은 다음과 같다(박경일, 2023 참고).

① 인간의 이성과 합리성

인간은 인간으로서의 이성과 합리성을 가지고 있다는 것을 가정한다.

② 주어진 목표와 상황

주어진 목표와 상황에서 최선의 정책 대안을 찾을 수 있다고 가정한다.

③ 인간의 능력에 대한 신뢰

인간은 주어진 상황에서 최선의 정책 대안을 만들 수 있다는 인간의 능력에 대한 신뢰를 전제로 한다.

④ 대안의 비교기준

정책 대안을 비교 평가하는 데 필요한 판단 기준이 명백하게 존재한다는 점을 가정하고 있다. 이때 각각의 정책대안이 가져올 결과에 대해서도 완전하게 알 수 있다는 점을 가정한다.

⑤ 최선의 정책대안 선택

합리적 정책결정자에 의하여 문제 해결에 필요한 최선의 정책 대안을 찾아냄으로써 정책결정이 이루어진다고 본다

이와 관련하여 합리적 모형에 대하여 다음과 같은 비판이 있다(김대성 · 송근원, 1998; 이진숙 외, 2021; 김종명, 2009 참조).

첫째, 인간은 언제나 이성적이고 합리적인 것은 아니므로 정책결정자가 언제나 최선의 정책결정을 한다고는 할 수 없으며 비합리적인 결정을 할 때도 있는데 합리적 모형은 이를 설명할 수 없다. 둘째, 정책목표는 언제나 명백하게 주어지는 것이 아니고 정책과정에 참여하는 사람들과의 타협과 협상에 의하여 형성되고 정책 상황은 수시로 변할 수 있기 때문에 가장 합리적인 정책 대안은 처음부터 존재할 수 없다는 것이다. 셋째, 인간의 능력은 합리모형 이론처럼 언제나 최선의 정책 대안을 만들어 낼 수 있을 만큼 무한한 것이 아니고 한계가 있다. 넷째, 정책문제의 해결을 위한 정보가 언제나

정확하고 충분한 것이 아니고 최선의 방안을 강구할 수 있는 시간적 여유가 없는 경우도 있다. 다섯째, 합리모형에서 가정하는 정책 대안의 비교 평가기준이 언제나 명백하게 존재하는 것은 아니다. 여섯째, 최선의 정책 대안을 알고 있으나 비용 때문에 선택하지 못하는 경우가 있다. 이 경우는 현재 시행 중인 정책에 많은 자원이 투입되어 있는 상황이라면 최선의 정책 대안을 새로 선택하기보다는 현재 시행 중인 정책 대안을 계속 사용하거나 일부 수정하여 사용할 수밖에 없는 경우도 생긴다.

다. 점증모형

점증모형은 기존의 정책결정을 토대로 하여 그보다 조금 차이가 있는 정책 대안을 마련하고 기존의 정책결정을 점증적으로 수정해 나가는 모형을 말한다. 정책결정은 기존의 정책, 전년도 예산, 전례, 관례 등에 기초하여 부분적으로 수정하거나 결함을 개선하는 수준에서 결정된다는 것이다.

점증모형의 특징은 다음과 같다.

① 제한된 합리성

정책결정자가 여러 대안들을 분석 평가하여 새로운 대안을 만들기보다는 기존의 정책에서 일부 수정하는 대안을 마련하는 이유는 정책결정자가 기존 정책의 대안이 될 수 있는 모든 정책들을 조사하는 것은 시간적 제약 그리고 비용, 지식 부족으로 사실상 불가능하기 때문이다.

② 보수적인 정치적 성격

점증모형은 과거의 정책 대안을 기초로 차이가 있는 대안을 검토하고 기존의 정책을 약간 수정한 수준에서 결정되므로 보수적 성격을 가진다. 새로운 정책을 선택한다는 것은 과거의 합의를 근본적으로 부정한다는 의미가 될 수도 있다. 정책결정은 다양한 행위자에 의한 상호 조정을 통하여 이루어진다. 따라서 기존 정책에서 수정된 정책만 논의하면 비교적 정치적 저항을 피하며 합의를 이끄는 데 유리하다.

③ 매몰비용(sunk cost)

이미 기존의 정책에 많은 자원이 투입되었을 경우 투입된 자원에는 수많은 관료, 행정조직, 정치적 명분, 국민적 합의 등이 있기 때문이다. 그러므로 정책결정자는 사회적, 경제적, 행정적으로 가장 혼란이 적은 정책들만 대안으로 고려하게 되는 것이다.

④ 점진적 수정

한꺼번에 정책을 결정하지 않고 조금씩 서서히 정책을 수정 보완하는 식으로 계속적 정책결정을 추진한다. 즉, 현재의 정책에서 소폭적으로 가감하여 정책을 결정한다. 정책결정자가 정책 대안이 가져올 모든 것을 분석하지 않고 결과 중에서 일부만을 제한적으로 분석 비교한다.

그러나 이 점증모형에 대하여는 다음과 같은 비판이 있다. 첫째, 점증에 대한 확고한 기준이 없다. 정책결정의 계획성이 결여되고 그 평가 기준이 뚜렷하지 않다(평가기준의 부재). 둘째, 사회적 가치의 근본적인 재분배를 필요로 하는 정책보다는 항상 정치적으로 실현 가능한 임기응변적 정책을 모색하는 데 치중한다. 셋째, 점증모형은 기존 정책의 혁신에 장애가 되며(점증모형의 보수성), 쇄신이 요구되는 사회에는 적합하지 않다. 따라서 이 점증모형은 보다 합리적인 정책결정방법을 시도하지 않는 구실로 사용될 수 있다(반쇄신성). 넷째, 점증모형은 과거나 현재의 사업에 근거를 두고 이를 약간 변화시키는 것이므로 새로운 대안을 과감하게 채택, 추진하는 데는 미흡하다(적용의 문제)(이진숙 외, 2021 참조).

라. 혼합모형

에치오니(Etzioni)가 주장한 혼합모형은 합리모형과 점증모형의 절충형이다. 합리모형의 이상주의적 성격에서 나오는 단점과 점증모형의 보수성을 보완하게 위해 제시된 모형이다.

혼합모형의 특징은 다음과 같다.

① 종합적 합리성

정책결정에는 합리성만 작용하는 것도 아니며 비합리적인 결정만 이루어지는 것이 아니므로 결정의 범위에 따라 두 가지가 다 적용된다고 본다. 종합적 합리적 결정은 기본적 결정을 보완·수정하여 점증적으로 이루어진다고 주장한다. 따라서 점증적인 정책결정이 기본적인 결정 범위에서 이루어진다고 보기 때문에 합리주의 내에서 세부결정이 가능하다(박경일 2023; 서보준 외, 2023).

② 결정의 구분

결정과정을 기본적 결정과 세부적 결정으로 나눈다. 기본 결정은 전체적이고 기본적인 방향을 설정하기 위해 중요한 대안을 탐색한 후에 이루어지고 세부적인 결정은 기본적 결정의 범위 속에서 점증적으로 구체화한다(박경일, 2023).

합리모형은 제대로 작동될 경우 요구하는 이상적 합리성을 현실화하여 장·단기적 안목과 대처방법을 마련할 수 있다. 그러나 혼합모형은 별개의 모형이 아닌 두 개의 모형을 절충한 것에 지나지 않아 현실적으로 실행에 어려움이 따른다(황선영·노병일·김세원, 2016: 55).

마. 최적모형

합리모형의 비현실성과 점증모형의 보수 성향을 비판하면서 정책성과의 최적화에 주안점을 둔 모형이다. 정책성과를 최적화한다는 의미는 정책결정과정에서 투입(비용)

보다 산출이 커야 한다는 의미이다. 가장 효과적인 정책결정을 위해서는 합리적인 요소와 함께 초합리적인 요소도 동시에 고려하여야 한다고 주장한다. 초합리성이란 직관, 판단, 통찰력, 창의 등 인간의 의식 저변에 깔린 요소를 의미한다(박경일, 2023; 황선영 · 노병일 · 김세원, 2016).

최적모형의 특징은 다음과 같다.

① 질적 모형

정책결정의 질적인 적정화를 기하기 위해서는 정책결정자 개인의 지적인 합리성만을 고려할 수 없고 불가피하게 적극적 요인으로 초합리적인 것이 개입되어야 한다고 본다. 특히 과거의 선례가 없는 비정형적인 결정을 내려야 할 경우는 더욱더 그렇게 해야 한다는 것이다.

② 경제적 합리성과 초합리성

단순히 현실적으로 이루어지는 결정의 측면만을 연구할 것이 아니라 언제나 이상을 갖고 가능성의 영역을 개척하기 위하여 정책결정방법은 물론 결정이 이루어진 후에 집행에 대한 평가 및 환류를 계속하면 결정능력이 최적 수준까지 향상될 수 있다는 것이다(서보준 외, 2023).

이 모형은 정책결정과정에서 초합리성을 중시하고 인간이 노력하면 최적수준에 도달할 수 있다는 발전 가능성을 제시하고, 상위정책을 강조하는 등의 장점이 있다고 한다. 그러나 정책결정과정에서 사회적 과정에 대한 고찰이 미흡하고 초합리성의 구체적 달성방법이 명확하지 않고, 초합리성과 합리성과의 관계가 모호하며 너무나 유토피아적인 모형이라는 단점이 있다(김종명, 2009: 133 참조).

바. 쓰레기통 모형

이 모형은 정책결정이 협상이나 타협에 의하여 이루어지는 것이 아니고 혼란상태에서 세 가지의 흐름 내지 네 가지의 흐름이 서로 다른 시간에 통 안으로 들어와 우연히 한곳에 모여 결합될 때 의사결정이 이루어진다는 것이다. 이는 코헨(Cohen), 마취와 올슨(March & Olson)이 고안하였다. 마취와 올슨은 정책결정에 필요한 네 가지 흐름으로서 선택 기회의 흐름, 해결되어야 할 문제의 흐름, 문제에 대한 해결 방안의 흐름, 정책결정자에의 참여자의 흐름을 들고 있다.

여기서는 이들의 이론을 발전시킨 킹던(Kingdon)의 쓰레기통 모형을 중심으로 그 특징을 살펴보면 다음과 같다.

① 정책과정을 구성하는 흐름

킹던은 정책과정이 문제의 흐름, 정책 대안의 흐름, 정치의 흐름이 각각 독자적으로 형성되며 각 참여자의 주요 참여자도 다르다고 본다. 문제의 흐름은 언론 및 클라이언트에 의하여, 정치의 흐름은 정치인 및 이익집단, 여론, 사회운동 등에 의해서, 그리고 정책의 흐름에는 관료, 전문가, 학자들에 의해서 활성화되며 각각 독자적으로 흘러간다는 것이다.

② 조직화된 혼란상태(organaized anarchies)

앞의 세 가지 독자적인 흐름이 쓰레기통과 같은 혼란상태에서 우연한 기회에 한곳으로 연결되면서 정책의제가 형성된다고 본다. 어떤 사회문제가 등장하면 그 문제는 자체적으로 그대로 존재하면서 흘러가다가 그 사회문제가 심각해지면 정책 공동체는 이에 대한 여러 가지 정책 대안들을 마련하고 이들 대안들을 비교 평가한다. 이러한 정책 대안들도 그대로 존재하면서 흘러간다. 정책 전문가들은 사회문제에 대한 정책 대안을 마련하고 문제가 정책의제로 등장할 때까지 기다린다. 이러한 상황에서 정치적 분위기 또는 국민적 여론이 바뀌거나 국회의석 분포가 변화하게 되면 정책을 변화시켜야 한다는 정치의 흐름이 나타나게 된다는 것이다. 요컨대, 어떠한 사회문제에 대한 정책 대안들은 그 문제가 이슈화되어 정책의제가 되든지 안 되든지 간에 학자들이나 관료들에 의하여 계속 연구되면서 흘러가고 있다가 정치의 흐름과 문제의 흐름에 의하여 정책의제가 형성될 때 이들과 재빨리 결합함으로써 정책결정으로 연결된다는 것이다. 이때 정책결정으로 연결되지 못하면 정책의 창문은 닫히게 되고 세 개의 흐름은 다시 제각각 흘러가게 된다는 것이다(이진숙 외, 2021).

쓰레기통 모형의 단점은 이 모형에서 가정하고 있는 조직화된 혼란상태는 조직의 모든 결정형태에서 발견되는 것이 아니라는 점에서 일부분의 조직에서 또는 일시적으로 나타나는 결정형태를 설명하는 데 적합할 뿐이라는 비판이 있다(박경일, 2023).

사. 만족모형

시몬과 마취(Simon & March)가 제시한 이론으로, 객관적으로 존재하는 상황이란 인간의 능력으로 인지하기에는 너무나 복잡하기 때문에 개인이나 조직은 이를 간소화하여 인지하며 최선의 대안을 찾는 것이 아니라 주관적으로 만족할 만한 대안을 선택한다고 본다(서보준 외, 2023).

만족모형의 특징은 다음과 같다.

① 제한된 합리성

제한된 합리성을 전제로 하여 대안들을 모두 검토하는 것도 아니고 그들 가운데에 몇 개를 검토하다가 어느 정도 만족스러운 결과를 낼 수 있다고 생각하면 그냥 정책결정을 내린다는 것이다.

② 불명확한 정책목표

정책목표가 항상 명백하다고 보지는 않으며, 정책탐색 과정에 있어서도 소수의 대안들을 우선적으로 검토한다. 이 중 부적절하다고 판단되면 다른 대안들을 검토한다. 이런 과정을 거치면선 만족할 만한 대안을 선택하는 일련의 절차를 밟는다(황선영 · 노병일 · 김세원, 2016).

③ 제한된 대안의 선택

정책결정과정에서 모든 정책대안이 다 고려되지도 않고 고려될 필요도 없다고 본다. 일단 만족할 만한 정책대안을 찾게 되면 또 다른 대안 찾기가 중단된다. 더 효과적인 대안들이 남아 있다 해도 마찬가지다(박경일, 2023; 황선영 · 노병일 · 김세원, 2016).

대안 하나를 찾아내는 데는 많은 시간과 비용이 드는데 만족모형은 완전하지는 않지만 차선으로 만족할 만한 대안을 찾는 데 만족함으로써 이 비용을 줄일 수 있다는 장점이 있다. 그러나 다음과 같은 단점이 있다. 첫째, 최선의 대안이 아니라 만족할 만한 대안을 찾는 데 있어서 그 만족할 만한 수준이 어느 정도인지 객관적인 기준이 없고 또 설령 만족할 만한 대안을 찾은 후에 대안탐색을 중단하면 검토되지 않은 대안 중에서 훨씬 더 중요한 대안이 있어도 이것을 탐색하지 않고 중단하게 된다. 둘째, 만족수준은 경우에 따라 변하기 마련인데 습관적으로 매번 같은 수준의 대안이 마련되면 변동되는 사회문제 해결에 적용하기 어렵다. 따라서 만족모형은 쇄신적인 문제해결보다 보수적 성향을 띤다.

5) 사회복지정책의 집행

(1) 정책집행의 의미

정책집행이란 정책목표를 달성하기 위하여 결정된 사항을 구체적으로 실천하는 과정이다. 이는 정책의 실현과정이므로 이를 달성하기 위하여 구체적인 활동이 이루어진다.

(2) 정책집행의 특성

첫째, 정책결정과정은 가치가 개입된 정치적 과정인 반면에 정책집행과정은 주어진 목표를 구체화시키는 데 있어 가치가 배제된 관리기술적 성격을 띤다. 그러므로 정책집행에 있어서는 정부 관료의 역할이 중요하다. 둘째, 집행되는 정책의 사회적 목표에 따라 집행 유형은 달라지며 효과적 집행은 상황에 따라 달라진다(송근원, 2004: 279). 셋째, 정책집행과정이 참여자의 협상과 타협으로 인하여 원래의 정책목표를 왜곡하거나 지연 또는 무산시킬 수 있다. 즉, 결정된 정책이 그대로 모두 집행되는 것은 아니며 정책집행과정에서 이해집단 간의 의견 불일치, 이념적 논쟁, 정치적 반대가 존재하며 정책의 집행은 여러 사회세력의 세력관계를 반영해 주는 과정으로서 정치적 성격을 띠게 된다.

(3) 사회복지정책의 집행에 영향을 미치는 요인

가. 정책환경적 요인

정책환경적 요인은 사회복지정책의 형성 및 정책참여자의 행태에 영향을 미치는 환경적 변수로서 정치, 경제, 사회적 상황의 변화와 관련된 변수들로 구성된다(이진숙 외, 2021). 정책집행에 영향을 미치는 정책을 둘러싼 상황의 변화에는 다음과 같은 것이 있다.

첫째, 전쟁이나 쿠데타, 대통령의 소속 정당, 의회 내 보수와 진보의원의 세력 비율의 변화 등과 같은 정치상황의 변화는 사회복지정책의 내용과 정책결정자의 행태에 영향을 미침으로써 집행과정에 영향을 미친다. 둘째, 개방화, 국제화, 세계화 추세는 사회복지정책보다는 경제정책에 보다 중심을 두게 되어 사회복지정책 실현을 지연시키는 작용을 하게 되는 면도 있으나 외국의 사회복지제도나 정책이 유입됨으로써 사회복지정책의 내실화에 이바지할 수 있다. 그리고 국민소득, 가구소득, 실업률, 물가지수

등의 경제적 상황의 변화는 사회복지정책의 집행에 영향을 미친다. 셋째, 고령인구의 증가, 독신가구의 증가, 이혼의 증가, 사회양극화, 산업화 및 도시화, 교육수준의 변화 등은 사회복지정책의 집행에 영향을 미친다.

나. 정책 내재적 요인

사회복지정책의 집행에 영향을 미치는 정책 내재적 요인이란 형성된 정책내용에 영향을 미치는 요인들이다. 이런 요인에는 사회복지 정책목표의 타당성과 구체성, 정책방법 및 절차, 사회복지서비스의 형태에 대한 것들이 있다.

첫째, 정책목표의 타당성은 사회복지정책에서 해결해야 할 사회복지 문제를 얼마나 정확히 파악하여 정책목표를 설정했는지에 관한 것이고 정책목표의 구체성은 정책의 목표가 측정할 수 있을 정도로 뚜렷하고 구체적으로 표명되었는가에 관한 것이다. 이러한 정책목표의 타당성과 구체성은 정책의 성공과 실패에 많은 영향을 미친다.

둘째, 정책목표가 아무리 잘 세워졌다 하더라도 그 목표를 달성할 수 있는 효율적인 정책수단과 절차가 규정되어 있지 않으면 그 정책은 성공적으로 집행하기 어렵다. 그리고 정책집행에 사용되는 재원으로 충분한 예산이 뒷받침되지 않으면 정책의 집행을 성공적으로 할 수 없다. 또한 정책의 집행에 책임을 질 수 있는 정책집행기관이 존재하고, 복지서비스전달체계가 명확하며, 복지서비스의 전달방법이 명확한 경우에 정책집행이 순조롭게 이루어지는 것이다. 마지막으로 사회복지서비스의 유형이 복지서비스의 효율성에 직접 영향을 미치게 된다. 복지서비스의 행태가 현금인가, 기회의 형태를 띠는가, 신용의 형태를 띠는가에 따라 정책의 효율성은 달라진다.

다. 정책 행태적 요인

정책의 형성이나 집행에 관여하는 정책 참여자들의 정치 행태와 관련된 요인이다. 정책의 상황이나 규정된 정책 내용에 의하여 정책의 집행이 영향을 받는다. 그리고 대통령, 국회, 시 구의회 등과 같은 정치를 담당하는 기관의 관심과 지지는 정책의 성공적인 집행에 영향을 미친다. 또한 정책집행자나 정책기관의 가치와 이해관계, 이들의 전문성이나 능력 및 자질 등이 정책의 성공에 영향을 미친다. 정책집행기관의 상급관청과 경쟁 부서의 태도도 정책집행에 영향을 미친다. 이들 기관이 정책의 집행에 비협조적이면 그 정책은 성공하기 어렵다. 또한 클라이언트가 사회복지정책과정에 적극적으로 관여하여 관심을 가지느냐에 따라 정책집행에 영향을 준다. 마지막으로 이익집단, 지역주민, 일반국민의 적극적 지지, 저항, 무관심, 압력 등도 정책집행에 영향을 미친다. 지역사회의 주민이나 일반국민들이 정책에 호의적이라면 그 사회복지정책은 성공할 가능성이 높다.

2. 사회복지정책의 평가

1) 사회복지정책평가의 의의

사회복지정책평가는 사회복지정책의 성과에 관한 분석으로서 사회복지정책의 집행결과를 기술하고 검토하는 것이다(Gilbert & Terrell, 1998). 즉, 본래의 정책목표를 달성했는가를 평가하는 것이다. 평가된 내용은 다시 정책과정에 영향을 주게 되므로 사회복지정책과정에서 매우 중요한 과정이다. 여기에서 정책평가란 특정 정책과 프로그램이 그것의 목표를 달성했는지를 알아보기 위하여 정보를 수집, 분석, 해석하는 활동이다. 정책활동의 범위를 어떻게 잡느냐에 따라 좁은 의미와 넓은 의미로 나눌 수 있다.

좁은 의미의 정책평가는 정책이 처음 의도한 결과를 얼마나 효과적으로 달성했는지를 측정하는 활동이다. 그 정책이 성공했는지 실패했는지에 대한 평가 연구를 말한다. 넓은 의미의 정책평가란 정책과정 전반에 관한 활동을 말한다. 좁은 의미의 정책평가는 정책집행 이후에 이루어지지만 넓은 의미의 정책평가는 정책결정 이전부터 정책집행 이후까지의 모든 정책과정 속에서 이루어지는 정책활동에 대한 평가를 의미한다.

2) 사회복지정책평가의 기준

정책평가란 궁극적으로 정책집행의 결과로 무엇을 얼마나 달성되었는가를 파악하고자 하는 것에 있으나 평가의 기준을 무엇으로 삼을 것이며, 어떤 측면을 중심적으로 평가하고자 하느냐에 따라서 평가의 결과는 크게 달라질 수 있기 때문에 정책평가의 기준이 중요하다. 여러 학자가 다양한 평가기준을 제시하고 있지만 일반적으로 효과성, 효율성, 형평성, 반응성, 적정성, 적절성 등이 있다.

(1) 효과성

앞 정책 대안의 비교 분석 기준에 있는 효과성의 설명 참조

(2) 효율성

앞 정책 대안의 비교 분석 기준에 있는 효율성의 설명 참조

(3) 형평성

앞 정책 대안의 비교 분석 기준에 있는 형평성의 설명 참조

(4) 반응성

정책집행의 결과, 그 대상이 되는 집단이나 사람들을 얼마나 만족시켰는가 하는 기준으로 정책이 대상집단의 욕구, 선호, 가치를 반영하는 정도를 말한다(류종훈 외, 2005; 안홍순, 2012).

(5) 적정성(adequacy)

가치 있는 성과의 달성이 문제의 해결에 얼마나 기여했는가 하는 것에 대한 평가이다. 즉, 정책이 해결하고자 하는 정책문제를 정확히 해결하고 있는지를 판단하는 기준이다. 이는 정책의 타당성 문제라 할 수 있다(권기창, 2022).

(6) 적절성(appropriateness)

문제해결을 위해 사용한 수단이나 방법들이 바람직한 수준에서 이루어졌는가에 대한 평가이다. 너무 지나치지도 너무 부족하지도 않게 적정량의 재화와 서비스를 제공하는 것으로 효율성과 형평성을 동시에 고려한다(권기창, 2022; 안홍순, 2012).

3) 사회복지정책의 평가절차

사회복지평가는 먼저 평가목표를 설정하고 다음으로 평가범위를 설정한다. 이어서 프로그램 내용을 파악하고 평가설계서를 작성한다. 그리고 자료 수집과 측정을 하고 그것을 분석하고 해석을 한다. 마지막으로 보고서를 작성하고 이를 제출하는 절차를 거친다.

(1) 평가목표의 설정

정책평가는 정책 프로그램의 효과를 높이고 정책의 책임성을 명확히 하는 것이다. 정책평가를 하기 위해서는 평가목표를 설정해야 한다. 여기서는 평가목표에 따라 평가자를 선정하고 평가기준을 정하고 평가범위를 정한다.

(2) 평가범위의 설정

평가의 기간과 시점, 평가의 지역적 범위, 평가 대상이 되는 정책의 결정, 어느 시점의 정책을 평가할 것인지의 범위 등을 결정해야 한다.

(3) 프로그램의 내용 파악

평가대상이 되는 사회복지 프로그램의 목표, 내용, 정책결정과정 등에 관한 전반적 정보를 수집해야 한다. 정책목표의 구체성, 정책목표를 달성할 수 있는 정책 수단과 자원의 존재 유무와 그 활용도 등을 파악해야 한다.

(4) 평가설계서 작성

정책평가를 위한 프로그램 내용이 파악되면 평가설계서를 작성한다. 정책 프로그램이 어떤 결과를 가져왔으며, 그 결과는 바람직한 것인지, 그러한 결과를 가져오는 데 미친 요인은 무엇인가 등을 규명하기 위한 분석 틀을 만들어야 하는데, 이는 평가설계의 형태와 평가기법을 결정하는 데 기초가 된다. 이를 바탕으로 평가설계서를 작성한다.

(5) 자료 수집과 측정

평가설계가 끝나면 평가에 필요한 자료를 수집한다. 자료란 평가보고서에 직접, 간

접으로 사용되는 모든 정보를 말한다. 직접 조사를 통하여 수집되는 1차적 자료와 기존 자료에서 가져오는 2차 자료가 있다. 1차 자료는 관찰법, 면접법, 설문자를 통한 질문지법 등이 있으며 일반적으로 많이 쓰인다. 2차 자료는 정부 문서, 각종 통계 자료, 다른 평가보고서 등이 있다.

(6) 분석 및 해석

자료 수집 및 측정이 끝나면 그것을 분석하고 그 의미를 해석한다. 수집된 자료의 분석은 질적 분석과 양적 분석을 병행한다. 질적 분석은 논증과 설득력을 바탕으로 하는 이론적 논리적 분석이며 양적 분석은 통계적 기법이나 정책분석기법으로 개발된 여러 가지 분석기법을 사용하는 분석방법이다.

(7) 보고서의 작성 및 제출

정책보고서는 수집된 자료를 분석하여 해석한 후 이를 평가보고서의 형태로 작성하여 의뢰기관에 제출한다. 이는 학술논문이 아니므로 쉽고 간결하게 작성한다(김종명, 2009: 141-142).

4) 사회복지정책평가에 영향을 미치는 요인

(1) 인적 요인

인적 요인이란 정책평가 활동에 작용하는 정책꾼들의 영향력을 말한다. 여기에는 정책평가자, 정책담당자, 클라이언트, 주민, 일반국민 등의 영향력이 있다.

가. 정책평가자

사회복지정책을 평가하는 정책평가자가 정책 프로그램의 평가와 사회복지정책 프로그램에 영향을 미치는 것은 당연하다.

나. 정책담당자, 클라이언트, 지역주민, 일반국민

정책결정자나 정책집행자 등의 정책담당자는 그들의 의도나 관심이 정책평가에 작용하여 그 평가에 영향을 미친다. 클라이언트는 정책평가의 의뢰자이고 정책수혜자이므로 정책평가에 영향력을 행사하기를 원한다. 특히 시민단체를 통할 때는 큰 영향력을 발휘할 수 있다. 그리고 사회정책 프로그램에 의하여 직접 영향을 받는 지역주민들이나 이해관계자, 일반국민들의 여론도 정책평가에 영향을 미친다.

(2) 시간적 요인

정책의 평가에는 많은 시간을 필요로 한다. 그러므로 충분한 시간적 여유 없이 정책평가가 이루어지면 그 내용이 부실하게 되어 평가될 수도 있다.

(3) 기술적 요인

정책평가를 잘하려면 평가를 위하여 자료를 분석할 수 있는 기법이 있어야 한다. 그렇지 않다면 올바른 평가를 할 수 없게 될 것이다.

(4) 제도적 요인

정책의 평가가 잘 이루어지려면 정책평가에 필요한 정보나 자료의 획득이 보장되어야 한다. 그리고 평가활동을 할 수 있도록 행정적인 뒷받침이 있어야 한다. 또한 평가결과가 활용될 수 있는 환류 장치가 마련되어야 한다.

(5) 정책 자체 요인

정책평가가 잘 이루어지기 위해서는 평가되는 정책 프로그램의 목표가 뚜렷하고 그 목표를 달성하는 데 연계 수단이 명확해야 하며 평가될 내용에 관한 측정이 가능해야 한다(이진숙 외, 2010: 281-283 참조).

5) 사회복지정책평가의 방법

(1) 시간기준에 따른 분류

가. 총괄평가/목표지향적 평가

정책집행 후에 정책이 사회에 미치는 영향(정책효과)을 추정하는 판단활동으로 정책 영향평가라고도 한다. 정책효과뿐만 아니라 부수효과나 부작용까지 포함하여 정책이 사회에 끼친 영향이나 충격을 확인하는 사실적 판단활동이다(안홍순, 2012).

따라서 총괄평가는 사회복지정책이 달성하고자 했던 목표를 얼마나 잘 달성했는가의 여부를 평가한다. 일반적으로 정책시행이 종결된 후에 실시되며, 주로 양적 평가방법을 활용한다. 그 결과를 근거로 정책을 계속 유지할 것인지 혹은 축소, 중단, 확대할 것인지 등에 대한 판단을 내리게 된다. 총괄평가에는 효과성, 효율성, 형평성 평가 등이 있다(안홍순, 2012; 사회복지교육연구센터, 2022; 정무성 · 정진모, 2001).

나. 과정평가/형성평가

과정평가는 정책이나 그 전달방법의 개선, 정책 결과의 향상, 그리고 정책의 효율성을 증진시킬 목적으로 실시하는 평가이며, 정책을 형성하는 자체에 초점을 두기 때문에 형성평가라고 부르기도 한다. 과정평가는 정책의 운영 및 활동을 분석하여 이를 근거로 해서 보다 효율적인 추진전략을 마련하거나 정책 내용을 수정 · 변경하거나 정책의 중단 · 축소 · 유지 · 확대 여부를 결정하는 데 도움을 준다. 즉, 정책 진행 중에 정책의 원활하고 성공적인 수행을 위하여 문제점을 찾아내고 수정 · 보완할 목적으로 실시되는 평가이다. 주로 질적 평가방법을 활용한다(정무성 · 정진모, 2001 참고).

다. 모니터링

과정평가의 한 방법이다. 정책의 대상집단에 대한 프로그램의 커버리지와 바이어스를 살핀다.

(가) 커버리지

어떤 정책 프로그램에 대한 대상집단의 참여가 실제로 얼마나 이루어지고 있는가, 즉 만족도를 의미한다. 정책대상 집단들 가운에 어느 정도가 실제로 정책 프로그램에 참가하고 있는가 하는 문제는 효과적인 정책 프로그램의 집행을 위해서 매우 중요한 의미를 지닌다. 낮은 커버리지는 어떤 정책 프로그램에 대한 욕구가 있으나 아직 충족(cover)되지 않고 남아 있는 대상(사각지대)의 비율을 말하고 초과 커버리지는 부적절한 수급자가 많음을 의미하는 것으로 정책의 설계가 잘못되었음을 나타낸다(안홍순, 2012).

(나) 바이어스(bias)

지정된 대상집단의 각 하위집단들의 참여가 다를 수 있다는 것, 즉 대상집단과 편차가 있는 다른 참여자로 인해 발생하는 문제를 말한다. 예를 들면, 공공보육시설은 일하는 부모들이 이용하도록 설계되었지만 일하지 않는 전업주부의 자녀들이 주로 사용하는 것으로 조사되었을 경우에 이러한 편차(bias)를 시정할 필요가 있다(안홍순, 2012).

(2) 평가주체에 따른 분류

가. 내부평가

주로 정책결정, 정책 집행당사자들이나 체제 내부의 구성원들이 하는 평가로 정책의 운영과정이나 결과에 대한 자기반성적 평가의 성격을 지닌다. 따라서 내부평가는 평가를 통해서 얻어진 결과가 환류되어 조직운영이나 정책을 개선하려는 목적으로 시행된다(황성철, 2015).

나. 외부평가

정책결정, 정책집행당사자들이 아닌 외부기관의 전문가에 의해서 수행되는 평가이다. 외부평가도 내부평가와 마찬가지로 정책의 개선을 목표로 하고 있다. 그러나 평가결과가 제한적으로나마 외부에 공표되거나 다른 기관과의 비교자료로 활용되는 등 평가결과의 활용방법에 있어서는 내부평가와 차이가 있다(황성철, 2015).

(3) 질적 평가방법과 양적 평가방법

가. 질적 평가방법

질적 평가방법은 정책을 질적 시각에서 하는 평가이다. 질적 평가방법에는 참여관찰법, 심층면접법 등이 있다. 질적 평가방법은 선정된 문제를 이론적, 경험적으로 자세하게 연구하고 풍부한 자료를 통하여 정책을 평가하는 것이다. 이념적인 질적 방법론은 질적 자료, 자연주의적 탐색에 기초한 총체론적 귀납적인 설계, 내용 분석 및 사례 분석으로 이루어진다.

나. 양적 평가방법

양적 평가방법은 정책평가를 양적시각으로 하는 평가방법이다. 양적 방법은 양적 자료, 실험적 연구설계, 통계분석으로 구성된다.

오늘날에는 정책평가를 질적 평가와 양적 평가를 혼용하여 사용하는 것이 보통이다. 예컨대, 실험적 설계를 이용하면서 질적 자료를 수집하여 내용 분석을 수행한다든지, 자연주의적 연구설계와 질적 자료를 이용하면서 통계분석을 수행하는 등 다양한 조합을 이용할 수 있는 것이다.

사회복지정책의 분석

1. 정책분석의 유형

정책분석은 최선의 정책 대안을 창출하기 위하여 수행되는 체계적인 활동을 말한다. 이는 사회복지정책에 규정된 사회문제와 정책목표, 정책문제의 사회적, 역사적 배경, 정책 프로그램의 내용과 집행, 정치적 영향, 주요 제약 요인과 촉진 요인, 평가 요소 등을 분석하는 것을 말한다.

일반적으로 정책 분석 형태는 과정분석, 산출분석, 성과분석으로 나눌 수 있다. 이는 길버트와 스펙트(Gilbert & Specht)[1]가 처음으로 제시한 것이다.

1) 길버트와 스펙트가 제시한 분석틀은 테렐(Terrell)과 함께 연구하면서 길버트와 스펙트의 분석틀 혹은 길버트와 테렐의 분석틀로 표현되고 있지만 내용은 기본적으로 동일하다.

(1) 과정분석

사회복지정책의 과정분석은 사회복지정책이 결정되기까지의 여러 역동적 과정을 사회과학적, 정치적, 기술방법론적인 여러 변수들과 관련하여 정치집단, 정부, 이익집단, 시민단체, 일반시민의 여론 등이 정책 형성에 어떠한 영향을 미치는가를 분석하는 것이다. 여기에는 과정 연구가 필수적이다. 일반적으로 과정분석에서는 사회정책결정과정에 참여하는, 예컨대 경제 집단, 정부 공무원, 이익집단, 정책주장 집단, 정책 전문가, 개별 유권자 등의 행위, 동기, 목적, 정책개발단계 등을 다룬다. 쓰레기통모형이 대표적인 예라고 할 수 있다.

(2) 산출분석

사회복지정책의 산출분석은 그 정책을 기획하고 수립하는 데 있어서 여러 가지 정책들을 놓고 선택하게 될 때 이러한 선택과 관련된 여러 가지 이슈에 대한 분석을 말한다. 정책계획을 구성하고 있는 구체적인 선택들의 형태와 내용은 무엇인가, 이 선택은 다른 선택을 포기하도록 하는가, 어떤 가치와 이론, 가정들이 이러한 선택을 지지해 주고 있는가 등이 산출분석의 핵심이다.

본질적으로 분석적 접근은 산출 연구를 위한 접근이다. 산출분석은 정책과정에서 선택된 정책을 할당, 급여, 전달, 재원의 측면에서 분석한다. 이러한 측면에서 선택된 것들은 정책 대안, 가치, 이론이라는 세 가지 측면에서 분석된다. 예를 들어 국민연금제도, 국민기초생활보장제도의 내용에 대한 분석을 들 수 있다.

(3) 성과분석(수행분석)

성과분석은 정책 선택이 가져오는 프로그램상의 결과를 설명하고 평가하는 것과 관련하여 객관적이고 체계적인 분석방법이다. 수행성과는 질적, 양적 자료의 수집을 통하여 다양한 학문적 광범위한 방법을 적용하여 측정할 수 있다. 조사방법론과 통계학적 기법은 성과분석에 유용하다. 이 분석은 프로그램이 얼마나 잘 수행되고 있는가, 즉 프로그램이 무엇으로 구성되어 있으며, 그 대상 집단에 도달하고 있는지, 얼마나 많은 비용이 드는지를 파악하기 위하여 추적 조사가 이루어진다. 그리고 그 효과는 무엇인가에 대한 조사도 한다. 이 효과는 사전의 행동 및 상태와 사후의 행동 및 상태 사이의 차이로 측정된다(Freeman & Sherwood, 1970: 13; 한국사회복지행정학회, 2007: 137). 성과분석은 사회복지 프로그램의 효과성과 능률성을 측정하고 정책과 프로그램의 목적과 목표가 그 분석의 출발점이 된다. 예를 들어 국민기초생활제도가 빈곤층을 얼마나 감소시켰나에 대한 분석이 해당된다.

2. 사회복지정책의 분석틀

사회복지정책 분석틀이란 복잡하게 얽혀 있는 사회복지정책 현상들을 체계적으로 정리하고 분석하여 요소 상호 간의 논리적 연계성이나 인과관계 및 규칙성을 밝혀냄으로써 그 현상을 올바로 이해하기 위한 개념적 도구이다. 사회복지정책을 분석하기 위한 분석틀은 매우 다양하다. 여기서는 가장 많이 사용하고 있는 분석틀인 길버트와 스펙트의 산출분석틀을 소개한다.

길버트와 스펙트(2002: 60-61)는 사회복지정책의 산출분석에 따른 사회복지정책 분석틀을 만들었다. 이는 정책 내용을 분석하는 것이다. 이 분석틀은 평등, 자유, 효율, 사회적 적절성, 인간의 존엄성이라는 사회복지의 가치를 달성하고 있는지를 연구하고 사회복지정책을 급여와 할당의 틀 속에서 어떤 급여를 누구에게 제공할 것이며 이들

급여는 어떻게 전달할 것인가를 결정하는 원칙들을 분석하는 것이다. 이 분석틀은 다음과 같은 네 가지 선택의 차원에 따라 질문형태로 표현하고 있다.

① 누구에게 급여하는가? 사회적 할당의 기반은 무엇인가?(할당체계와 대상체계)

② 무엇을 급여하는가?(급여형태 및 체계)

③ 어떤 방법으로 급여를 전달할 것인가?(전달체계)

④ 어떻게 재원을 마련할 것인가?(재원체계)

1) 급여대상자의 선택과 대상자 선정기준(급여대상체계)

(1) 대상자 선택

사회복지급여대상자 선택은 급여의 수급자격에 관한 문제이고 이는 연령, 성별, 결혼 여부, 고용 상태, 가족 규모, 건강 상태, 소득수준을 고려하여 보편주의와 선별주의에 의하여 복지정책의 급여대상을 할당한다.

가. 보편주의

보편주의는 누구든지 자신의 당연한 권리로서 급여대상자가 되는 것이고 정부가 사회의 모든 구성원에게 복지서비스를 제공하는 것이다. 여기에는 국민연금제도, 국민건강보험제도가 있다. 보편주의는 특정한 요건(65세 이상의 노인, 아동, 청소년 등)에 해당하는 모든 국민 또는 특별 요건 없이 모든 국민을 대상으로 하므로 제한적인 자격요건이 없으며 자산조사도 하지 않는다.

따라서 급여대상의 자격과 기준을 균등화하기 때문에 복지서비스 대상자들이 낙인감, 열등감, 굴욕감을 갖지 않게 된다. 또한 균등 급여를 통하여 인간존엄성과 사회통합을 이룰 수 있다.

나. 선별주의

선별주의는 사회복지 대상자를 사회적, 신체적, 경제적 등 일정한 기준에 따라 수급 자격을 엄격하게 제한하고 복지서비스를 제공하는 것이다. 선별주의는 자산조사를 통하여 원조의 필요가 있다고 인정되는 사람, 즉 결손가정, 기초생활보호대상자, 장애인, 빈민, 독거노인 등 사회적 · 물질적 도움이 필요한 사람들만을 선택하여 복지서비스를 제공한다. 필요한 사람에게만 제한적 급여를 하기 때문에 자원의 낭비를 줄이고, 비용의 절약에 있어서 비용효율적 가치가 발생하지만 이 과정에서 분리와 낙인감 등이 발생할 수 있다.

(2) 대상자 선정기준

앞의 급여대상자 선택 원칙인 보편주의와 선택주의는 복지급여 할당원칙이고 이에 대하여 세부적인 대상자 선정기준이 마련되어야 한다는 것이 길버트와 스펙트의 이론이다. 이 선정기준에는 귀속적 욕구, 보상, 진단적 차별, 자산조사 등이 있다.

가. 귀속적 욕구

특정한 집단구성원으로서의 조건을 갖춘 사람을 대상으로 한다. 예컨대, 전 국민이 될 수 있고, 맞벌이 부부, 노령층, 하층민, 농어촌 지역 학생 등 특정 계층이나 지역주민이 될 수도 있다(원석조, 2021). 즉, 시장에 존재하는 기존의 제도에 의해서는 충족되지 않는 욕구를 공통적으로 가진 집단에 속한 경우 급여를 제공하는 것이다. 이때 귀속적 욕구는 규범적 기준에 의해 정해진다(사회복지교육연구센터, 2022). 시민권이나 국적 여부로 급여를 제공하는 영국의 국민보건서비스(NHS), 인구학적으로 구분되는 아동수당, 노령수당, 노인교통수당 등이 여기에 속한다. 이 기준은 사회통합에 유리하고 정책의 효율성이 크다는 장점이 있으나 욕구가 없는 사람에게까지 급여가 제공되어 사회적 자원의 낭비를 초래하며 복지급여의 적절성을 해치는 비판이 있다.

나. 보상

보상이란 일정한 요건을 갖추고 경제적 기여나 사회적 공헌을 기준으로 급여를 제공하는 것이다. 예컨대, 사회보험과 같이 보험료를 납부한 사람들, 국가유공자 및 독립유공자에 대한 급여가 해당한다.

또한 사회로부터 부당한 차별을 받은 장애인 등을 대상으로 하는 급여가 해당한다.

다. 진단적 차별

신체적 · 정신적 장애와 같이 특별한 보호와 복지서비스를 필요로 하는 개인에게 전문가가 판단을 내린 대상자에게 급여를 제공하는 것이다. 「장애인복지법」, 「노인장기요양보험법」에 의한 복지서비스가 해당한다.

라. 자산조사

사회구성원인 개인이 재화와 용역을 스스로 구입할 능력이 없다는 것을 소득과 자산조사를 통하여 확인하고 급여를 제공하는 것이다. 「국민기초생활보장법」에 의한 복지급여가 그 예이다.

이러한 대상자 선정기준의 네 가지 원칙에 따른 급여 자격 조건을 분류하면 다음과 같다.

〈표 1-9-1〉 급여자격의 조건 분류

보편주의 제도적 복지 ◀──────▶ 선별주의 잔여적 복지

귀속적 욕구		보상	진단적 차별	자산조사
거주 여부	인구학적 속성	사회경제적 기여 사회적 차별	전문적 판단	자산조사

출처: 송근원 외(2008).

2) 사회복지정책의 급여형태

사회복지정책을 통하여 제공되는 급여에는 일반적으로는 현금급여와 현물급여로 나눌 수 있다. 이 밖에도 바우처 급여, 기회 급여, 서비스 급여, 권력(power) 급여 등이 있다.

(1) 현금급여

현금급여는 필요한 재화를 시장에서 구매할 수 있도록 화폐 형태로 지급되는 급여이다. 현금급여는 수급자에게 선택의 권리를 줌으로써 수급자의 효용을 극대화할 수 있어 사회적 자원의 효율적 배분이 가능하고 현금급여는 현물급여에 비하여 유통비용이 들지 않기 때문에 프로그램의 운영비용이 적게 든다. 그리고 현금급여는 수급자에게 선택의 자유와 자기결정권을 보장해 준다. 그러나 현금급여는 원래 정책이 목표로 했던 바대로 사용되지 않고 불필요한 소비 지출에 사용될 수 있는 한계를 지니는 단점이 있다.

(2) 현물급여

현금급여에 대하여 현물급여는 수급자에게 물품이나 서비스를 직접 제공함으로써 수급자의 욕구를 충족시키고 이들의 복지수준을 향상시키는 것을 목적으로 한다. 현물급여는 급여를 받는 사람이 정책 이외의 부분에 사용할 수 없기 때문에 정책목표에 맞는 소비가 이루어짐으로써 정책의 목표 효율성을 높일 수 있다. 그리고 현물급여는 납세자가 낸 세금이 어떤 용도로 사용되었고 어떤 성과를 이루었는지가 현금급여에 비해 더 명확하기 때문에 정치적인 측면과 정부관료에 의하여 선호된다. 그리고 또한 현물급여가 현금급여보다 대량생산과 대량소비로 인한 규모의 경제효과가 커서 프로그램의 비용을 줄일 수 있다. 그러나 현물급여는 수급 여부가 노출되어 개인의 존엄성을 해칠 수 있으며, 낙인감을 줄 수 있다. 또 현물급여는 현물의 보관, 유통과정에 추가 비용이 들어서 운영의 효율성이 낮다. 그리고 현물급여는 현물을 제공하는 집단과 정치적 거래에 의하여 필요 이상의 현물이 제공될 경우 자원의 낭비가 발생할 수도 있다.

(3) 바우처 급여

바우처는 정해진 용도 내에서 원하는 재화나 서비스를 자유롭게 선택할 수 있는 일종의 이용권으로서 현금급여와 현물급여의 중간 성격을 갖고 있다(서보준 외, 2023). 바우처(voucher) 급여는 정해진 용도 내에서 복지급여인 재화나 서비스를 이용할 수 있는 권리가 붙어 있는 증서이다. 식료품 바우처, 상품구매 바우처, 경로 버스이용 바우처, 복지시설 이용 바우처, 기타 복지급여를 받을 수 있는 바우처 등이 있다. 또한 복지수급자들이 다양한 교육을 제공받을 수 있도록 하는 교육 바우처, 주택 증서 바우처도 있다. 이 바우처는 일정한 범위에서만 구입하거나 이용할 수 있기 때문에 사회적 통제가 가능하고 다양한 자원의 구입과 이용이 가능하여 소비자의 주권을 보장할 수 있다는 장점이 있다. 그러나 바우처 남용의 우려가 있어서 현물급여보다 목표효율성이 낮아질 수 있다는 단점이 지적되고 있다(김종명, 2009: 152).

(4) 기회 급여

기회는 무형의 급여형태로서 사회적 약자들이 목표로 하는 곳에 접근할 수 있는 기회를 제공하는 것이다. 예컨대, 학생이나 장애인에게 특례 입학을 허가하는 경우, 기업의 장애인 의무고용, 여성에 대한 고용 할당과 같이 사회적으로 취약한 지위에 있는 집단이나 불평등한 처우를 받는 집단에게 유리한 기회를 주어 보다 나은 생활을 유지할 수 있도록 하는 것을 복지급여의 하나로 본다. 그러나 이는 복지급여가 아니라 다른 사람보다 더 유리하게 급여를 받을 수 있다는 지위에 지나지 않는다. 기회급여의 우선권 부여는 재정과 직접 연계되지 않아 조세저항이나 재정압박이 적고 복지수급자의 재활을 돕고 명예훼손이나 수치심을 주지 않는다. 또한 물질로 해결할 수 없는 영역의 복지 구현이 가능하다.

(5) 서비스 급여

서비스 급여는 일반적인 복지급여의 형태이다. 무형적인 서비스는 복지제공의 가장 중요한 부분을 차지한다. 대상별로는 노인서비스, 가족서비스, 아동서비스, 청소년서비스, 출산서비스, 장애인서비스가 있고 그 내용은 교육, 치료, 요양, 재활, 보호, 의료, 직업훈련 등이 있다. 서비스 급여는 복지 대상자에게 직접 현금이나 현물가치를 부여하는 것은 아니기 때문에 가변성이 크고, 서비스 제공자에 따라 내용도 다르다. 서비스 급여는 사회복지 대상자의 자립과 자활을 가능하게 하는 것이기 때문에 매우 중요한 급여형태로 평가되는 것이다.

(6) 권력 급여

권력 급여는 물품과 자원에 대한 통제력을 재분배하는 것과 관련된다. 사회복지의 이해 당사자가 정책결정과정에 직접 참여하여 자신의 이해관계를 제시하며 정책에 영향을 미칠 수 있는 것이다. 사회복지정책 중에는 사회복지정책의 수급자로 하여금 정책결정에 대한 권력을 주어 급여자격, 급여수준 등이 그들이 유리하게 결정되도록 하는 것들이 있다. 우리나라의 경우 국민건강보험이나 국민연금에서 가입자 대표, 노동조합, 시민단체의 추천을 받은 사람을 각종 위원회의 의사결정에 참여시키는 것과 같이 이들에게 복지정책의 영향력을 재분배하는 것이 권력의 예이다.

권력 급여는 현금이나 신용급여처럼 직접 사용할 수는 없지만 다른 사회복지 자원을 보다 폭넓게 선택할 수 있어서 유동적 교환가치를 지닌다. 사회복지수급자가 정책결정에 참여하여 복지정책에 자문 등의 방법으로 영향을 주게 되면 사회복지수급자는 실질적으로 많은 이득을 얻을 수 있다고 생각되지만 정책결정에 시민이 참여하는 것은 명목에 그칠 가능성이 크다. 그 이유는 사회복지수급자들의 참여율이 낮고 참여한 사람들이 사회복지수급자들의 이익을 제대로 반영하지 못하며, 사회복지수급자들은 복지정책의 내용에 대한 전문적 지식이나 이해가 적기 때문에 참여를 하더라도 실질적 복지정책의 변화에 영향을 주지 못하기 때문이다.

3) 급여전달체계

사회복지전달체계란 사회복지서비스의 제공자들 사이 또는 공급자와 수급자 사이를 연결하기 위한 조직적, 구조적, 기능적 장치를 뜻한다. 길버트와 테렐(1998)은 지역사회 체계 속에서 사회복지서비스의 공급자와 복지 의뢰자 사이를 연결시키기 위한 조직적 장치를 사회복지전달체계라고 한다.

(1) 사회복지전달체계의 주요원칙

사회복지서비스 제공의 효율성과 효과성을 제고하기 위한 전달체계의 전략상의 주요 원칙은 다음과 같다.

가. 평등성의 원칙

복지서비스는 성별, 나이, 종교, 소득, 개인의 경제적, 사회적, 지역적 조건에 관계없이 모든 수요자에게 평등하게 제공되어야 한다는 원칙이다. 이는 「헌법」에 보장되어 있는 평등권의 실현이다.

나. 재활 및 자활목표의 원칙

복지수요자의 재활이나 자활을 통하여 정상적인 사회복귀가 가능하도록 복지서비스가 제공되어야 한다는 것이다. 이는 복지수요자가 궁극적으로 다른 사람의 도움 없이 자신의 삶을 영위하여 정상적으로 생활할 수 있도록 지원해야 한다는 것이다.

다. 적절성의 원칙

사회복지서비스는 그 양, 질, 기간 등의 측면에서 수요자들의 욕구를 충족할 수 있도록 충분히 공급해야 한다는 것이다. 그러나 그 적절성의 기준이 무엇인가가 문제될 것이다.

라. 포괄성의 원칙

복잡하고 다양한 문제를 가지고 있는 복지수요자들에게 효과적으로 복지서비스를 제공하기 위해서는 여러 가지 서비스를 고려하여 포괄적으로 서비스를 제공해야 한다는 것이다. 예컨대, 심신장애 아동을 대상으로 효과적으로 복지서비스를 제공하여 장애아동의 사회적인 자립을 도와주기 위해서는 의료재활, 교육재활, 심리재활 등이 종합적으로 제공되어야 한다는 것이다.

마. 지속성의 원칙

자활 및 재활목표를 달성하기 위한 복지서비스는 오랜 기간 동안 지속적으로 제공되어야 그 효과를 볼 수 있다. 이를 위해서는 복지조직 간 또는 서비스 프로그램 간의 상호 협력이 필요하고 유기적인 연계가 잘 이루어져야 한다(김종명, 2009: 185-186).

바. 가족단위의 서비스 제공의 필요성

개인적인 욕구나 장애를 해결함에 있어서도 가족단위를 복지서비스 제공 대상으로 할 필요가 있다. 왜냐하면 가족구성원 개인의 문제는 곧 가족의 문제이기 때문이다. 예컨대, 우리나라의 기초생활보장은 세대단위로 하는 것이 그 예이다.

(2) 사회복지정책 주체별로 본 전달체계

공공조직이 운영하는 복지를 공공복지라 하고 민간조직이 운영하는 복지를 민간복지라고 한다. 사회복지전달체계를 운영주체별로 보면 앞에서 본 바와 같이 정부, 지방정부 등의 공공조직과 사회복지법인 등의 비영리법인, 기업 등의 영리법인, 종교단체, 자발적 자원조직 등의 민간조직으로 나뉜다.

급여전달체계는 중앙정부에 의하여 모든 국민에게 전달되는 수도 있고, 지방정부가 주체가 되어 지역주민들에게 제공되기도 하며, 중앙정부와 지방정부 또는 정부와 민간부문 사이의 혼합체계로 제공되는 경우도 있다. 사회복지서비스는 공공재화의 성격을 지니기 때문에 복지가 발달한 나라일수록 중앙정부의 주도하에 또는 중앙정부와 지방정부의 혼합체계로 급여를 전달한다. 지방정부에 의한 전달체계는 지역주민의 욕구를 효율적으로 충족시켜 주기 위하여 강조되는데 지방정부 단독으로 정책을 관장하기보다는 중앙정부의 재정 보조를 받아 지방정부가 서비스를 전달하는 혼합체계가 많이 이루어지고 있다. 정부와 민간부문의 혼합체계는 사회복지서비스를 민간부문이 제공하되 중앙정부나 지방정부가 재정 지원을 담당하는 형태이다.

가. 공공복지

공공복지는 소득복지, 보건의료복지, 주택복지, 교육복지, 사회복지서비스 등을 포함하나 그 중심은 소득보장이다. 이는 사회보험과 공공부조가 그 기능을 수행한다. 사회보험은 퇴직, 실업, 질병, 장애, 노령, 산업재해 등으로 소득이 중단되거나 상실된 경우에 사회적으로 대응하기 위한 복지정책이다. 우리나라는 현재 사회보험으로서 국민연금, 기초연금, 노인장기요양보험, 산업재해보상보험, 고용보험, 국민건강보험 등을 시행하고 있다. 공공부조는 국가나 지방자치단체(중앙 및 지방정부)의 책임하에 생활유지능력이 없거나 생활이 어려운 국민의 최저생활을 보장하고 자립을 지원하는 제도로서 우리나라는 현재 「국민기초생활보장법」에 의한 기초생활보장과 「의료급여법」에 의한 무상의료급여, 「재해구호법」에 의한 재해구호, 「북한이탈주민 보호 및 정착에 관한 법률」에 의한 탈북자 보호 등의 공공부조를 시행하고 있다. 그리고 사회복지서비스는 국민에게 상담, 재활, 직업소개, 지도, 사회복지시설 이용 등을 제공하여 일상적인 생활이 가능하도록 지원하는 제도이다. 이는 정부 등의 공적 조직만이 수행하는 것이 아니라 사회복지법인, 민영기관, 민간유아원, 민간어린이집 등의 민간조직이 수행하는 것도 많다.

공공복지에는 다음과 같은 전달체계가 있다.

가) 중앙정부

오늘날의 복지국가에서는 중앙정부에서 대부분의 복지서비스를 제공하고 있다. 복지급여수급요건, 재원, 전달체계에 대하여 중앙정부가 직접 감독하고 있다. 사회복지급여나 서비스는 공공재화에 속하므로 모든 국민에 대한 공급 면에서 볼 때 중앙정부의 역할과 기능이 보다 중요하다. 의료나 교육복지서비스는 중앙정부만이 할 수 있는 서비스이기 때문이다. 사회보험은 전 국민을 가입대상으로 하므로 중앙정부가 관리운용하는 것이 필요하다. 그리고 중앙정부는 사회복지정책의 가장 중요한 목표인 평등과 사회적 적절성이라는 가치를 실현하는 데 가장 적합한 전달체계이다. 중앙정부의 소득재분배정책은 지방정부에 비해 정치적인 저항을 덜 받는다. 또한 중앙정부는 다양한 복지욕구를 체계화하여 다양한 복지 프로그램을 통합 조정하는 것이 가능하고 지속적이고 안정적으로 복지 재화나 서비스를 공급하는 데 유리하다(상세는 이진숙 외, 2010: 216-217 참조).

한편, 다음과 같은 문제점이 있다. 중앙정부의 복지 재화나 서비스는 수요자의 선택이 반영되기 어려우므로 수요자의 효용을 극대화하기 어렵다. 중앙정부의 공급은 독점적 성격을 가지고 있으므로 재화나 서비스의 질이 시장에 비하여 낮아질 수 있고 재화나 서비스의 공급가격도 정부가 마음대로 조정할 수 있다(이진숙 외, 2010: 217). 또한 중앙정부는 지방정부나 민간부문에 비하여 대단히 관료적이어서 각 지역의 특수성과 욕구를 반영하지 못하고 일률적으로 지급되는 관계로 다른 부문에 비하여 융통성과 합리성이 떨어진다고 할 수 있다. 그리고 중앙정부의 전달체계는 지방정부나 민간부문에 비하여 복지 접근성이 떨어진다고 할 수 있다(이진숙 외, 2010: 217). 그러나 오늘날 우리나라에서는 각 동별로 주민센터를 두어 지방정부의 정책전달뿐만 아니라 중앙정부의 정책전달도 수행하고 있다.

평등의 가치가 중시되고 공공재적 성격이 강한 사회복지서비스나 재화는 중앙정부가 공급하는 것이 바람직하다.

나) 지방정부

복지국가가 발달하면 중앙정부가 역할이 커지고 지방정부의 역할이 축소되는 경향이 있다. 그러나 우리나라에서는 읍, 면, 동이 중앙정부의 복지전달을 직접 수요자에게 전달하는 측면이 있고 그 지방정부의 복지정책을 구현하는 데 중요한 역할을 하고 있다. 그리고 지방정부는 중앙정부의 위임을 받아 중앙정부가 결정해야 할 복지정책을 정하고 시행하며, 그 지방정부 고유의 업무에 따라 지역주민에게 알맞은 복지정책을 결정하여 주민들에게 전달하고 있다. 따라서 지방정부는 지역주민들의 욕구를 더 효율적으로 해결할 수 있다. 지방정부끼리 경쟁하게 되어 복지서비스의 질이 높아질 수 있다. 중앙정부에 비하여 지방정부는 지역 수요자들의 요구에 능동적으로 대처할 수 있다. 지방정부의 정책결정에 지역복지수요자들이 시민단체를 통하여 참가하기 쉽기 때문에 지역 수요자들의 요구를 반영할 수 있다.

그러나 지방 간의 격차가 있을 경우 지역 간 불평등으로 인한 사회통합을 저해할 수 있고 규모의 경제실현이 어렵다는 단점이 있다.

다) 중앙정부와 지방정부의 혼합체계

최근에는 혼합체계를 강조하는 경향이 있다. 이 형태에서는 중앙정부가 지방정부에 재정을 지원하고 다른 한편 지방정부를 여러 방면으로 규제하고 있다. 우리나라의 전달체계는 이런 형태를 갖추고 있는 것이 많다. 중앙정부가 지방정부에 하는 규제는 재정적인 규제, 프로그램적인 규제, 수급자의 숫자나 욕구에 따른 규제, 절차적 규제로 나눌 수 있다.

재정적 규제는 중앙정부가 지방정부에 재정지원을 하면서 지방정부의 복지서비스를 규제하는 것이다. 프로그램적 규제는 중앙정부의 재정지원을 할 때 급여형태, 수급자, 전달형태에 대한 규제도 뒤따르는 것을 말한다. 수급자의 숫자나 욕구에 따른 규제는 중앙정부가 지방정부에 재정지원을 할 때 지방정부의 수급자나 욕구를 가진 사람들의 숫자에 따라 차등 지원하는 방식이다. 절차적 규제는 중앙정부가 재정지원을 할 때 차별금지, 프로그램 진행절차 등과 같은 수급과정이나 형태에 대하여 특별한 조건을 제시하는 경우이다. 이와 같이 중앙정부의 각종 규제는 모두 중앙정부가 지방정부에 재정적 지원을 하는 데 따른 규제이다.

나. 민간복지

민간복지는 개인이나 사회복지법인 등의 비영리법인, 비영리사회단체, 심지어 회사 같은 영리법인 등이 주체가 되어 시행하는 비정부 사회복지활동을 말한다. 민영 사회복지시설(요양원, 어린이집, 복지관, 재가복지센터 및 시설, 기업복지시설)이 여기에 속한다. 기업복지란 주로 소속 근로자의 복지를 위하여 기업복지 프로그램을 실시하는 것을 말한다. 영리법인의 복지(영리복지)란 대기업이 실버타운 같이 노인들의 생활과 건강을 위하여 상당한 대가와 주거비, 생활비, 입회비 등을 받고 국가의 지원 없이 영리적으로 운영하는 요양복지센터 또는 복지타운 같은 시설을 갖추어 복지를 하는 것을 말한다.

복지정책에 있어서 그 급여나 서비스를 전부 민간부문에 맡기는 경우는 현실적으로 거의 없다.

다. 정부와 민간부문의 혼합전달체계

오늘날은 국가나 지방자치단체의 재정상의 한계와 복지 가치의 변천에 따라 민영기관에 의한 복지가 날로 증가하고 있다. 민간복지는 시장경제의 경쟁을 적용하기 때문에 복지서비스의 공급과 전달에 좋은 기능을 발휘할 수도 있고 효율성이 있다. 이에 대하여 공공복지는 경쟁상대가 없어 독점적 운영으로 관료화하고 업무의 효율성이 떨어진다. 그러나 극빈자, 장애인, 저소득 노인, 영유아 등의 취약계층에 대한 복지는 국가가 주체가 되어야 사회보장이 잘 될 수 있고 국민 모두에게 균등하게 복지를 펴기 위해서는 공공복지가 필수적이다. 민간복지의 경우에도 영리 복지를 제외하고 비영리 목적의 복지는 국가 등의 공공조직의 관여, 예컨대 재정 보조와 지원(민간요양시설이나 재가복지에 정부의 재정 지원을 하거나 요양보호사의 급여를 상당부분 부담하고 있다)이 필요하다. 여기서 공사 혼합체계의 전달체계가 형성된다.

국가는 사회복지전달체계와 관련하여 민간과 연결하려는 것은 시장원리가 가지고 있는 효율성, 경쟁성, 선택의 자유, 접근성, 융통성을 활용하여 복지서비스를 효과적으로 제공하고자 한다. 정부와 민간의 혼합전달체계의 가장 대표적인 형태는 정부가 제공할 재화나 서비스를 민간이 제공하고 정부가 그에 소요되는 비용을 부담 또는 지원, 감독, 규제하는 형태이다. 우리나라에서도 정부와 민간의 혼합전달체계가 널리 이용되고 있다. 공익적 민간조직에 의하여 시행하고 있는 각종의 사회복지사업이나 민간운영의 사회복지시설 또는 재가복지시설, 보육시설, 어린이집, 요양원, 정신요양 및 보호시설, 장애인복지시설 등이 그 대표적인 예이다. 사회복지서비스는 민간에 의하여 운영되고 정부가 지원, 감독하는 경우가 많다.

4) 사회복지정책의 재원체계

사회복지정책을 수행하고 서비스를 전달하는 데 있어서 충분한 재원을 확보하는 것이 필요하다. 사회복지에 필요한 재원을 조달하는 방법에는 크게 공공부문의 재원체계와 민간부문의 재원체계로 나눌 수 있다.

(1) 공공부문의 재원

공공부문의 재원으로는 정부의 일반 예산, 사회보장성 조세(보험료), 조세지출로 구성된다.

가. 일반예산

일반적으로 사회복지가 발달할수록 사회복지정책에 사용되는 재원 중 공공부문의 비중이 커진다. 선진 복지국가들의 사회복지정책 재원은 대부분 공공부문, 특히 일반 예산에서 나온다.

공공재원 중 정부의 일반예산은 상대적으로 몇 가지 장점을 갖는다. 첫째, 정부의 일반 예산을 통한 재원은 사회복지정책이 추구하는 가장 중요한 목표인 평등이나 사회적 적절성을 이루기가 수월하다. 세입과정에서 누진세를 적용하고 세출과정에서 차별적 지출은 소득재분배 효과를 가져오며 이는 평등이나 사회적 적절성을 달성하게 한다. 둘째, 정부의 일반 예산 재원은 다른 재원들에 비하여 사회복지정책의 대상을 넓힐 수 있고, 급여 내용의 보편성을 이룰 수 있다. 특히 개인이 대응할 수 없는 사회적 위험에 대한 일반 예산의 대처는 사회 전체 성원의 이익을 향상시킨다. 셋째, 정부의 일반 예산이 다른 재원에 비하여 재원의 안정성과 지속성의 측면에서도 유리하다(권기창, 2022).

나. 사회보장성 조세

복지국가에서 사회보장성 조세는 대표적이고 중요한 목적세에 속한다. 목적세는 특별한 목적을 위해 거둬들이는 조세이다. 법적으로는 조세가 아니다. 정부의 일반 예산과 더불어 사회보장성 조세는 사회복지정책을 실행하기 위한 재원 가운데 중요한 재원에 속한다. 예컨대, 사회보험료, 즉 국민연금, 국민건강보험료, 고용보험료, 산업재해보상보험료를 말하는데 이는 관련 법률에 의하여 강제로 징수된다는 점에서 조세로 보고 이를 사회보장성 조세라고 하는 것이다.

그런데 사회보장성 조세는 일반세만큼 소득재분배의 효과가 크지 않다. 그 이유는 대부분의 국가에서 사회보장성 조세는 모든 소득계층의 근로소득에 대해서 동일한 비율로 부과되기 때문이다. 고소득층은 저소득층에 비해서 자산소득이 많다. 그러므로 고소득층과 저소득층에게 동일한 세율이 적용되더라도 실제로 소득에 대비해서 볼 때 저소득층의 조세부담률은 고소득층의 조세부담률보다 상대적으로 높다. 또한 대부분의 국가에서는 사회보장성 조세가 부과되는 소득상한선이 있기 때문이다. 이때 소득상한선을 넘는 소득을 가진 층이 납부하는 조세는 저소득층에 비해 상대적으로 적게 되어 소득재분배에 부정적으로 작용하게 된다(황선영 · 노병일 · 김세원, 2016: 94).

다. 조세지출

조세지출(조세비용)은 각종의 조세감면방법을 통하여 내야 하는 세금을 징수하지 않거나 낸 세금을 되돌려 주는 것을 말한다. 그만큼 조세수입이 감소하였으므로 정부의 입장에서는 조세와 관련하여 정부의 지출이 늘어난 셈이 되어 이를 조세비용이라고 말한다(문수열 · 김병 · 박주현, 2020).

여기에는 조세감면, 본인의 근로소득에서 본인, 배우자, 노인 부모, 장애인자녀, 피부양자녀 등에 대한 인적공제, 근로소득공제, 보험료공제, 교육비공제, 의료비공제와 같은 소득공제, 그리고 내야 할 세금을 줄여 주는 세액공제 등이 있다.

조세비용은 소득재분배 효과가 역진적이라는 평가를 받는다. 그 이유는 조세비용의 혜택이 저소득층보다는 고소득층이 받기 쉬워 소득재분배 효과가 적으며, 과세대상과 조세의 재원을 침식할 수 있기 때문이다.

(2) 민간부문의 재원

민간부문의 재원으로는 자발적 기부, 기업복지, 사용자 부담, 비공식 부문의 재원 등이 있다.

가. 자발적 기부

자발적 기부는 사회복지 공급주체가 개인, 기업, 기관들로부터 현금이나 현물 형태로 받는 자원을 말한다. 여기에는 후원금 및 기부금, 재단지원금, 협찬금, 유산 등이 포함된다(정무성, 2000). 자발적 기부의 형태는 현금(기부금)과 현물(기부물품)이 있고, 이를 제공하는 주체(후원자)는 개인, 기업 및 종교단체, 사회단체, 공공기관 등이 있다(권기창, 2022).

자발적 기부를 통한 사회복지정책이 필요한 이유는, 첫째, 국가의 재원을 통한 사회복지정책이 모든 사람을 만족시키기 어렵기 때문에 국가의 실패에 대한 대안으로 자발적 기부를 통한 사회복지정책이 필요하다. 둘째, 자발적 기부를 통한 사회복지정책은 다원화한 사회 속에서 특정한 지역이나 집단의 특수한 욕구를 해결할 수 있다. 셋째, 자발적 기부를 통한 사회복지정책은 새롭고 창의적인 서비스의 개발이 용이하다. 문제점으로는 자발적 기부에 대한 세금감면의 조치가 이루어질 때 소득재분배의 역진성이 나타날 수 있고, 자발적 기부에 대한 강조는 국가 전체적이고 포괄적이고 통합적인 정책발전에 장애가 될 수 있으며, 자발적 기부를 통한 재원은 불안정하여 지속적이고 체계적인 정책의 수립과 집행이 어렵다는 것이 있다(박용순 · 송진영, 2016: 163-164).

나. 기업복지

기업복지는 기업이 종업원에게 제공되는 후생복지 차원의 부가급여이다. 기업연금, 퇴직금, 유급휴가, 사내 어린이집 등이 그것이다. 기업복지를 통하여 피고용자의 기업에 대한 소속감과 관심을 높일 수 있고, 기업은 사회적 책임을 이행하고 기업의 이미지를 개선하는 장점이 있다. 그러나 급여가 대부분 안정적인 기업에 종사하는 계층에게로 집중되며, 기업이 사용한 재원의 대부분을 조세감면받기 때문에 피고용자에게 임금을 지급하는 대신 기업복지를 제공하는 것이 세제상 유리하여 역진성이 강하다고 할 수 있다. 또한 기업복지는 기업규모별로 불평등이 심화될 수 있다. 즉, 기업복지는 그 지출규모와 복지의 종류 및 내용에 있어서 기업규모에 따른 편차가 심하다. 대기업에 비해 중소기업 종사자나 비정규직인 경우에는 낮은 임금에 더해 낮은 기업복지 혜택을 받을 수밖에 없어 역진성이 커진다(권기창, 2022).

다. 사용자 부담

사용자 부담은 사회복지서비스를 받는 사람이 그 사용의 대가를 지불하는 것을 말한다. 사회복지서비스 이용 시 비용에 대하여 본인이 일부 부담하거나 국민건강보험료의 본인부담이나, 국민연금의 경우 본인부담금의 경우가 해당한다.

사회복지서비스에 대한 사용자 부담은 서비스 남용을 억제하여 자원 활용의 효율성을 높여 불필요한 서비스 낭비를 막고 국가복지 재정의 부담을 줄이는 데 도움을 준다. 그러나 사용자 부담금이 없어서 서비스를 받지 못하는 사회계층은 서비스 접근의 제한을 받는다(문수열 · 김병 · 박주현, 2020).

라. 비공식 부문

비공식 부문의 재원이란, 예컨대 노인의 돌봄이 자녀나 가족의 지원과 돌봄을 통하여 이루어지는 경우와 같이 노인돌봄에 대한 재원이 가족이나 친지, 이웃 등에 의하여 해결되는 경우이다. 우리나라의 노인복지는 부양비 및 의료비 지출 등에서 상당부문 자녀들이 제공하며 부모의 부양을 자녀들이 책임진다. 이와 같은 가족 간의 형태는 국가복지가 발전되기 이전에는 가장 중요한 역할을 하였으나 국가복지가 발전하기 시작하면서 점차 그 역할이 줄어들었다. 그럼에도 불구하고 오늘날 많은 국가들에서 많은 사람들의 욕구가 가족 내에서 해결되고 있다(박용순 · 송진영, 2016: 164).

비공식 부문은 다양한 욕구에 손쉽고 적절하게 대응할 수 있어 서비스의 효과성이 상대적으로 높다. 또한 국가복지에서 발생하는 많은 절차상의 비용을 줄이거나, 관료제도에서 오는 여러 가지의 문제점을 피할 수 있다. 그러나 많은 사람들의 복지욕구가 비공식 부문만으로 해결되지 못하고, 고소득가정에서는 직접 혹은 간접적으로 다양한 돌봄 서비스를 제공할 수 있으나, 여성에게 상당한 생계책임이 부여되는 저소득가정에서는 돌봄서비스를 제공하기에 여러 어려움이 따르는 문제 등이 발생할 수 있다(권기창, 2022 참고).

PART 02

각 론

사회보장에 대한 기본 정책

Chapter 01

사회보장에 대한 기본 정책은 구체적으로 「사회보장기본법」에 반영되어 있다. 「사회보장기본법」은 사회보장에 관한 국민의 권리와 국가 및 지방자치단체의 책임을 정하고, 국민의 생존권적 기본권을 실현함으로써 국민의 복지증진에 기여하고 사회보장제도에 관한 기본적 사항을 정하는 데(동법 제1조) 복지정책의 목적을 두고 있다. 사회보장정책의 기본이념은, 첫째, 모든 국민이 다양한 사회적 위험으로부터 벗어나 행복하고 인간다운 생활을 향유할 수 있도록 자립을 지원하고, 둘째, 사회참여와 자아실현에 필요한 제도와 여건을 조성하며, 셋째, 사회통합과 복지사회를 실현하는 데 있다(「사회보장기본법」 제2조).

1. 사회보장의 기본 개념

1) 사회보장

사회보장은 사회복지정책의 핵심이 되는 제도이다. 사회보장은 사회보험, 공공부조, 사회서비스로 구성되어 있다. 사회보장은 빈곤의 예방, 사회통합, 사회적 불평등의 완화, 소득재분배를 목표로 한다. 사회보장은 1935년 미국의 「사회보장법」에 기원을 두고 있다. 사회복지정책은 1880년 독일에서 출발하였다. 베버리지는 사회보장을 결핍, 질병, 무지, 불결, 나태 중 결핍으로부터의 자유를 지향하며 빈민과 같은 특정한 집단을 넘어 모든 국민을 대상으로 삼고 모든 국민에게 최저한의 소득을 보장해 주기 위한 제도라고 하였다. 그리고 베버리지는 최저소득보장정책으로서의 사회보장은 생계유지 능력 붕괴에 대비하기 위한 사회보험과 출생, 결혼, 사망에 따른 특별한 지출을 지원하기 위한 조치들로 구성된다고 했다.

미국은 「사회보장법」을 다음과 같이 정의하고 있다. 사회복지의 증진을 위하여 연방정부가 관장하는 노령급여제도를 실시하고 주정부가 관장하는 노인, 시각 장애인, 요보호아동, 장애아동을 위한 복지, 모자복지, 공중보건, 실업보장의 관리 운영을 지원하며 사회보장청의 신설과 재정 조달 및 기타 목적을 추진하기 위한 법이라고 규정하고 있다.

세계 각국의 사회보장 프로그램(미국사회보장청 발간)에서는 사회보장이란 생계능력의 중단 또는 감소 및 결혼, 출생, 사망 등으로 인한 특별한 지출로부터 개인을 보호하는 법정 프로그램을 말한다고 하고 있다.

우리나라의 「사회보장기본법」에서는 “사회보장이란 질병, 장애, 노령, 실업, 사망 등의 사회적 위험으로부터 모든 국민을 보호하고 국민 삶의 질을 향상시키는 데 필요한 소득 · 서비스를 보장하는 사회보험, 공공부조, 사회서비스를 말한다"고 규정하고 있다(동법 제3조 제1호). 사회보장은 앞과 같은 다섯 가지의 사회적 위험으로부터 국민들을 보호하고 인간다운 생활을 할 수 있도록 국민의 삶의 질을 향상시키는 제도적 장치를 말한다.

2) 사회보험

(1) 사회보험의 개념

사회보험은 사회복지정책을 수행하기 위하여 보험방식을 도입하여 만든 사회보장제도이다. 「사회보장기본법」 제3조 제2호에는 사회보험을 국민에게 발생하는 사회적 위험을 보험방식에 의하여 대처함으로써 국민건강과 소득을 보장하는 제도로 정의하고 있다.

사회보험은 모든 국민을 상대로 질병, 사망, 노령, 실업, 산업재해, 퇴직, 기타 신체장애로 활동능력의 상실과 소득 감소가 발생한 경우 보험방식에 의하여 소득을 보장하는 제도이다.

우리나라는 국민연금, 건강보험, 산재보험, 고용보험 등 4대보험과 함께 제5의 사회보험이라 하여 노인장기요양보험이 있다. 노인장기요양보험은 장기요양을 필요로 하는 노인성 질환 환자를 보험을 통하여 보호하기 위한 제도이다. 노인성 질환자는 원래 건강보험의 대상이고 지금도 건강보험 수급자이지만 인구의 노령화로 그 수가 크게 증가하여 건강보험 재정에 심각한 부담이 늘어 노인성 질환자 중 장기요양을 요하는 사람을 병원이 아니라 자기집이나 요양시설에서 보호하고 그 비용을 사회보험방식으로 조달하고자 하는 것이 요양보험이다.

(2) 사회보험의 특성

사회보험은 다른 사회보장제도에 비하여 다음과 같은 특성을 가지고 있다.

첫째, 사회보험은 법에 의하여 강제 가입된다. 사회보험은 국민 전체가 가능한 한 일정수준 이상의 생활을 유지하도록 적극적으로 국가가 개입하는 것이므로, 소득이나 직업, 지역 간의 차이에 관계없이 일정한 자격요건을 정하고 이에 해당하는 자는 강제로 가입된다.

둘째, 사회보험은 일종의 빈곤 예방 의미의 소득보장을 한다. 공공부조제도가 이미 빈곤에 빠진 사람에게 빈곤 해결책으로서 여러 가지 급여와 서비스를 제공하는 제도라면, 사회보험제도는 노령, 폐질 및 사망 등으로 소득능력이 상실된 경우에 빈곤에 빠지지 않도록 사전에 대처하는 제도이다.

셋째, 사회보험은 장기적으로 가입자가 내는 기여금으로 재원이 조달되는 경우가 많고 기여금에 따라 급여가 제공된다. 국민이 내는 일반조세를 통하여 재원을 조달하는 공공부조와는 이런 점에서 차이가 있다.

넷째, 사회보험은 보험급여 등 모든 시행이 법적으로 규정되어 있으므로 기계적, 자동적으로 처리된다. 따라서 급여자격, 시기, 급여수준 등이 법적으로 규정되어 있고 이를 변경하기 위해서는 법의 개정절차를 따라야 한다.

다섯째, 사회보험은 비영리적인 국가사업으로 운영되기 때문에 국가의 운영비 부담, 기여금의 일부 부담, 적자액의 보전 등이 이루어진다.

여섯째, 사회보험은 소득재분배와 국민통합이라는 정책의 목표로 추진된다. 사회보험을 통하여 가능한 한 소득의 불평등을 축소하고 위험을 분산시켜 생활을 보장하여 사회구성원을 사회에 통합하는 정책목표를 지향한다.

(3) 사회보험과 사보험의 차이점

사회보험은 사보험과 유사한 점이 있다. 첫째, 사회보험과 사보험은 모두 우연한 사고로부터 발생하는 위험을 분산하고, 정해진 위험을 광범위하게 공동으로 부담한다. 둘째, 사회보험과 사보험은 적용범위, 급여, 재정과 관련되는 모든 조건이 구체적으로 명시된다. 셋째, 양자는 모두 급여를 받을 자격과 급여량을 정하기 위해서 명확한 계산이 필요하다. 넷째, 양자는 모두 운용에 필요한 비용을 충당할 충분한 기여금과 보험료가 필요하다. 다섯째, 양자는 모두 사회구성원에게 경제적 안정을 제공함으로써 사회 전체에 유익하다.

그러나 사회보험과 사보험은 다음과 같은 차이가 있다.

첫째, 사회보험은 강제가입이 원칙이나, 사보험은 계약에 의한 임의 자발적 가입이다. 둘째, 사회보험은 최저소득만을 보장하나, 사보험은 개인의 지불능력에 따른 납입보험료 액수에 따라 급여에 차등이 있다. 셋째, 사회보험은 사회적 적절성을 강조하여 복지 요소에 초점을 두지만, 사보험은 개인적 적절성을 강조하여 보상에 초점을 둔다. 넷째, 사회보험급여를 제공하는 근거는 법에 명시되어 있으나 사보험급여를 제공하는 근거는 계약에 있다. 즉, 사회보험이 계약이 아닌 법에 의한 권리에 근거하는 데 비하여 사보험은 계약상의 권리에 근거한다. 다섯째, 사회보험은 정부가 독점하나, 사보험은 경쟁에 맡겨져 있다.

(4) 사회보험의 기본 원리

가. 최저생활보장의 원리

사회보험에서 보장하는 소득보장의 수준은 최저생활수준을 원칙으로 한다. 그 이상의 수준은 개인의 노력과 능력에 맡긴다. 그러나 여기서 말하는 최저생활보장은 공공부조에서 말하는 최저생활보장과 의미를 달리한다. 즉, 사회보험에서 보장하려는 소득보장 수준은 최저생활보장에 있고 그 상한은 퇴직 전의 생활과 비슷한 생활수준의 보장을 이상으로 하고 있다. 이에 대하여 공공부조에서 보장하는 소득수준은 그 상한이 공공부조 대상자가 생활하고 있는 사회의 근로자가 스스로 노력하여 획득한 소득으로 생활하는 수준의 최저한까지만 급여를 지급해야 한다는 데 있다.

나. 소득재분배의 원리

사회보험에 의한 소득보장은 그 내용에 재분배 효과가 일어나야 한다(소득재분배의 원리). 이와 같은 재분배원리는 기여와 급여의 과정에서 고소득층과 저소득층 간 및 전 세대와 후 세대 간에 수직적 또는 수평적 재분배를 의미한다. 이것이 재분배가 전혀 없는 사보험과 구별되는 가장 핵심적인 특징이다. 세계 각국의 실정법에서는 소득재분배를 위하여 보험료의 징수, 급여, 지급방법을 소득계층에 따라 차등적으로 적용함으로써 재분배 효과의 목적을 달성한다. 우리나라의 경우 「국민연금법」은 급여의 산정방식에 균등부분과 소득비례부분을 모두 합산하여 기본연금액을 산정하고 있는데 이 가운데 균등부분에 의하여 소득재분배 효과를 나타내도록 규정하고 있다(「국민연금법」 제47조 참조).

다. 보편주의의 원리

이는 사회보험의 적용에 있어서 지켜야 할 원리이다. 첫째, 그 인적 적용범위를 원칙적으로 모든 국민으로 하여야 한다는 점이다. 특정한 신분, 지위, 성별, 종교 등에 관계없이 모든 국민에게 평등하게 국가는 복지증진을 위하여 노력해야 한다는 「헌법」상의 기본원리와도 맥을 같이 한다. 둘째, 사회보험의 목적 달성을 위하여 모든 사회적 위험의 분산과 사회적 위험의 예방에 보편주의 원리가 적용되어야 한다.

라. 보험료 부담의 원리

사회보험의 운영에 필요한 재원은 사용자, 피용자, 국가가 분담하여 조달하는 것이 원칙이다. 이와 같은 의미에서 국가가 공비로 전액부담하는 공공부조의 원리와 구별된다. 피용자의 보험료 부담은 피용자가 모두 스스로 생활능력이 있는 자로 구성되어 있기 때문에 자본주의 사회 특징의 하나인 자기책임의 원리에 입각하여 피용자는 보험료를 분담하게 되며, 사용자는 현대사회의 특징의 하나인 무과실 책임의 원리에 근거하여 국가는 생존권적 기본권 사상의 발달과 자본주의 사회 자체의 모순으로 발생하는 모든 사회적 사고에 대한 국가 책임의 원리에 따라 보험료를 각각 분담하게 되는 것이다.

3) 공공부조

(1) 공공부조의 개념

공공부조는 스스로 생활유지능력이 없는 사람들에게 국가나 지방자치단체가 인간다운 생활을 영위할 수 있도록 지원하는 사회복지제도의 하나이다. 우리나라「사회보장기본법」에서는 공공부조를 국가 및 지방자치단체의 책임하에 생활유지능력이 없거나 생활이 어려운 국민의 최저생활을 보장하고 자립을 지원하는 제도로 규정하고 있다(「사회보장기본법」 제3조 제3호).

OECD에서는 어려운 사람에게 최저생계수단을 유지하도록 하기 위하여 자산조사를 거쳐 제공되는 일단의 급여와 서비스라고 하고, 유엔에서는 일정한 최저 기준선으로 볼 때 보호를 요함과 동시에 개인적 자력이 부족한 경우 기여를 하지 않고 공적자금에서 지급하는 제도로서 급여의 산정 기초는 최저생활수준에 있으며, 적격심사를 위해서 자산조사를 한다고 정의하고 있다(한국사회복지행정학회, 2007: 73).

공공부조는 먼저 일정한 수준 이하에서 빈곤한 생활을 하고 있는 사람 중에서 독립적 생활이 불가능하거나 부양의무자의 도움도 받을 수 없어서 국가의 보호를 필요로 하는 자를 대상으로 자산조사를 실시한 후 수급권자를 정하고 이들에게 최소한도의 기초생활을 유지할 수 있도록 현금급여, 현물급여 또는 바우처(voucher)를 제공한다. 다음으로는 빈곤에 처해 있으나 자활능력이 있는 자에 대하여는 이들의 자립 자활을 촉진하기 위한 필요한 조치를 취하거나 근로를 조건으로 원조를 제공하며, 수혜자의 비용부담 없이 국가나 지방차지단체의 조세수입을 통한 공적자금에서 필요한 비용을 충당한다.

공공부조법은 과거의 자선과 시혜와 같은 소극적 개념에서부터 급여의 권리성을 인정하는 방향으로 진전되어 왔다. 1999년에 확대 개정된 「국민기초생활보장법」은 이러한 입장을 반영하여, 구법인 「생활보호법」에서 '보호대상자', '보호기관' 등의 용어가 「국민기초생활보장법」에서는 '수급권자', '보장기관' 등으로 바뀌어져 저소득층의 권리성을 강화하였다(박용순 · 송진영, 2016: 276).

(2) 공공부조의 원리(기본적 특성)

가. 고유의 특성

가) 최저생활보호

「국민기초생활보장법」 제1조는 생활이 어려운 사람에게 최저생활을 보장하고 자활을 돕는 것을 목적으로 한다. 따라서 보호대상자를 정하기 위하여 국가가 신청이나 직권으로 대상자를 발굴하여 그 자산상태를 조사한다. 국가는 일정한 자산보유 이하의 자를 수급자로 결정하는데 결정기준이 최저생활을 유지할 수 있는 자산을 가지고 있는가이다.

나) 무기여의 원리

공공부조의 대상이 되는 자는 최저한도의 생활을 유지할 수 없는 자이므로 비용부담의 능력이 없다. 따라서 공공부조에 있어서는 피보호자에 대하여 기여나 본인부담을 부과하지 않는다. 보호비용은 전액을 국가부담으로 하기 때문에 국가재정수입으로 해결한다.

다) 개별적 측정의 원리

생활이 빈곤한 자는 그 생활상태가 다양하기 때문에, 보호는 생활빈곤자의 빈곤 정도나 상황에 따라서 개별적으로 구분한다. 따라서 생활빈곤자가 최저생활을 유지할 수 있게 하기 위하여 어떤 종류의 보조를, 어느 정도로, 그리고 어떠한 방법으로 행하여야 하는지는 개별적으로 측정한다.

라) 세대단위 보호

보호할 것인지의 여부는 개별적으로 측정하지만, 개인을 단위로 하여 보호가 실시되는 것이 아니다. 현실의 생활은 세대를 단위로 하여 영위하는 것이기 때문에 보호는 원칙적으로 세대를 단위로 하여 실시한다.

나. 공공부조와 사회보험과의 차이점

첫째, 공공부조는 빈곤 등의 사회적 위험이 발생한 이후 국가나 지방자치단체가 최후에 해결하는 사후적인 대응책이다. 이에 대하여 사회보험은 미래에 직면할 수 있는 사회적 위험을 정형화하여 보험 기술을 통해서 미리 대비하는 제도이다(목적의 차이).

둘째, 공공부조는 도움이 필요한 사람을 선정하여 원조를 제공하는 선택주의에 입각하고 있으나, 사회보험은 모든 국민을 대상으로 하고 적당한 자격요건을 갖추어서 보험사고를 당할 때 급여를 제공하는 점에서 보편주의를 채택하고 있다(이념상의 차이).

셋째, 공공부조는 사람들을 무차별 평등하게 취급하여 일단 빈곤에 처한 모든 사람에게 동일한 조건에서 똑같은 급여를 제공한다는 점에서 무차별 평등주의이다. 이에 대하여 사회보험은 특히 급여의 제공에 있어 가능한 한 기여금에 비례하거나 가입연한에 비례하여 제공하는 경향이 있다. 제도적 운영과 관련하여 국가마다 어느 정도 차이는 있지만 사회보험은 평등보다는 비례급여를 선택하는 경향이 있다.

넷째, 공공부조는 소수의 빈곤층이 주 대상인 데 반하여 사회보험은 국민 전체를 대상으로 규정하는 경우가 대부분이다(대상의 차이).

다섯째, 공공부조는 자산조사를 통해서, 사회보험은 기여금의 제공과 가입기간 등을 요건으로 정하고 있다(수급자격요건의 차이).

여섯째, 공공부조는 일반조세를 통하여 재원을 마련하나(소득의 일방적 이전), 사회보험은 가입자의 보험료를 통하여 재원을 마련한다(재원의 차이).

일곱째, 공공부조는 인간다운 생활을 보장하려고 하지만, 근로의욕을 저하시키지 않은 수준에서 그리고 사회적 지원의 정의로운 배분을 위하여 가능한 한 사회적 최소한의 수준을 설정하고 있다. 최저한의 생활을 영위할 수 있는 수준으로서 흔히 최저생계비를 매개로 하여 책정한다. 사회보험은 기여금 정도와 과거의 생활수준 그리고 사회적 통념 등을 고려하고 급여의 적정선을 선택한다. 이 적정선은 최저생계비와 이를 기반으로 만들어지는 최저임금수준 등이 함께 검토된다(급여수준의 차이).

여덟째, 수급권의 성격과 연관하여 공공부조는 권리성이 약한 데 비하여 사회보험은 권리성이 상대적으로 강한 성격을 가진다. 특히 사회보험은 기여금에 의한 채권적 성격을 가진다(수급권의 성격).

4) 사회서비스

사회서비스란 물질적 보장에 덧붙여 비물질적 보장을 내용으로 하는 개별차원의 사회적 서비스를 의미한다. 사회서비스는 사회적 약자들의 사회문제를 해결하는 데 필요한 전문적인 지식을 가진 전문인력에 의해 제공되어야 하며, 서비스 제공의 목적은 궁극적으로 사회적 약자들과 함께 더불어 가는 사회를 만들어 가는 것이다(박용순 · 송진영, 2016: 참고).

우리나라 「사회보장기본법」에 따르면 사회서비스란 국가 · 지방자치단체 및 민간부문의 도움이 필요한 모든 국민에게 복지, 보건의료, 교육, 고용, 주거, 문화, 환경 등의 분야에서 인간다운 생활을 보장하고 상담, 재활, 돌봄, 정보의 제공, 관련 시설의 이용, 역량 개발, 사회참여 지원 등을 통하여 국민의 삶의 질이 향상되도록 지원하는 제도를 말한다(「사회보장기본법」 제3조 제4호). 사회서비스는 사회보험, 공공부조와는 달리 주로 심리사회적, 정신적 서비스 등과 같이 비경제적, 추상적 서비스를 제공하는 것을 특징으로 하고 있다.

5) 사회복지서비스[1)]

(1) 개념과 대상

사회복지서비스는 사회생활상의 곤란 또는 장애를 받고 있는 노인, 장애인, 아동, 청소년, 영유아 등과 같이 보호를 필요로 하는 자에 대한 보호와 육성, 지도, 치료, 재활 등의 서비스를 제공하는 사회복지정책의 하나이다. 오늘날 사회가 복잡해지고 노인

1) 사회서비스와 사회복지서비스에 대한 개념 혼동이 있어 여기서는 사회복지서비스에 대한 설명을 추가한다.

인구가 날로 증가하는 등에 따라 사회복지서비스의 영역이 확대되고 있다.

사회복지서비스는 「사회보장기본법」 제3조제4호에 따른 사회서비스 "복지, 보건의료, 교육, 고용, 주거, 문화, 환경 등의 분야에서 인간다운 생활을 보장하고 상담, 재활, 돌봄, 정보의 제공, 관련 시설의 이용, 역량 개발, 사회참여 지원 등을 통하여 국민의 삶의 질이 향상되도록 지원하는 제도를 말한다" 중 복지에 근거한 서비스라 할 수 있다.

우리나라는 사회복지서비스의 기본법으로 「사업복지사업법」을 만들어 사용하고 있다. 동법 제2조에 의하면 28개의 법률을 열거하고 이 법률에서 정하는 사업을 사회복지서비스로 규정하고 있다. 여기에는 「국민기초생활보장법」에 의한 사업, 「아동복지법」에 의한 아동복지사업, 「노인복지법」에 의한 노인복지사업, 「장애인복지법」에 의한 장애인복지사업, 「한부모가족지원법」에 의한 한부모복지사업, 「영유아보육법」에 의한 영유아보육사업, 「성매매방지 및 피해자보호 등에 관한 법률」에 의한 사업, 정신건강증진 및 정신질환자 복지서비스 지원에 관한 법률에 의한 사업, 「성폭력방지 및 피해자보호 등에 관한 법률」에 의한 사업, 「입양특례법」에 의한 사업, 「일제하 일본군위안부피해자 생활안정 및 기념사업 등에 관한 법률」에 의한 사업, 「사회복지공동모금회법」에 의한 공동모금사업, 「장애인, 노인, 임산부 등의 편의증진보장에 관한 법률」에 의한 사업, 「가정폭력 및 피해자보호 등에 관한 법률」에 의한 사업, 「농어촌 주민의 보건복지증진을 위한 특별법」에 의한 사업, 「식품등 기부 활성화에 관한 법률」에 의한 사업, 「의료급여법」에 의한 사업, 「기초연금법」에 의한 사업, 「긴급복지지원법」에 의한 사업, 「다문화가족지원법」에 의한 사업, 「장애인연금법」에 의한 사업, 「장애인활동지원에 관한 법률」에 의한 사업, 「노숙인 등의 복지 및 자립지원에 관한 법률」, 「보호관찰 등에 관한 법률」, 「장애아동복지지원법」, 「발달장애인 권리보장 및 지원에 관한 법률」, 「청소년복지 지원법」에 의한 사업 그 밖에 대통령령으로 정하는 법률에 의한 사업 등으로 하고 있다. 그런데 이 「사회복지사업법」 제2조 제1호는 사회복지사업이라 함은 위의 28개 법률에 의한 보호, 선도 또는 복지에 관한 사업과 사회복지상담, 직업지원, 무료숙박, 지역사회복지, 의료복지, 재가복지, 사회복지관 운영, 정신질환자 및 한센병력자 사회복귀에 관한 사업 등 각종 복지사업과 이와 관련한 자원봉사활동 및 복지시설의 운영 또는 지원을 목적으로 하는 사업을 말한다고 규정하고 있다.

(2) 특성

사회복지서비스는 경제적, 물질적 급여보다는 비경제적, 비물질적 급여가 중요하다. 즉, 보호, 선도, 복지에 관한 사업, 사회복지상담, 직업지원, 무료숙박, 지역사회복지, 의료복지, 재가복지, 사회복지관 운영, 정신질환자 및 한센병력자 사회복귀에 관한 사업 등과 자원봉사활동 및 복지시설의 운영 또는 지원을 하는 사업 등을 포괄적으로 하고 있다. 그리고 사회복지사업은 사람들의 비물질적 심리사회 욕구를 해결하는 것을 주된 내용으로 하고 있으므로 사회복지전문가의 전문적 개입과 실천이 중요한 법적 내용이 된다.

(3) 기본 원리

사회복지증진의 책임은 국가와 지방자치단체가 진다. 그리고 복지업무에 종사하는 공무원, 사회복지전문가는 그 업무를 행함에 있어서 성실하고 전문적으로 차별 없이 최선을 다해 종사할 의무가 있다. 특히 사회복지전문가는 사회적 약자의 문제와 욕구를 취급해야 하므로 전문 직업상의 윤리가 요구된다. 한국사회복지협회는 한국사회복지사 윤리강령을 제정하고 있다.

우리나라의 「사회보장기본법」에 담겨 있는 사회보장정책을 다음과 같이 살펴보고자 한다.

2. 사회보장 기본정책의 주요 내용

1) 사회보장책임의 주체

사회보장 책임은 국가 및 지방자치단체가 지고 있으며 국민도 그 책임을 지고 있다. 국가 및 지방자치단체는 국가 발전의 수준에 부응하는 사회보장제도를 확립하고 이에 필요한 재원을 조달할 책임을 진다. 그리고 가정이 건전하게 유지되고 그 기능이 향상되도록 노력해야 하며 사회보장제도를 시행함에 있어서 가정과 지역공동체의 자발적 복지활동을 촉진해야 한다(「사회보장기본법」 제6조 참조). 이는 가정 기능의 건전한 유지와 강화가 사회보장제도의 실행에 중요하고, 가정과 지역공동체의 자발적 복지활동이 국가나 지방자치단체의 사회보장정책의 실행에 매우 중요한 요소로 되며, 가정과 지역공동체와 국가 및 지방자치단체가 사회보장정책의 실시에 있어서 상호 보완적인 기능을 해야 한다는 것을 의미한다.

모든 국민은 자신의 능력을 최대한 발휘하여 자립, 자활할 수 있도록 노력하고 국가의 사회보장정책에 협력해야 한다(「사회보장기본법」 제7조 참조). 국가나 지방자치단체의 사회보장은 개인이 최대한 노력을 한 다음에 이를 바탕으로 국가나 지방자치단체의 사회보장정책은 언제나 개인이 자립, 자활할 수 있도록 돕는 목적이 있다. 이런 점에서 국민도 사회보장정책의 실행에 책임을 진다고 할 수 있다.

2) 사회보장의 대상

사회보장의 대상은 역사적으로 소수의 국민에서부터 점차로 국민 전체를 포함하는 것으로 확대되었다. 우리나라도 포괄적으로 모든 국민을 대상으로 한다. 그리고 국내에 거주하는 외국인도 국제법상의 상호주의 원칙에 따라 사회보장의 대상으로 하고 있다. 오늘날에는 국가 간에 교류와 왕래가 빈번해지면서 사회보장 협정을 체결하여 관계국 상호 간의 국민에게 사회보장혜택을 주는 사례가 일반화되고 있다. 우리나라도 상호주의에 입각하여 국가 간 협정을 맺거나 국제기구에 가입함으로써 상호 간 외국인에게 사회보장급여를 제공하는 사례가 확대되고 있다. 우리나라와 캐나다 간의 사회보장협정(1998년)이 그 예이다.

3) 사회보장수급권(사회복지수급권)

(1) 개념

사회보장수급권이란 「헌법」에서 보장하는 국민의 사회보장권이 사회보장 관련법(사회복지 관련법)의 규정에 따라 국민이 구체적으로 국가로부터 사회보장(사회복지)의 급여를 받을 권리를 말한다(「사회보장기본법」 제9조 참조). 즉, 국민이 국가에게 사회보장급여를 청구할 수 있는 권리이다.

(2) 수급권자

앞에서 본 사회보장 대상자가 수급권자이다. 즉, 국민과 관련 외국인이다. 구체적 수급요건은 각각의 세부적인 사회보장 관련법에서 자격 규정을 정하고 있다.

(3) 급여수준

국가는 국민이 문화적 생활을 유지할 수 있는 정도로 급여수준의 향상을 위하여 노력해야 하고 국가는 법령이 정하는 바에 따라 최저보장수준과 최저임금을 매년 공표하여야 한다. 사회보장급여수준은 적어도 최저보장수준과 최저임금을 고려하여 정하도록 하고 있다(「사회보장기본법」 제10조 참조).

(4) 급여의 신청

사회보장급여는 관계 법령이 정하는 바에 따라 국가 또는 지방자치단체에 신청해야 한다(「사회보장기본법」 제11조 참조).

(5) 수급권의 보호, 제한 및 포기

사회보장수급권은 관계 법령이 정하는 바에 따라 타인에게 양도하거나 담보 제공할 수 없으며 이를 압류할 수 없도록 하여 이를 보호하고 있다(「사회보장기본법」 제12조 참조). 사회보장수급권은 제한되거나 정지될 수 없으나 관계 법령이 정하는 예외적인 경우에는 제한 또는 정지될 수 있다. 그러나 이는 그 제한 또는 정지의 목적에 필요한 최소한에 그쳐야 한다. 사회보장수급권은 수급자가 포기할 수 있도록 하고 있는데 만약 그 포기가 타인에게 손해를 주거나 사회보장에 관한 관계법령에 위반하는 경우에는 이를 포기할 수 없다(「사회보장기본법」 제14조 참조).

4) 사회보장위원회

각종의 사회보장에 관한 주요 정책이나 시책을 수립, 계획하거나 개선하고 이를 심의 · 조정하기 위하여 국무총리 산하에 사회보장위원회를 둔다(「사회보장기본법」 제20조). 이 위원회는 사회보장정책과 제도를 수립하고 실행하는 것을 목적으로 한다. 사회보장위원회는 국무총리가 위원장이 되고 부위원장은 기획재정부장관, 교육부장관, 보건복지부장관이 된다. 위원장 1명, 부위원장 3명, 행정안전부장관, 고용노동부장관, 여성가족부장관, 국토교통부장관을 포함하여 위원 30인 이내로 구성된다(「사회보장기본법」 제21조 참조). 그 직무는 사회보장 증진을 위한 기본계획, 사회보장 관련 주요 계획, 사회보장제도의 평가 및 개선, 사회보장제도의 신설 또는 변경에 따른 우선순위, 둘 이상의 중앙행정기관이 관련된 주요 사회보장정책, 사회보장급여 및 비용 부담 등을 심의하는 것이다(「사회보장기본법」 제20조 참조).

5) 사회보장 기본계획 수립과 연도별 시행계획의 수립 · 시행 등

사회보장정책에 있어서는 사회보장의 장기발전 방향을 수립하는 것이 매우 중요한데 이에 관하여 「사회보장기본법」은 구체적으로 수립 절차와 방법에 관하여 정하고 있다. 보건복지부장관은 관계 중앙기관의 장과 협의하여 사회보장 증진을 위하여 사회보장에 관한 기본계획을 5년마다 수립하도록 한다(「사회보장기본법」 제16조 제1항). 그 장기발전 방향에는 국내외 사회보장환경의 변화와 전망, 사회보장의 기본목표 및 중장기 추진방향, 주요 추진과제 및 추진방법, 필요한 재원의 규모와 조달방안, 사회보장의 전달체계, 그 밖에 사회보장의 추진에 필요한 사항이 포함되어야 한다(동법 제16조 제2항). 이 기본계획은 사회보장위원회와 국무회의의 심의를 거쳐 확정하도록 되어 있다(동법 제16조 제3항).

일단 사회보장 장기발전방향이 수립되면 보건복지부장관, 관계중앙행정기관의 장은 기본계획에 따라 사회보장과 관련된 소관 주요 시책의 추진 방향을 매년 수립, 시행하여야 한다(동법 제18조 제1항).

그리고 관계 중앙행정기관의 장은 수립한 시행계획 및 전년도 추진 실적을 대통령이 정하는 바에 따라 보건복지부장관에게 제출하여야 한다(동법 제18조 제2항).

다음으로 보건복지부장관은 제출받은 관계 중앙행정기관 및 보건복지부 소관의 추진실적을 종합하여 성과를 평가하고 그 결과를 위원회에 보고하여야 한다(동법 제18조 제3항). 또한 보건복지부장관은 이에 따른 평가를 효율적으로 시행하기 위하여 이에 필요한 조사, 분석을 전문가에게 의뢰할 수 있다(동법 제18조 제4항).

그리고 특별시장 · 광역시장 · 특별자치시장 · 도지사 · 특별자치도지사 · 시장 · 군수 · 구청장은 관계법령이 정하는 바에 따라 사회보장에 관한 지역계획을 수립 · 시행하여야 하고 이는 앞의 기본계획과 연계되어야 한다(동법 제19조).

6) 사회보장제도의 운영

(1) 운영 원칙

「사회보장기본법」은 사회보장제도를 운영하는 과정에 요청된 기본운영 원칙을 다음과 같이 정하고 있다(동법 제25조).

첫째, 국가 및 지방자치단체는 사회보장제도를 운영함에 있어서 필요로 하는 모든 국민에게 적용해야 한다.

둘째, 국가 및 지방자치단체는 사회보장제도의 급여수준 및 비용부담 등에 있어서 형평성을 유지해야 한다.

셋째, 국가 및 지방자치단체는 사회보장제도의 정책결정 및 시행과정에 공익의 대표자 및 이해관계인 등을 참여시켜 민주성을 확보해야 한다.

넷째, 국가 및 지방자치단체는 사회보장제도를 운영함에 있어서 국민의 다양한 복지욕구를 효율적으로 충족시키기 위하여 연계성, 전문성을 높여야 한다.

다섯째, 사회보험은 국가의 책임으로 시행하고, 사회서비스는 국가와 지방자치단체의 책임으로 시행하는 것을 원칙으로 한다. 다만, 국가와 지방자치단체의 재정 형편 등을 고려하여 이를 협의·조정할 수 있다.

「사회보장기본법」에서 말하는 운영원칙은 보편성, 민주성, 효율성, 연계성, 전문성을 말하는 것으로서 이는 사회보장제도의 기본원칙을 말한 베버리지, 국제노동기구 및 세계노동조합 등의 견해를 반영한 것이다.

(2) 협의 및 조정

각 국가와 지방자치단체는 사회보장제도를 신설하거나 변경할 경우 기존 제도와의 관계, 사회보장 전달체계와 재정 등에 미치는 영향 등을 사전에 충분히 검토하고 상호 협력하여 사회보장급여가 중복 또는 누락되지 아니하도록 하여야 하고, 중앙행정기관의 장과 지방자치단체의 장은 사회보장제도를 신설하거나 변경할 경우 신설 또는 변경의 타당성, 기존 제도와의 관계, 사회보장 전달체계에 미치는 영향 및 운영방안 등에 대하여 대통령령으로 정하는 바에 따라 보건복지부장관과 협의하여야 한다. 이 협의가 이루어지지 아니할 경우 위원회가 이를 조정하고, 보건복지부장관은 사회보장급여 관련 업무에 공통적으로 적용되는 기준을 마련할 수 있다(동법 제26조 제1항, 제2항, 제4항).

중앙행정기관의 장과 지방자치단체의 장은 위에 따른 업무를 효율적으로 수행하기 위하여 필요하다고 인정하는 경우에는 관련 자료의 수집·조사 및 분석에 관한 업무를 정부출연 연구기관, 사회보장정보원 그 밖에 대통령령으로 정하는 기관 또는 단체에 위임할 수 있다(동법 제26조 제3항).

(3) 민간의 참여

사회보장은 필요에 따라 민간이 참여해야 할 것이다. 「사회보장기본법」은 사회보장 부문에 있어 민간참여의 길을 열어 놓고 있다.

① 국가와 지방자치단체는 사회보장에 대한 민간부문의 참여를 유도할 수 있도록 정책을 개발 · 시행하고 그 여건을 조성하여야 한다(동법 제27조 제1항).

② 국가와 지방자치단체는 개인 · 법인 또는 단체가 사회보장에 참여하는 데에 드는 경비의 전부 또는 일부를 지원하거나 그 업무를 수행하기 위하여 필요한 지원을 할 수 있다(동법 제27조 제3항).

우리나라에서는 민간참여를 유도하기 위하여 국가와 지방자치단체는 다음과 같은 사업이 포함된 시책을 수립 · 시행할 수 있다(동법 제27조 제2항).

① 자원봉사, 기부 등 나눔의 활성화를 위한 각종 지원 사업, ② 사회보장정책의 시행에 있어 민간 부문과의 상호협력체계 구축을 위한 지원사업, ③ 그 밖에 사회보장에 관련된 민간의 참여를 유도하는 데에 필요한 사업 등이 그것이다.

(4) 비용의 부담

사회보장비용은 국가, 사용자, 피용자 등의 3자가 부담하는 것이 각국의 일반적 경향이다. 그러나 각국의 사정에 따라 각 사회보장제도의 내용과 부담주체와 비율이 다르다. 우리나라 「사회보장기본법」은 사회보장비용의 부담은 각각의 사회보장제도에 대한 역할분담에 따라 국가, 지방자치단체, 민간부문 간에 합리적으로 조정되어야 한다고 규정하고 있다. 사회보험에 소용되는 비용은 사용자, 피용자, 자영업자가 부담하되 국가가 그 비용의 일부를 부담할 수 있도록 하고, 공공부조와 일정 소득수준 이하의 국민에 대한 사회복지서비스에 소요되는 비용의 전부 또는 일부는 국가 및 지방자치단체가 부담한다. 그리고 부담능력이 있는 국민에 대한 사회복지서비스에 소요되는 비용은 수익자 부담을 원칙으로 하되 관계법령이 정하는 바에 따라 국가 및 지방자치단체가 그 비용의 일부를 부담할 수 있도록 한다(이상 「사회보장기본법」 제28조 참조).

7) 사회보장제도의 운영에 관한 국가와 지방자치단체의 책무

(1) 사회보장 전달체계

사회보장제도의 실시에 있어서 전달체계는 매우 중요하며 사회보장의 성패를 가늠할 수 있는 요인이 된다. 사회보장 전달체계는 균형성, 조정성, 이용의 용이성 등이 지켜져야 한다. 우리나라 「사회보장기본법」은 '국가 또는 지방자치단체는 모든 국민이 쉽게 이용할 수 있고, 사회보장급여가 적시에 제공되도록 지역적 · 기능적으로 균형 잡힌 사회보장 전달체계를 구축하여야 하고, 공공부문과 민간부문의 사회보장 전달체계가 효율적으로 연계되도록 노력하여야 한다'라고 규정(동법 제29조)하여 이 원칙을 지키고 있다.

(2) 사회보장 급여의 관리와 전문인력의 양성 등

국가와 지방자치단체는 사회보장 수급권의 보장 및 재정의 효율적 운영을 위하여 사회보장급여의 관리체계(동법 제30조 제1항 1~4호에서 규정)를 구축 · 운영하여야 한다(동법 제30조 제1항). 국가 및 지방자치단체는 사회보장제도의 발전을 위하여 전문인력의 양성, 학술조사 및 연구, 국제교류의 증진 등에 노력해야 한다(「사회보장기본법」 제31조). 국가 및 지방자치단체는 이러한 전문인력의 양성 등에 관한 정책을 수립해야 한다.

(3) 기타

사회보장에 관한 정보의 공개 및 홍보는 사회보장 수급권자의 권리를 보장하는 중요한 수단이므로 국가 및 지방자치단체는 이를 위한 정보관리 체계를 확립해야 하고(「사회보장기본법」 제33조), 사회보장 업무에 종사하는 자는 사회보장과 관련하여 알게 된 개인, 법인, 단체의 비밀을 보호해야 하며(동법 제38조), 국가 및 지방자치단체는 사회보장에 관한 권리, 의무를 국민에게 설명하도록 노력하고 국민의 상담에 응해야 한다(동법 제35조, 제36조 참조). 그리고 정보화 시대에 맞추어 전자정보시스템에 의한 사회보장 정보의 관리를 규정하고 있다(동법 제37조 이하).

8) 사회보장급여의 이용 · 제공 및 수급권자 발굴

사회보장의 실현을 효과적으로 하기 위하여 지원을 받지 못하는 지원대상자를 발굴하여 지원하고, 사회보장급여를 필요로 하는 사람의 인간다운 생활을 할 권리를 최대한 보장하여 사회보장의 사각지대에 있는 사람을 찾아 사회보장을 적극적으로 실천할 필요가 있다. 또한 사회보장을 공정하게 시행하고 지역사회에서 효과적으로 제공하기 위한 기반을 구축할 필요가 있다. 이러한 정책적 취지에서 사회보장의 이용제공 및 수급권자 발굴에 관한 법률을 제정 시행하고 있다.

공적연금제도의 이해

1. 고령화와 노후소득보장정책

21세기에 접어들면서 경제발전, 영양상태, 보건환경의 발전과 근로조건의 개선 등으로 평균 수명이 크게 늘었다. 2024년 현재 65세 이상의 노인인구는 9,938,235명으로 전체 국민의 19.2%(KOSIS 국가통계포털)이며 '2023 고령자 통계'에 따르면 2025년이면 고령자 비중이 20.6%를 넘는 초고령사회 진입이 예상된다. 노후생활에 대비하여 만든 제도를 공식적 노후보장정책이라고 한다. 여기에는 사회보장연금, 기업연금, 개인저축연금 등이 있다. 이러한 공식적 노후보장정책이 나오기 전에 노후 문제는 개인의 저축이나 가족의 부양으로 대비하였다. 이러한 비공식적 노후대책으로는 안정적인 노후생활을 보장할 수 없고 소득이 없는 빈곤자는 아무런 대책이 없게 된다. 이에 노후생활의 안정적 소득을 보장하고 인간다운 최소한의 생활을 할 수 있도록 국가가 개입하고 여기에 보충적으로 기업이 관여 또는 개인저축연금을 통한 공식적 노후대비정책이 나오게 된 것이다. 이 가운데 사회보장연금은 대부분의 국가가 채택하고 있는 제도이고, 근로자와 자영업자를 대상으로 하는 법정연금이다. 정부가 재정운용, 관리운용, 가입 등 거의 모든 부분에서 책임을 지고 재정은 통상 사용자와 근로자가 부담하는 보험료 또는 사회보장비(정부)로 충당한다.

기업연금은 기업이 근로자복지 차원에서 제공하는 민간연금이다. 일정한 정부 규제가 있으며 조세감면의 혜택이 주어진다. 확정급여방식으로 운영된다. 영국, 미국, 일본 등의 선진국에서 발달한 제도이다. 이들 나라는 근로자의 약 40% 이상이 기업연금의 적용을 받고 있다.

개인저축연금은 완전적립 확정기여방식의 연금으로서 근로자 자력으로 노후를 대비하는 저축성 연금제도이다. 급여가 확정되어 있지 아니하고 투자선택이 가입자에게 있으므로 가입자 개인은 투자위험을 감수해야 한다. 가입은 임의적이고 조세감면 혜택이 주어진다. 일부 국가는 개인저축연금을 법정연금으로 하는 나라가 있다(말레이시아, 싱가포르, 일부 아프리카 국가). 우리나라는 종래에 퇴직금을 기업이 책임지고 운영하는 기업연금의 형태를 가지고 있었으나, 2005년 12월 「근로자 퇴직급여보장법」이 시행됨으로써 종래의 「근로기준법」상의 퇴직금을 퇴직연금제도에 흡수 통일하여 독립적인 공적 연금제도로 운영되고 있다.

2. 사회보장연금의 재정운용방식

1) 사회보장연금의 재원

공적연금으로서 사회보장연금의 재원은 사용자와 피용자가 부담하는 보험료와 정부의 지원(비용부담) 등 삼자가 부담한다(대부분의 나라는 삼자부담 원칙을 택하고 있다). 사용자와 피용자가 공동 부담하는 보험료로 재정을 충당하고 정부 지원의 재원은 정부의 일반조세나 목적세(담배세, 유류세, 주세 등) 등이다. 정부가 운영비만 부담하는 것도 있고 일정 소득 이하의 저소득층의 보험료를 정부가 대신 부담하는 것도 있다. 우리나라도 삼자부담의 원칙을 따르고 있다.

2) 사회보장연금의 재정운용방식

사회보장연금의 보험료는 적립방식이나 부과방식으로 운영된다. 최근에는 이 두 가지 연금재원조달방식 이외에 확정기여방식과 확정급여방식, 균일급여방식과 소득비례급여방식, 혼합급여방식 등의 용어가 사용되고 있다.

(1) 적립방식

적립방식은 장래에 지급할 연금을 가입기간 동안 보험료, 국고 출연금, 누적 기금의 이자 등으로 적립하는 방식이다. 이 적립방식의 연금은 근로기간 중 규칙적으로 저축한 것을 정년 후 되돌려 받는 일종의 강제저축이다. 그리고 재정관리는 수지균등의 원칙(원칙적으로 개인이 낸 보험료 총액과 개인이 받는 급여총액은 같아야 한다는 원칙)에 입각하므로 소득재분배 기능이 없다. 이는 민간보험(영리 사보험)이나 기업연금이 택하고 있는 방식이다.

부분적립방식이란 일부 개발도상국가(이집트)나 선진국 일부(캐나다, 미국, 일본, 스웨덴)에서 택하고 있는데 지불 준비금의 형태로 약간의 적립금을 보유하고 보험료율을 부과방식보다 높게 책정하여 제도의 초기에 적립금이 누적되게 하는 방식이다. 우리나라 국민연금도 부분적립방식을 택하고 있다.

적립방식은 제도 성숙기에는 적립된 기금의 활용이 가능하고 인구구조의 변화에 상응한 급여를 할 수 있다는 장점이 있다. 개인별로 청년기에 적립한 것을 정년퇴직 후 되찾는 것이므로 생애에 걸쳐 장기적으로 재분배가 일어난다. 부과방식에 비하여 상대적으로 재정의 안정적인 운영이 가능하지만 장기적인 예측에 있어 어려움이 있다.

(2) 부과방식

부과방식은 일정 기간에 지출될 급여를 동일 기간의 보험료 수입으로 충당하는 방식이다. 즉, 매년 전체 가입자가 낸 보험료로 당해연도 연금급여액을 충당하는 방식이다. 수지차액이 없기 때문에 지불 준비금 이외에 적립금이 필요 없다. 그리고 부과방식은 연도별 수지균형의 원칙(매년 수입과 지출이 균형을 이룸)에 따르고, 일정 정도 소득재분배 기능을 가질 수 있다. 서유럽과 미국 등의 선진국이 채택하고 있다.

부과방식은 인플레이션으로부터 연금의 가치를 보호할 수 있고, 경제성장에 비례하여 연금가치를 높일 수 있으며, 과거의 연금보험료 불입요건과 관계없으므로 완전연금을 즉시 지불할 수 있는 장점이 있다. 이는 적립식 방식의 단점이다.

부과방식은 현재 일하는 근로자들의 부담으로 정년퇴임한 노인인구의 연금재정을 충당하도록 설계되어 있고 노인들의 연금 총액이 그들의 청년기에 부담한 총액을 상회하므로 세대 간 소득재분배가 발생한다(원석조, 2021).

(3) 확정기여방식

확정기여방식이란 사전에 확정된 보험료를 부담하되 그에 상응하는 연금급여는 확정하지 않고 가입자 개인이 결정한 투자의 적립수익금을 월정연금이나 일시금으로 되돌려 주는 방식이다. 우리나라의 근로자 퇴직급여제도가 그 예이다.

(4) 확정급여방식

확정급여방식은 개인이 부담한 보험료의 크기에 관계없이 사전에 확정된 연금급여를 지급하는 방식이다.

(5) 균일급여방식

균일급여방식은 평등주의 이념을 강조하는 영국이나 북유럽에서 채택하고 있는 형태로서 연금의 급여는 모든 수혜자에게 차이가 없는 기본적 욕구, 즉 최저생계비만을 보장하고 그 이상의 욕구충족은 본인이 책임져야 한다는 기본전제 아래 이루어지고 있다.

(6) 소득비례급여방식

소득비례급여방식은 능력주의 이념을 강조하는 대륙형 보장방식으로 가입자의 기여금액에 비례하여 급여하는 방식이다.

(7) 혼합형 급여방식

혼합형 급여방식은 최저생계비급여에 대해서는 균일보장방식을 취하고 최저생계비 이상의 급여에 대해서는 소득비례급여방식을 취하는 형태이다. 이 방식은 균일급여방식에서 사회적 연대에 의한 위험분산과 소득재분배의 효과를 기할 수 있고 개인의 능력과 인센티브에 따라 보상을 한다는 자본주의 기본원칙과 일치한다는 점에서 오늘날 많은 선진국에서 채택하고 있다. 우리나라는 이러한 혼합형 방식을 채택하고 있다.

3. 국민연금제도

1) 의의와 특성

(1) 의의와 목적

국민연금은 사회보험의 하나인 사회보장연금에 속하는 사회보장제도이다. 우리나라는 적립식을 원칙으로 하면서 초기에는 보험료율을 낮게 책정했다가 점진적으로 상향조정했고 일정부분 재분배 기능도 하고 있으므로 부과식 방법도 혼용하고 있다고 할 수 있다. 즉, 부분적 적립방식을 채택하고 있다. 우리나라는 1960년에 공무원연금, 1963년에 군인연금, 1973년에 사립학교교원연금 등의 특수직역연금이 먼저 만들어졌다. 일반국민 전체를 대상으로 하는 국민연금은 1986년에 만들어졌다. 이후 「국민연금법」은 여러 차례 개정을 거쳤다. 1998년 이후 경제성장에 발맞추어 주로 연금급여의 대상자 확대, 연금재정의 안정을 위한 급여조정 등을 중심으로 개정이 이루어졌다.

국민연금은 국가가 보험의 원리를 도입하여 만든 사회보험의 하나로 가입자, 사용자로부터 보험료를 받고 국가도 일정한 운영에 필요한 비용을 부담하여 이들을 재원으로 소득능력이 상실 또는 감퇴된 경우 가입자 본인이나 그 유족에게 일정액의 급부를 행하여 안정된 생활을 할 수 있도록 국가가 운영하는 장기적 소득보장을 위한 제도이다.

또한 단일한 연금체계 안에 소득재분배를 통한 빈곤 완화 기능과 소득비례적 요소를 통한 퇴직 전 생활수준 유지 기능을 조화시켜 궁극적으로 사회적 위험으로부터 안정적 노후소득을 보장하는 것을 목적으로 한다. 노령인구의 증가, 노인부양의식의 약화, 각종 사회적 위험의 증대에 따른 생계안정대책으로 국민연금의 정책 형성이 필요했던 것이다. 「국민연금법」상의 규정을 통하여 국민연금정책을 살펴보면 다음과 같다.

(2) 특성

가. 사회보험, 공적연금제도

국민연금은 국가가 국민의 생활안정과 복지증진을 위하여 보험의 원리를 도입하여 만든 사회보험의 일종이며 가입자, 사용자로부터 일정한 보험료를 받고 여기에 국가의 비용부담을 재원으로 하여 여러 가지 정형화된 보험금의 지급을 특징으로 하는 사회보장제도이다. 국가는 연금급여가 안정적 · 지속적으로 지급되도록 필요한 시책을 수립 · 시행하여야 하고, 급여수준과 연금보험료는 국민연금재정이 장기적으로 균형을 유지하도록 하여야 한다(「국민연금법」 제4조 참조). 그리고 국민연금은 연금가입이 법적으로 강제되는 공적연금이기 때문에 관리운영비의 상당부분이 국가에서 지원되고 영리를 추구하지 않는다.

나. 소득보장제도

국민연금은 노령, 폐질, 질병, 사망 등으로 소득이 상실되거나 감퇴된 경우에 빈곤에 빠지지 않도록 연금을 지급하여 본인이나 유족의 기본생계를 보장하고, 소득이 높은 계층으로부터 낮은 계층으로 소득이 재분배되는 기능을 가진다. 또한 국민연금은 원칙적으로 일정한 가입기간을 수급요건으로 하고 사망할 때 또는 지급 사유가 소멸될 때까지 연금급여가 지급되며 가입기간이 20년이고 60세(앞으로는 60세 이상 65세로 점차 확대된다)에 이르렀을 때 노령연금을 지급받을 수 있는 장기보험이다. 의료보험이나 산업재해보상보험제도는 단기보험이다.

2) 국민연금정책의 내용

(1) 가입대상자

국민연금은 국내에 거주하는 18세 이상 60세 미만의 국민을 가입대상으로 하되 연금혜택을 중복하여 받는 것은 있을 수 없으므로 다른 법률에 의하여 공적연금을 받는 자(공무원, 군인, 사립학교 교직원 등) 등은 당연히 제외한다. 외국인에 대하여는 그 외국인의 본국법이 우리나라 국민에게 연금혜택을 주는 경우에 한하여 우리나라의 「국민연금법」의 적용을 받도록 하는 정책을 펴고 있다(「국민연금법」 제6조, 제126조 참조). 우리나라가 외국과 사회보장협정을 체결한 경우는 「국민연금법」의 규정에 불구하고 국민연금의 가입, 연금보험료의 납부, 급여의 수급요건, 급여액 산정 및 급여의 지급 등에 관하여 당해 사회보장협정에 정하는 바에 따른다(동법 제127조).

가. 가입자 종류

「국민연금법」은 가입자 종류를 사업장가입자, 지역가입자, 임의가입자 및 임의계속가입자 등 네 종류로 구분한다(「국민연금법」 제7조).

가) 사업장가입자

사업장가입자란 사업장에 사용되는 근로자와 사용자로서 국민연금에 가입된 자를 말한다. 여기는 다시 당연적용사업장가입자와 가입이 임의에 맡겨진 임의적용사업장가입자로 나누어진다. 1인 이상의 근로자를 사용하는 사업장 및 주한 외국인기관으로서 1인 이상의 대한민국 근로자를 사용하는 사업장에 종사하는 18세 이상 60세 미만의 근로자와 사용자는 당연히 사업장가입자가 된다(「국민연금법」 제8조 제1항 본문). 그러나 다른 법률(「공무원연금법」, 「사립학교교직원연금법」 등)에 의한 수급권자(퇴직연금 등)는 가입대상에서 제외된다(동법 제8조 제1항 단서). 이는 이중 수혜 금지원칙에 해당한다. 그리고 일용근로자, 일월 미만의 기한을 정하여 사용되는 근로자 소재지가 일정하지 아니한 사업장에 종사하는 근로자, 법인의 이사 중 소득이 없는 사람, 1월간의 근로시간이 60시간 미만인 단시간 근로자(다만 3개월 이상 계속하여 근로를 제공하는 사람으로서 「고등교육법」 제14조 제2항에 따른 강사, 3개월 이상 계속하여 근로를 제공하는 사람으로서 사용자의 동의를 받아 근로자로 적용되기를 희망하는 사람, 둘 이상 사업장에 근로를 제공하면서 각 사업장의 1개월 소정근로시간의 합이 60시간 이상인 사람으로서 1개월 소정근로시간이 60시간 미만인 사업장에서 근로자로 적용되기를 희망하는 사람, 1개월 이상 계속하여 근로를 제공하는 사람으로서 1개월 동안의 소득이 보건복지부장관이 정하여 고시하는 금액 이상인 사람은 당연적용사업장 근로자가 됨) 등은 당연적용사업장 근로자에서 제외된다(동법 시행령 제2조).

국민연금에 가입한 사업장에 종사하는 18세 미만의 근로자는 자기가 원하면 사용자의 동의를 얻어 사업장가입자가 될 수 있다(동법 제8조 제2항).

나) 지역가입자

지역가입자란 사업장가입자가 아닌 자로서 지역에 가입된 자인데 18세 이상 60세 미만인 자는 당연히 지역가입자로 된다. 다만 국민연금 가입대상 제외자, 사업장가입자, 지역가입자 임의계속가입자, 노령연금 수급권자 및 퇴직연금 등 수급권자의 배우자로서 별도의 소득이 없는 자, 국민기초생활 수급자, 의료급여 수급자 또는 보장시설 수급자, 퇴직연금 수급자, 18세 이상 27세 미만인 자로서 학생이거나 군복무 등으로 소득이 없는 자, 1년 이상 행방불명된 자(거주지불명 등록자) 등은 지역가입자에서 제외된다(동법 제9조).

다) 임의가입자

임의가입자란 사업장가입자와 지역가입자에 해당하는 자 이외의 자로서 18세 이상 60세 미만인 자는 국민연금연금공단에 임의로 가입신청을 하여 가입자가 될 수 있는 자를 말한다(동법 제10조 참조). 퇴직연금등수급권자, 기초수급자 중 생계급여, 의료급여 또는 보장시설 수급자, 타공적연금가입자, 사업장가입자, 지역가입자 및 임의계속가입자, 노령연금 및 퇴직연금등수급권자의 배우자로서 별도의 소득이 없는 자, 노령연금 수급권을 취득한 60세 미만의 특수직종근로자나 조기노령연금 수급권을 취득한 자의 배우자로서 별도의 소득이 없는 자, 18세 이상 27세 미만인 자로서 학생이거나 군복무 등으로 소득이 없는 자가 해당한다.

라) 임의계속가입자

임의계속가입자란 국민연금 기간이 20년 미만인 가입자가 60세에 달한 때에는 가입자의 자격이 상실되지만 국민연금공단에 가입신청서를 제출하는 경우에는 65세에 달할 때까지 임의계속가입자가 될 수 있는 것을 말한다(동법 제13조 참조). 임의계속가입은 외국인가입자를 포함하여 국민연금 가입자 또는 가입자였던 자가 60세가 되거나 노령연금수급권을 취득한 자 중에 60세 미만의 특수직종근로자이면 가입할 수 있다.

(2) 가입기간 추가

가. 군 복무기간에 대한 가입기간 추가

현역병, 전환복무를 한 사람, 상근예비역, 사회복무요원의 어느 하나에 해당하는 자가 노령연금 수급권을 취득한 때에는 6개월을 가입기간에 추가산입한다(동법 제18조 참조). 가입기간 추가에 따른 재원은 국가가 전부 부담한다(동조 제3항).

나. 출산에 대한 가입기간 추가

고령화사회에 대비한 출산의 장려를 위하여 둘 이상의 자녀가 있는 가입자 또는 가입자이었던 자가 노령연금 수급권을 취득한 때에는 둘째 자녀에 대하여 12개월, 셋째 자녀부터는 초과하는 자녀 1인마다 둘째 자녀에 대하여 인정되는 12개월에 18개월을 가입기간에 추가한다(동법 제19조 제1항). 이 추가기간은 50개월을 추가할 수 없고(동조 제1항 1항 단서), 가입기간 추가에 따른 재원은 국가가 전부 또는 일부를 부담한다(동조 제3항).

다. 실업에 대한 가입기간 추가

실업 중 구직급여를 받는 기간을 가입기간에 추가산입한다. 추가로 산입하는 기간은 1년을 초과할 수 없다(동법 제19조의 1). 이 경우 국가는 연금보험료의 전부 또는 일부를 일반회계, 제101조에 따른 국민연금기금 및 「고용보험법」 제78조에 따른 고용보험기금에서 지원할 수 있다(동법 제19조의 3).

(3) 관리운영체계

공적연금의 관리운영 방식은 국영 방식, 민영 방식, 위탁 방식으로 구분할 수 있는데 「국민연금법」상 관장 주체를 보건복지부장관으로 규정하고 있어 국영 방식을 채택하고 있다. 그러나 보건복지부장관은 실제로는 국민연금을 효율적으로 수행하기 위하여 국민연금공단에 위탁운영하고 있으므로(동법 24조) 국영과 위탁관리 방식이라는 혼합형식으로 관리 운영되고 있다. 그러므로 국민연금의 사업 집행은 국민연금공단이 하고 있다.

가. 보건복지부

보건복지부장관이 운영 전반에 관한 사항을 관장하고 있으며, 국민연금제도의 적용 및 적용시기, 연금보험료 부과기준 및 보험료율, 급여수급요건 및 지급수준, 가입자 및 수급자의 복지증진사업 등에 대한 정책을 계획하고 직접적인 운영보다 정책결정과 감독업무를 수행한다(서보준 외, 2023).

나. 국민연금관리공단

국민연금관리공단은 「국민연금사업법」을 위하여 특별법에 의해 설립된 법인이다. 보건복지부장관의 위탁을 받아 국민연금사업을 운영하는 집행기관으로 국민연금가입자에 대한 기록의 관리 및 유지, 연금보험료의 부과, 급여의 결정 및 지급 등에 관한 업무를 한다(동법 제25조, 제46조, 제46조의3 참조).

(4) 국민연금의 급여

가. 급여의 종류

급여에는 노령연금, 분할연금, 장애연금, 유족연금, 반환일시금, 사망일시금 등이 있다(동법 제49조, 제80조).

가) 노령연금

(가) 노령연금

노령연금은 국민연금의 기초가 되는 급여로 국민연금 가입자가 나이가 들어 소득활동에 종사하지 못할 경우 생활안정과 복지증진을 위하여 지급되는 급여로써 가입기간(연금보험료 납부기간)이 10년 이상이면 60세(조기노령연금의 경우 55세) 이후부터 매월 지급받을 수 있다(국민연금공단 홈페이지).

(나) 조기노령연금

가입기간이 10년 이상이고 55세(지급연령 상향규정 적용: 55~60세) 이상인 사람이 소득 있는 업무에 종사하지 않는 경우에 본인이 신청하면 60세(노령연금 지급개시연령, 지급연령 상향규정 적용: 60~65세) 전이라도 지급받을 수 있는 연금이다. 55세 수급 개시 기준으로 55세는 기본연금액의 70%, 56세는 기본연금액 76%, 57세는 기본연금액 82%, 58세는 기본연금액 88%, 59세는 기본연금액 94% 지급받으며, 부양가족연금액을 합산하여 지급받는다(국민연금공단 홈페이지).

나) 분할연금

이 제도는 사회적 여건의 변화와 함께 이혼과 별거 등이 늘어남에 따라 여성의 권리보호, 특히 전업주부의 노후보장을 위하여 1998년 12월 법개정 시에 도입되었다. 또한 분할연금의 근거는 가입자의 연금소득 형성에 주부인 배우자의 공동 기여를 인정한 점이다. 그리고 개정법은 이혼한 배우자에게 지급되는 분할연금을 그 배우자가 재혼한 경우에도 계속 받을 수 있도록 하고, 자신의 노령연금과 함께 지급받을 수 있도록 하여 여성의 연금수급권을 강화한 것이다. 혼인기간(배우자의 가입기간 중의 혼인기간으로서 별거, 가출 등의 사유로 인하여 실질적인 혼인관계가 존재하지 아니하였던 기간을 제외한 기간을 말한다)이 5년 이상인 자가 노령연금 수급권자인 배우자와 이혼하였고, 배우자였던 사람이 노령연금수급권자이며, 60세가 되었을 것이라는 요건을 모두 갖추면 그때부터 그가 생존하는 동안 배우자이었던 자의 노령연금액(부양가족연금액은 제외한다) 중 혼인 기간에 해당하는 연금액을 균등하게 나눈 금액(1/2)으로 한다(동법 제64조 제1항). 다만, 2016.12.30. 이후 분할연금 지급사유가 발생한 건에 대해서는 분할비율을 당사자 간 협의 또는 법원의 재판으로 달리 결정할 수 있다(국민연금공단 홈페이지).

다) 장애연금

장애연금은 가입자나 가입자였던 자가 질병이나 부상으로 신체적 또는 정신적 장애가 남았을 때 이에 따른 소득 감소부분을 보전함으로써 본인과 가족의 안정된 생활을 보장하기 위한 급여로서 장애정도(1급~4급)으로 구분되며, 1~3급은 매월 연금으로 , 4급은 일시보상금으로 지급한다. 기본연금에 부양가족연금을 합쳐서 지급받는다.

〈표 2-2-1〉 **장애연금의 급여수준**

장애등급	급여수준
1급	기본연금액의 100% + 부양가족연금액
2급	기본연금액의 80% + 부양가족연금액
3급	기본연금액의 60% + 부양가족연금액
4급	기본연금액의 225% (일시보상금)

출처: 국민연금공단 홈페이지.

라) 유족연금

유족연금은 국민연금에 일정한 가입기간이 있는 사람 또는 노령연금이나 장애등급 2급 이상의 장애연금을 받던 사람이 사망하면 그에 의하여 생계를 유지하던 유족에게 가입기간(10년~20년 이상)에 따라 일정률(40%~60%)의 기본연금액에 부양가족연금액을 합한 금액을 지급하여 남아 있는 가족들이 안정된 삶을 살아갈 수 있도록 하기 위한 연금이다.

〈표 2-2-2〉 **유족연금의 급여수준**

가입기간	급여수준
10년 미만	기본연금액의 40% + 부양가족연금액
10년 이상 20년 미만	기본연금액의 50% + 부양가족연금액
20년 이상	기본연금액의 60%+ 부양가족연금액

출처: 국민연금공단 홈페이지.

마) 반환일시금

반환일시금은 가입기간이 10년 미만인 자가 60세에 달할 때, 국적상실 또는 국외이주한 때, 공무원연금 등 다른 공적연금 가입자가 된 때, 가입자 또는 가입자이었던 자가 사망한 때 지급한다. 그동안 납부한 보험료에 이자를 더해 일시금으로 지급한다.

바) 사망일시금

사망일시금은 가입자 또는 가입자였던 자가 사망한 경우 유족연금 규정에 의한 유족이 없을 때에는 그 배우자, 자녀, 부모, 손자녀, 조부모, 형제자매 또는 4촌 이내의 방계 혈족으로서 가입자 또는 가입자이었던 자에 의하여 생계를 유지하고 있던 자에게 사망일시금을 지급한다. 넓은 범위의 유족에게 지급하는 장제부조적 · 보상적 성격의 급여이다.

사) 외국인에 대한 급여

외국인도 우리 국민과 동일하게 노령연금, 유족연금, 장애연금을 수급할 수 있는 요건을 충족하면 「국민연금법」상의 연금급여를 지급받을 수 있다(각 종류별 연금항목 참조, 국민연금공단 홈페이지).

나. 국민연금 급여의 구성

모든 연금의 금액은 기본적으로 기본연금액과 부양가족연금액을 기초로 하여 산정한다(동법 제50조 제2항). 여러 가지 연금액은 기본연금액의 일정비율에 부양가족연금액을 합산하는 형태로 구성되어 있다.

가) 기본연금액

수급권자의 기본연금액은 연금수급 전 3년간의 모든 가입자 평균소득월액(A: 균등부분)과 가입자 개인의 모든 가입기간 평균 월소득월액(B: 소득비례부분)을 합산한 금액에 1000분의 1200을 곱한 금액으로 한다. 다만, 가입기간이 20년을 초과하는 경우에는 그 초과하는 1년마다(1년 미만의 매 1월은 12분의 1년으로 계산한다)(n: 20년 초과연수) 위 금액에 1000분의 50을 곱한 금액을 가산한다(동법 제51조 제1항).

그러나 국민연금의 장기 재정 안정을 도모하고 자녀세대의 부담을 완화하기 위하여 평균적 소득이 있는 자가 40년 동안 가입할 경우 지급하는 급여수준을 현행 평균소득의 60%에서 2008년에는 50%로, 2009년부터는 매년 0.5%씩 낮춰 2028년에는 40%로 인하하여 기존 수급자 및 기존 가입기간에 대하여는 종전대로 지급하여 기득권을 보장하고 있다(동법 부칙 제20조, 부칙 제34조).

이를 계산식으로 표현하면 다음과 같다.

$$\text{기본연금액} = 1.2 \times (A+B) \times (1+0.05n)$$

이 경우 평균 월소득액이란 매년 12월 31일 현재 사업장가입자 및 지역가입자 전원의 기준소득월액의 총액을 가입자 전원의 인원수로 나누어 산출한 금액을 말하고(동법 제3조 제1항 제4호, 동법 시행령 제4조), 기준소득월액이란 연금보험료 및 급여의 산정을 위하여 가입자의 소득월액을 기준으로 하여 대통령령이 정하는 금액을 말한다(동법 제3조 제1항 제5호). 이에 따라 기준소득월액은 하한액과 상한액의 범위에서 사업장가입자는 사용자가, 지역가입자는 가입자가 신고한 소득월액에서 천 원 미만을 버린 금액으로 한다(동법 시행령 제5조).

나) 부양가족연금액

부양가족연금은 일종의 가족수당 성격의 부가급여이다. 부양가족연금은 연금수급권자가 권리를 취득할 당시 그 자에 의하여 생계가 유지되고 있던 피부양자를 보호하기 위하여 지급된다. 부양가족연금액은 수급권자가 그 권리를 취득할 당시 그 자에 의하여 생계를 유지하고 있거나 노령연금 또는 장애연금의 수급권자가 그 권리를 취득한 후 그 자에 의하여 생계를 유지하고 있는 다음의 자에 대하여 다음의 금액으로 한다. 배우자에게는 연 15만 원, 18세 미만 또는 장애등급 2등급 이상에 해당하는 자녀에게는 연 10만 원, 60세 이상 또는 장애등급 2급 이상에 해당하는 부모(배우자의 부모 포함)에게는 연 10만 원을 부양가족연금액으로 한다(동법 제52조).

다. 국민연금의 보험료

우리나라 「국민연금법」상의 연금급여 등에 사용되는 비용의 재원조달은 가입자 및 사용자로부터 징수하는 연금보험료와 이를 근거로 조성되는 국민연금 기금을 통하여 이루어진다. 그리고 국가는 매년 국민건강보험공단이 국민연금사업을 관리 · 운영하는 데 필요한 비용의 전부 또는 일부를 부담한다.

가) 사업장가입자의 연금보험료율

사업장가입자의 연금보험료 중 기여금은 사업장가입자 본인이, 부담금은 사용자가 부담하되, 그 금액은 기준월소득의 1000분의 45(4.5%)에 해당하는 액으로 한다(동법 제88조 제3항). 여기에서 소득이란 일정 기간 근로를 제공하여 얻은 수입에서 대통령령이 정하는 비과세소득을 제외한 금액 또는 자산을 운용하여 얻은 수입에서 필요경비를 제외한 금액을 말한다(동법 제3조 제1항 제3호).

나) 지역가입자의 연금보험료율

지역가입자, 임의가입자, 임의계속가입자의 연금보험료는 그 금액을 가입자 본인이 부담하되, 그 금액은 기준 월소득액의 1000분의 90(9%)으로 한다(동법 제88조 제4항).

라. 국민연금기금운용위원회 및 실무평가위원회

기금 운용에 관한 여러 사항을 심의 의결하기 위하여 보건복지부에 국민연금기금운용위원회를 둔다. 보건복지부장관을 위원장으로 하고, 기획재정부차관, 농림수산식품부차관, 지식경제부차관, 고용노동부차관과 공단이사장을 당연직 위원으로 하고, 위원장이 위촉하는 사용자단체가 추천하는 사용자 대표위원 3인, 노동조합 연합단체가 추천하는 근로자 대표위원 3인, 농어업단체 · 자영관련단체 · 소비자 및 시민단체가 각 2인씩 추천하는 지역가입자 대표위원 6인 및 관계전문가로서 국민연금에 관한 학식과 경험이 풍부한 자 2인 등으로 구성한다(동법 제103조). 기금운용위원회는 가입자의 권익을 극대화하기 위하여 국민연금기금 운용지침을 마련하도록 되어 있다. 그리고 보건복지부장관은 매년 자금운용 계획을 수립하여 기금운용위원회 및 국무회의의 심의를 거쳐 대통령의 승인을 얻어 국회에 보고해야 한다. 국민연금의 최고정책결정은 보건복지부장관과 기금운용위원회에서 수립, 결정하게 되어 있다.

국민연금기금의 운영과 성과를 평가하는 기구로 국민연금기금 운용실무평가위원회를 두도록 하고 있다. 이 위원회는 기금운용 자산의 구성 및 기금회계 처리, 기금조성 성과의 측정, 기금관리 운용에 개선할 사항 등에 관하여 심의 의결하기 위한 기구로서 기금운용위원회 내에 둔다(동법 제104조).

그리고 국민연금의 가입기간과 공무원연금, 사립학교교직원연금, 군인연금, 별정우체국직원연금의 재직기간, 복무기간을 연계하여 연계 연금을 지급하게 되었다(「국민연금과 직역연금의 연계에 관한 법률」).

4. 기초연금제도

노인의 생활 어려움을 덜고 연금혜택을 공평하게 나누어 주기 위하여 2014년 7월부터 기초노령연금제도가 폐지되고 기초연금제도가 2014년 7월 1일부터 시행되었다.

노인의 안정된 노후생활을 도와주기 위해 1988년부터 국민연금제도가 시행된 지 오래되지 않아 국민연금에 가입하지 못한 사람이 많고, 가입을 하였더라도 그 기간이 짧아 충분한 연금을 받지 못한 사람들이 많다. 따라서 노인의 편안한 노후생활을 도와주고 연금혜택을 공평하게 나누기 위하여 주는 연금으로 현재의 심각한 노인빈곤문제를 해결하여 미래세대의 부담을 덜어 주고 노후에 안정된 혜택을 누릴 수 있도록 하기 위하여 도입된 제도이다.

1) 기초연금의 대상자

기초연금은 만 65세 이상이고 한국국적을 가지고 있으며 국내거주(「주민등록법」 제1, 2호에 따른 주민등록자)하는 노인 중 가구의 소득인정액이 선정기준액 이하인 사람에게 준다. 부부 중 한 명만 신청하는 경우도 부부가구에 해당된다. 보건복지부장관은 선정기준액을 정하는 경우 65세 이상인 사람 중 기초연금 수급자가 100분의 70 수준이 되도록 한다(동법 제3조 제2항).

〈표 2-2-3〉 선정기준액(2024년도 기준)

단독가구	부부가구
2,130,000원	3,408,000원

소득인정액이란 소득평가액과 재산의 소득환산액을 합산한 금액을 말하고, 공무원연금, 사립학교교직원연금, 군인연금, 별정우체국연금 수급권자 및 그 배우자는 원칙적으로 기초연금수급대상에서 제외된다.

2) 기초연금액의 감액

단독가구와 부부가구 간의 생활비 차이를 감안하여, 부부가 모두 기초연금을 받는 경우에는 각각에 대하여 산정된 기초연금액의 20%를 감액한다.

국민건강보험제도의 이해

1. 건강보험제도의 유형

건강보험은 질병으로 인한 소득의 중단이나 질병치료에 소요되는 진료비를 보장해 주는 제도이다. 우리나라에서 건강보험은 환자의 진료비를 지급해 주는 제도로 인식되고 있으나 본래 건강보험은 진료비보다는 질병으로 인한 소득의 상실 부분을 현금으로 지급하여 소득을 보전해 주는 소득보장에 1차적인 목적이 있다. 진료비 보장은 부차적인 것이었다(원석조, 2010: 271).

건강보험은 다른 사회보험과 달리 서비스 비용의 일부를 가입자가 부담하도록 하고 있다. 이를 진료비 본인부담제라고 한다. 수익자 부담을 두는 이유는 서비스의 남용을 억제하여 도덕적 해이를 방지하고 수익자와 비수익자의 공평성을 도모하며 수익의 정도와 수익자의 부담능력에 따라 부담을 달리함으로써 수익자의 책임을 촉구하고 소득재분배 효과도 거두고 수익자 부담분을 사회보장 재원으로 재충당할 수 있다는 데 있다.

의료보장제도는 일반적으로 OECD는 사회보험방식(SHI: Social Health Insurance), 국민건강보험 방식(NHI: National Health Insurance), 국민보건서비스 방식(NHS: National Health Service)의 세 가지로 분류하고 있다(서보준 외, 2023).

1) 사회보험방식

사회보험방식은 국가의 의료보장에 대한 책임을 기본으로 하고 있지만, '의료비에 대한 국민의 자기 책임의식'을 일정 부분 인정하는 체계이다. 정부기관이 아닌 보험자가 보험료로써 재원을 마련하여 의료를 보장하는 방식이다. 사회보험방식을 실시하고 있는 국가는 독일, 프랑스이다.

2) 국민건강보험방식

국민건강보험방식은 SHI와 마찬가지로 사회연대성을 기반으로 보험의 원리를 도입한 의료보장체계이다. 유럽의 SHI방식과 그 운영방식이 대체로 흡사하지만 국가 내 '보험자(의료에 대한 사회보험 관리운영기구)'가 1개라는 점에서 유럽의 SHI방식과 차이가 있다.

NHI방식의 의료보장체계로 운영하는 대표적인 국가는 한국과 대만을 들 수 있는데,

사회보험의 운영원리를 자국의 사회적 · 경제적 실정에 맞게 적용했다는 점에서 의의가 있다.

3) 국가보건서비스방식

국가보건서비스방식은 '국민의 의료문제는 국가가 모두 책임져야 한다.'는 관점에서 정부가 일반 조세로 재원을 마련하여 모든 국민에게 무상으로 의료를 제공(universal type)하는 국가의 직접적인 의료관장 방식으로 일명 조세방식 또는 베버리지 방식이라고 한다.

의료기관의 상당 부분이 사회화 내지 국유화되어 있으며, 영국의 베버리지가 제안한 이래 영국, 스웨덴, 이탈리아 등이 그 대표적인 국가이다.

NHS방식을 채택하고 있는 나라에서는 소득 수준에 관계없이 모든 국민에게 포괄적이고 균등한 의료를 보장하며 정부가 관리주체로서 의료공급이 공공화되어 의료비 증가에 대한 통제가 강하다(황선영 · 노병일 · 김세원, 2016: 245-246).

2. 진료비 지불제도

건강보험의 관리운영기구(국민건강보험공단)가 의료기관이 건강보험의 가입자에게 제공한 의료서비스의 대가로 지불하는 진료비 지불방법에는 행위별 수가제, 총액계약제, DRG(diagnosis related groups: 포괄수가제)지불제 등이 있다.

1) 행위별 수가제

행위별 수가제는 의료기관이 환자에게 제공한 모든 의료서비스를 항목별로 계산한 다음 그 총액으로 진료비를 책정하는 방법이다. 점수제 또는 성과지불제라고도 한다. 우리나라, 일본, 미국이 이 제도를 택하고 있다.

2) 총액계약제

총액계약제란 통상 보험자와 의료기관이 일정 기준에 따라 진료비총액을 협상하여 이를 의료기관에 일괄 지급하는 방식이다. 대부분의 병원이 정부나 지방정부 소유인 공공병원이거나 민간병원이라도 거의 비영리인 유럽의 경우 병원진료비는 이 총액계약제로 정산하고 있다. 독일, 영국, 미국 등은 의원급에서 이 제도를 택하고 있다.

3) DRG지불제(포괄수가제)

DRG지불제(포괄수가제)란 행위별 수가제하의 지불단위를 포괄화 하는 것을 말한다. 제왕절개수술, 항문과 항문주위수술 등 수술행위별로 진료비를 정액화 하는 방법이다. 현재 우리나라에서는 2013년 7월부터 전국 모든 의료기관에서 7개 질병군을 대상으로 실시하고 있다. 백내장수술(수정체 수술), 편도수술 및 아데노이드 수술, 항문수술(치질 등), 탈장수술(서혜 및 대퇴부), 맹장수술(충수절제술), 제왕절개분만, 자궁 및 자궁부속기(난소, 난관 등)수술(악성종양 제외)이 대상이다.

3. 국민건강보험제도

1) 국민건강보험의 의의

건강보험제도란 우연한 질병이나 부상으로 인하여 일시에 거액의 진료비가 소요되어 가계가 파탄하는 것을 방지하기 위하여 보험원리에 따라 국민이 평상 시 보험료를 내어 기금화 하였다가 보험사고가 발생할 경우 보험급여를 해 줌으로써 국민 상호 간에 위험을 분담하고 의료서비스를 제공하는 사회보장제도이다. 국민건강보험은 「헌법」 제34조에서 규정하는 국민의 인간다운 생활을 할 권리, 즉 국민의 생존권 보장과 국가의 사회복지 증진의무를 실현하기 위한 사회보장제도이다. 다시 말해서, 국가가 개입하여 국민의 기본적인 의료문제를 해결하기 위하여 사회보험이라는 기술 원리를 통하여 개인의 위험을 보험가입자 전원에게 분산하여 의료문제의 경제적 부담을 해소하는 한편, 소득의 재분배적 기능을 가능케 하여 국민의 의료비용을 사회연대성의 원리에 따라 공동체적으로 해결하려는 제도이다. 이를 위하여 「국민건강보험법」을 제정하여 실시하고 있다.

2) 국민건강보험의 기능

(1) 건강보험의 사회연대성

국가 또는 개인의 책임이 아닌 사회 공동의 연대책임을 활용하여 소득재분배 기능과 위험분산의 효과를 거두고, 이를 통하여 사회적 연대를 강화하여 사회통합을 이루는 기능을 수행한다.

(2) 소득재분배 기능의 수행

질병은 개인의 경제생활에 지장을 주어 소득을 떨어뜨리고 다시 건강을 악화시키는 악순환을 초래하므로 건강보험은 각 개인의 능력에 따른 일정한 부담으로 재원을 조성하는 반면에 개별부담과 관계없이 필요에 따라 균등한 급여를 받음으로써 질병발생 시 가계의 경제적 부담을 경감시켜 주는 소득재분배 기능을 수행한다.

(3) 위험분산 기능의 수행

많은 인원을 집단화하여 위험을 분산함으로써 개개인의 부담을 경감하는 기능과 미리 적은 돈을 갹출하여 둠으로써 위험을 시간적으로 분산하는 기능을 수행하고 있다.

3) 건강보험의 특성

(1) 법률에 의한 강제가입

일정한 법적 요건이 충족되면 본인의 의사에 관계없이 강제 적용된다. 보험가입을 기피할 경우 국민 상호 간 위험 부담을 통하여 의료비를 공동으로 해결하고자 하는 건강보험의 목적 실현이 어렵기 때문이다. 또한 질병 위험이 큰 사람만 보험에 가입할 경우 보험재정이 파탄되어 원활한 건강보험 운영이 불가능하기 때문이다.

(2) 부담능력에 따른 보험료의 차등부담

사보험은 급여의 내용, 위험의 정도, 계약의 내용 등에 따라 보험료를 부담하지만 사회보험방식인 건강보험에는 사회적 연대를 기초로 의료비 문제를 해결하려는 것이 목적이므로 소득수준 등 보험료 부담능력에 따라 차등적으로 부담하게 된다.

(3) 보험료 납부의 강제성

가입이 강제적이라는 점에서 강제보험의 실효성을 확보하기 위하여 피보험자에게는 납부의 의무가 주어지며, 보험자에게는 보험료 징수의 강제성이 부여된다.

(4) 단기보험

연금보험과는 달리 1년 단위의 회계연도를 기준으로 수입과 지출을 예정하여 보험료를 계산하며 지급조건과 지급액도 보험료 납입기간과 상관이 없고 지급기간이 단기이다.

4) 제도 내용

(1) 적용대상

건강보험의 적용대상은 사회보장연금의 경우와 거의 같다. 국내에 거주하는 국민으로서 적용대상자가 아닌 자를 제외하고 모든 국민이 가입자 또는 피부양자가 되어 국민건강보험의 적용을 받는다(「국민건강보험법」 제5조). 보험료를 부담하는 자가 가입자이며 이를 피보험자라고 하고 피보험자의 부양가족을 피부양자라고 한다. 피보험자와 피부양자를 합하여 피보험대상자라고 한다. 이와 같이 건강보험의 자격요건은 피보험자와 피부양자이다.

건강보험 적용에 제외되는 자는 「의료급여법」에 따라 의료급여를 받는 자, 「독립유공자 예우에 관한 법률 및 국가유공자 등 예우 및 지원에 관한 법률」에 의하여 의료급여를 받는 자이다(다만 유공자 등 의료보호 대상자 중 건강보험의 적용을 보험자에게 신청한 사람, 건강보험을 적용받고 있던 사람이 유공자 등 의료보호 대상자로 되었으나 건강보험의 적용배제신청을 보험자에게 하지 아니한 사람은 가입자 또는 피부양자가 된다).

외국정부가 사용자인 사업자의 근로자에 대하여는 원칙적으로는 적용제외자이지만 외국정부와의 합의에 따라 적용대상자가 될 수 있다(동법 제109조 참조).

(2) 가입자의 종류

건강보험제도의 가입자는 직장가입자 및 지역가입자로 구분한다(동법 제6조 제1항).

가. 직장가입자

직장가입자는 다음과 같다. 첫째, 근로자 및 사용자이다. 다만 다음의 사람은 직장가입자가 되지 못한다. 즉, 1월 미만의 기간 동안 고용되는 일용근로자, 현역병, 전환복무된 사람 및 군간부, 선거에 의하여 취임하는 공무원으로서 매월 보수 또는 이에 준하는 급료를 받지 아니하는 사람, 그 밖에 사업장의 특성, 고용형태 및 사업의 종류 등을 고려하여 대통령령으로 정하는 사업장의 근로자 및 사용자와 공무원 및 교직원(비상근 근로자, 비상근 교직원 등)(이상 제6조 제2항)이다.

나. 지역가입자

지역가입자는 가입자 중 직장가입자와 그 피부양자를 제외한 자를 말한다(동법 제 조 제3항).

(3) 관리운영조직

가. 보험자

우리나라의 국민건강보험의 관리운영은 공법상의 기구인 국민건강보험공단이 맡고 있고 통합방식을 택하고 있다. 즉, 국민건강보험제도는 사회보험제도의 하나로서 감독 및 최종 책임은 보건복지부장관이 지게 되지만 운영주체인 보험자는 공법인 형태의 국민건강보험공단이다(「국민건강보험법」 제13조).

나. 국민건강보험심사평가원

요양급여비용을 심사하고 요양급여의 적정성을 평가하기 위한 기관으로 건강보험심사평가원을 설립하도록 한다(동법 제62조). 심사평가원은 요양급여비용의 심사, 요양급여의 적정성에 대한 평가, 심사 및 평사기준의 개발 등의 업무를 수행한다(동법 제63조 제1항 참조).

다. 국민건강보험정책심의위원회

종합계획 및 시행계획에 관한 사항, 요양급여의 기준과 요양급여비용 및 직장가입자의 보험료율과 지역가입자의 보험료 부과점수당 금액, 그 밖에 건강보험에 관한 주요 사항으로서 대통령이 정하는 사항을 심의하기 위하여 보건복지부장관 소속하에 건강보험정책심의위원회를 둔다(동법 제4조 제1항).

(4) 보험급여

보험급여에는 현금급여와 현물급여가 있다. 현금급여란 질병이나 출산으로 인하여 일을 중단함으로써 봉급을 받지 못하는 경우 이를 보전해 주는 것을 말하고, 현물급여란 외래진료, 입원진료, 약제, 전문의 진료, 출산, 치과 진료, 환자 후송, 가정보호 등의 의료행위에 대한 비용을 제3자인 보험자가 지불하는 것을 말한다.

우리나라 건강보험급여에는 현물급여인 요양급여와 현금급여인 요양비 지급, 부가급여, 건강검진이 있다(동법 제41조, 제49조, 제50조, 제52조). 이 중에서 요양급여, 건강검진, 요양비 지급은 법정급여라고 한다. 법정급여는 법적 규정에 의하여 일정한 보험사고에 대하여 지급되는 급여이고, 임의급여는 급여의 종류는 법적으로 정해져 있으나 실시 여부는 보험자에게 위임되어 있는 급여를 말한다.

가. 요양급여와 요양비

요양급여는 가입자 및 피부양자의 질병, 부상, 출산 등에 대하여 진찰, 검사, 약제·치료재료의 지급, 처치·수술, 기타의 치료, 예방·재활, 입원, 간호, 이송 등의 급여를 제공한다(동법 제41조). 행위·치료재료, 약제에 대한 요양급여대상 여부의 결정(동법 제41조의3), 약제에 대한 요양급여비용 상한금액의 감액(동법 제41조의2)을 규정하고 있다.

공단은 가입자 또는 피부양자가 보건복지부령이 정하는 긴급, 기타 부득이한 사유로 인하여 요양기관과 유사한 기능을 수행하는 기관으로서 보건복지부령이 정하는 기관(동법 제85조 제1항의 규정에 의한 업무정지처분 기간 중인 요양기관을 포함)에서 질병, 부상, 출산 등에 대하여 요양을 받거나 요양기관 외의 장소에서 출산을 한 때에는 그 요양급여에 상당하는 금액을 보건복지부령이 정하는 바에 의하여 그 가입자 또는 피부양자에게 요양비로 지급한다(동법 제49조 제1항). 요양급여는 현물급여이지만 이런 경우는 예외적으로 현금급여를 인정한 것이다.

나. 건강검진

공단은 가입자 및 피부양자에 대하여 질병의 조기 발견과 그에 따른 요양급여를 하기 위하여 건강검진을 실시한다(동법 제52조). 건강검진은 일반검진, 암검진, 영유아검진으로 구분하여 실시한다. 건강검진을 받을 수 있는 자는 일반검진은 직장가입자, 세대주인 지역가입자, 40세 이상인 지역가입자 및 40세 이상인 피부양자로 하고 암검진은 위의 대상자 중 암종별 특성을 고려하여 검진이 필요한 자로서 보건복지부장관이 고시하는 자로 하며, 영유아 검진은 6세 미만의 가입자 및 피부양자로 한다. 건강검진은 2년마다 1회 이상 실시하되 사무직에 종사하지 아니하는 직장가입자에 대하여는 1년에 1회 실시한다. 다만, 영유아검진은 영유아의 연령을 고려하여 검진 횟수를 보건복지부장관이 고시하는 바에 따라 실시할 수 있다. 건강검진은 「건강검진기본법」 제14조에 따라 지정된 건강검진기관에서 실시해야 한다(동법 시행령 제25조).

다. 부가급여

「국민건강보험법」에서 규정한 급여 이외에 대통령령이 정하는 바에 따라 임신 · 출산진료비, 장제비, 상병수당, 그 밖의 급여를 실시할 수 있다(동법 제50조). 기타의 부가급여는 임신, 출산비로 한다(동법 시행령 제23조 제1항). 공단은 임신과 출산진료비의 지급과 관련하여 이용권을 발급해야 한다(동조 제5항). 공단은 임신과 출산에 관련된 진료에 대하여 이용권을 사용할 수 있는 요양기관을 지정해야 한다(동법 제24조 제1항). 공단은 등록한 장애인인 가입자 및 피부양자에게는 보조기기에 대하여 보험급여를 할 수 있다(동법 제51조).

라. 장애인보조기기 보험급여비

장애인보조기기 보험급여제도는 「장애인복지법」에 의하여 등록된 장애인인 가입자 및 피부양자가 보조기기를 구입할 경우, 구입금액의 일부를 보험급여비로 지급하는 제도이다(동법 제51조 및 시행규칙 26조). 보조기기 유형별 기준금액 한도 내에서 구입금액의 90%를 장애인보조기기급여비로 지급하고 있다. 장애인보조기기는 재료의 재질, 형태, 기능 및 종류에 관계없이 유형별로 내구연한의 기간 내에 1인당 1회에 한하여 보험급여를 인정하고 있다.

장애인보조기기 급여품목은 의지, 보조기, 휠체어, 보청기 등 9개 분류 83개 품목이다. 품목유형으로는 팔의지(15개 품목), 다리의지(12개 품목), 팔보조기(5개 품목), 척추보조기(7개 품목), 골반보조기(1개 품목), 다리보조기(12개 품목), 교정용신발류(1개 품목), 기타보조기기(22개 품목), 소모품(8개 품목)으로 세분화되어 있다(국민건강보험공단 홈페이지).

마. 본인부담상한제

2024년 기준으로는 소득이 가장 낮은 1분위에 87만 원, 가장 소득이 높은 10분위에 808만 원의 상한액을 적용하고 있다. 병원비 중 본인부담금이 상한액을 초과할 경우 초과한 금액은 공단에서 병원에 직접 지급하거나 환자에게 환급하고 있다. 초과금액을 공단이 부담함으로써 가계안정을 도모하고 건강보험의 본연의 보장성을 확보하기 위해 시행된 제도이다(국민건강보험법 제44조 및 동법 시행령 제19조).

(5) 국민건강보험료와 국고 보조

국민건강보험급여와 관련 사업에 사용되는 재원은 사회보험의 기능적 특수성에서 정기적 기여금인 보험료와 보험재정에 대한 정부지원금과 국민건강증진기금이다.

가. 보험료 산정

가) 직장가입자

직장가입자의 소득 능력에 따라 보험료를 부과하며, 전년도 신고한 보수월액으로 보험료를 부과한 후 당해연도 보수총액을 신고받아 정산하는 방식을 채택하고 있다.

2024년 기준 직장가입자의 건강보험료는 보수월액 × 보험료율(7.09%=가입자 3.545%

+사용자 3.545%)이다.

보수월액은 직장가입자가 당해 연도에 받은 보수총액을 근무월수로 나눈 금액이다.

월별 보험료액은 보험료의 일정비율에 해당하는 금액을 고려하여 일정한 기준에 따라 상한 및 하한을 정한다(동법 제69조 제6항, 시행령 제32조 참조). 상한선은 전전년도 직장 평균 보수월액 보험료의 30배(8,481,420원)이며, 하한선은 전전년도 직장평균 보수월액보험료의 1천분의 50 이상 1천분의 85 미만의 범위(19,780원)이다.

나) 지역가입자

지역가입자의 월보험료액은 세대단위로 산정하되, 지역가입자가 속한 세대의 월별 보험료액은 법 제72조(보험료부과점수)의 규정에 의하여 산정한 보험료 부과점수에 법 제73조 제3항(보험료율 등)에 따른 보험료 부과점수당 금액을 곱한 금액으로 한다(동법 제69조 제5항).

보험료 부과점수는 지역가입자의 소득(사업, 임대, 이자, 배당, 근로소득, 연금보험, 저축연금, 기타 소득), 재산(주택, 토지 등 일반재산, 선박, 항공기, 임차보증금 등 전세금, 회원권, 아파트입주권, 현금 · 예금 · 수표 · 보험 등 금융재산, 자동차)을 기준으로 산정하고(동법 제72조 제1항) 대통령령이 정하는 기준에 따라 상 · 하한을 정할 수 있다(동법 제69조, 제6항, 동법 시행령 제32조). 세대당 보험료는 보험료 부과점수(부과요소별 합산점수)× 208.4원(부과점수당 금액)이다.

나. 보험료의 부담

가) 직장가입자

직장가입자의 보험료는 직장가입자가 근로자인 경우에는 소속 사업장의 사업주가, 직장가입자가 공무원인 경우에는 소속된 국가 또는 지방자치단체가 각각 보험료액의 100분의 50을, 직장가입자가 교직원인 경우는 소속 학교경영기관이 100분의 30을, 국가가 100분의 20을 각각 부담하되, 소속학교 경영기관(사립학교 설립운영자)이 그 부담액의 전체를 부담할 수 없을 때에는 그 부족액을 학교에 속하는 회계에서 부담하게 할 수 있다(동법 제76조 제1항).

나) 지역가입자

지역가입자의 보험료는 그 가입자가 속한 세대의 지역가입자 전원이 연대하여 부담한다.

「국민건강보험법」은 벽지 거주 사람, 65세 이상인 사람, 등록 장애인 등 중 보건복지부령으로 정하는 바에 따라 가입자 또는 가입자가 속한 세대의 보험료의 일부를 경감할 수 있다(동법 제75조).

〈표 2-3-1〉 **보험료 산정**

구분	직장가입자	공무원 · 교직원(직장)	지역가입자
보험료	보수월액×보험료율 (7.09%)	보수월액×보험료율 (7.09%)	세대당=보험료부과점수×보험료 부과점수당 금액(208.4원)
부담주체	근로자 50% 사용자 50%	공무원: 공무원 정부 각 50% 사립학교교직원: 교직원 50%, 학교경영자 30%, 국가 · 지방 자치단체 20%	세대 구성원이 지역가입자

출처: 국민건강보험공단(2024).

다. 보험재정에 대한 정부지원

국가는 매년 예산의 범위 안에서 당해연도 보험료 예상 수입액의 100분의 14에 해당하는 금액을 국고에서 공단에 지원한다. 공단은 「국민건강증진법」이 정하는 바에 따라 동법에 따를 국민건강증진기금에서 자금을 지원받을 수 있다. 공단은 지원된 재원을 가입자 및 피부양자에 대한 보험급여, 건강보험사업에 대한 운영비, 보험료 경감에 대한 지원에 사용한다(동법 제108조의 2).

라. 진료비 지불

우리나라의 국민건강보험도 본인부담제를 적용하고 있다. 요양급여에 있어서 본인이 부담해야 할 요양급여비용 부담률은 입원진료, 외래진료 중 의료장비를 이용한 진료, 의료기관별, 금액별로 본인부담의 형태가 다르다. 입원진료는 진료비총액의 20%로 정률제, 외래는 종합병원은 45%에서 50%, 상급종합병원에서는 진찰료총액에 요양급여총액에서 진찰료총액을 뺀 금액을 더한 금액의 60%, 병원은 35%에서 40%, 의원은 10%에서 30%를 환자 본인이 부담한다.

산업재해보상보험제도의 이해

1. 의의

산업재해보상보험은 산업현장에서 활동하는 근로자에게 발생할 수 있는 제반 재해에 대하여 보험방식으로 근로자와 그 가족을 보호하는 한편, 사업주의 위험부담을 경감시키려는 일종의 사회보험이다. 이를 위하여 「산업재해보상보험법」이 제정되어 있다.

여기서 산업재해란 산업현장에서 발생할 수 있는 근로자의 업무상 부상, 질병, 신체장애 또는 사망의 경우를 말한다. 이 산업재해는 산업현장에서 작업 조건이나 여러 환경적 요인으로 인하여 구조적으로 불가피하게 발생한다. 자본주의와 산업의 발달에 따라 각종의 작업병과 같은 업무사의 사고가 크게 증가하고 있다.

「근로기준법」에서도 근로자의 업무상 재해에 대한 사용자의 무과실 보상책임제도를 규정하고 있다. 그러나 「근로기준법」상의 재해보상제도는 사용자가 보상을 하지 않은 경우 일반 「민사소송법」상의 소송 절차에 따라 청구하며 그 보상을 강제 실행하여야 하는데 이러한 민사소송의 소에 대한 청구에는 많은 시간과 경비가 소요되며 경제적 약자인 근로자에게는 불리하다. 따라서 근로자의 업무상 재해에 대하여 보험제도를 도입하여 보험방식으로 해결하여 이러한 근로자의 위험을 해소할 수 있다. 이렇게 하여 생겨난 것이 산업재해보상보험제도이다. 즉, 국가가 보험방식을 통하여 산업재해를 입은 근로자를 치료하거나 산업재해로 인하여 사망한 근로자의 유족들의 생계를 위하여 적절한 보상을 하여 주는 제도가 산업재해보상보험제도이다.

2. 특성

산업재해보상보험은 사회보험의 한 종류로서 사회보험이 가지는 일반적 특성을 가지고 있으나 산업재해보상보험만이 가진 몇 가지 특성이 있다

1) 무과실책임주의

근로자의 업무상 재해에 대하여 사용자에게는 고의 · 과실의 유무를 불문하는 무과실책임주의다. 산재보험은 기본적으로 업무상 사유로 재해를 입은 재해근로자에 대하

여 무과실책임에 입각하여 사업주가 보상책임을 갖는 사업주 책임보험으로서의 특성을 가지고 있다.

2) 사업장단위로 가입

산재보험은 다른 사회보험제도와 달리 사업장단위로만 가입이 이루어지고 개별 근로자의 관리는 별도로 이루어지지 않고 있다. 보험사업에 소요되는 재원인 보험료는 원칙적으로 사업주가 전액 부담한다.

3) 업무수행성과 업무기인성

일반적으로 산업재해는 업무수행성과 업무기인성을 기본 요건으로 하여 업무상 질병, 부상, 사망이 발생하였을 때 급여를 지급한다.

4) 자진 신고 및 자진 납부 원칙

산재보험은 보험관계 성립 등 제반행정이 자진 신고 및 자진 납부를 원칙으로 하고 있다. 재해보상과 관련되는 이의신청을 신속히 하기 위하여 심사 및 재심사 청구제로 운영한다.

5) 현금과 현물급여 모두 제공

산재보험은 현금급여로 제공되는 국민연금과 현물급여를 위주로 제공되는 건강보험과 달리 현금급여와 현물급여가 모두 제공되는 종합적 보상제도로서의 특성을 가진다.

6) 정률보상

산재보험에 의한 재해보상은 일반 법원을 통한 구제와 달리 산업재해로부터 입은 재해를 시급히 복구하여 보호하며 업무상 재해를 당한 근로자를 적기에 확실하게 보상해 준다. 산재보험급여는 재해발생에 따른 손해 전체를 보상하는 것이 아니라 평균임금을 기초로 하는 정률보상방식으로 이행한다.

3. 목적

산업재해보상보험제도의 목적은 산업재해보상보험사업을 행하여 근로자의 재해를 신속하고 공정하게 보상하고, 재해근로자의 재활 및 사회복귀를 촉진하기 위하여 이에 필요한 보호시설을 설치·운영하며 재해 예방, 기타 근로자의 복지증진을 위한 사업을 함으로써 근로자 보호에 이바지함을 목적으로 한다.

근로자의 측면에서는 산업재해를 당한 근로자에게 신속하게 보상함으로써 근로자와 그 가족의 생활안정과 복지를 증진시킨다는 목적이 있다.

사업주의 측면에서는 산업재해로 인한 보상을 사회보험방식으로 해결함으로써 사업주가 감당해야 하는 위험을 분산하게 하고 안정적으로 기업 경영에 전념할 수 있도록 돕는 목적이 있다. 국가사회적 측면에서는 건전한 노동력을 확보, 보전함으로써 경제 발전과 국민복지증진에 기여할 수 있다는 목적이 있다.

4. 주요 내용

1) 적용범위(보험가입자)

(1) 당연적용사업(당연가입자)

「산업재해보상보험법」은 사업의 위험률, 규모 및 장소 등을 고려하여 대통령령으로 정하는 사업(「공무원연금법」 또는 「군인연금법」에 의하여 재해보상이 되는 사업, 「선원법」, 「어선원 및 어선재해보상보험법」 또는 「사립학교 교직원연금법」에 따라 재해보상이 되는 사업, 일정액 미만의 공사사업, 가사서비스업, 위 사업 이외의 사업으로서 상시근로자 수가 1명 미만인 사업, 농업, 임업, 어업, 수렵업 중 법인이 아닌 자의 사업으로서 상시근로자 수가 5인 미만인 사업)을 제외하고 근로자를 사용하는 모든 사업에 적용한다(「산업재해보상보험법」 제6조, 동법 시행령 제2조 제1항). 이와 같이 「산업재해보상보험법」의 적용을 받는 사업을 당연적용사업이라고 하고, 이 사업의 사업주는 당연히 산업재해보상보험의 가입자가 된다(당연가입자).

(2) 임의적용사업(임의가입자)

사업의 위험률, 규모 및 사업장소 등을 참작하여 대통령령에 의하여 「산재보험법」의

적용이 배제되는 사업의 사업주도 근로복지공단의 승인을 얻어 산재보험에 가입할 수 있다. 이러한 경우에 그 사업을 임의적용사업이라고 한다(「고용보험 및 산업재해보상보험의 보험료징수 등에 관한 법률」 제5조 제4항).

(3) 보험가입자의 의무

보험가입자는 개산보험료, 증가개산보험료, 확정보험료 등 보험료의 보고와 납부 및 정산의무, 보험관계의 성립과 소멸신고의무 등을 진다(위 「보험료징수법률」 제17~19조, 제10조 등).

(4) 산업재해보상보험의 수급권자

산재보험은 사업주가 보험가입자가 되지만 보험급여의 수급권자는 업무상 사유에 의한 부상, 질병, 신체장애 또는 사망 등 업무상 재해를 당한 근로자이다. 여기서 근로자란 「근로기준법」에 의한 근로자를 말한다(「산업재해보상보험법」 제5조 제2호). 따라서 업무상 재해를 입은 자가 산재보험의 적용대상이 되는가의 판단은 「근로기준법」상의 근로자로 인정되는가의 여부에 달려 있다.

그리고 「산업재해보상보험법」이 적용되는 사업에서 현장 실습을 하고 있는 학생 및 직업훈련생 중 고용노동부장관이 정하는 현장 실습생은 당해 사업에 적용된 근로자로 본다(동법 제123조). 또 외국에서 행하는 사업에 근로시키기 위하여 파견하는 자, 즉 해외파견자도 우리나라 영역 안의 사업에 사용하는 근로자로 보아 「산재보험법」을 적용할 수 있다(동법 제122조).

2) 보험자(근로복지공단)

산업재해보상보험사업은 고용노동부장관이 관장하지만 구체적인 보험사업은 고용노동부장관의 위탁을 받아 근로복지사업을 효율적으로 수행하기 위하여 설립한 근로복지공단이 행한다(동법 제10조).

근로복지공단은 보험가입자 및 수급권자에 관한 기록의 관리 유지, 보험료, 그 밖의 징수금의 징수, 보험급여의 결정 및 지급, 보험급여에 관한 심사 청구의 심의와 결정, 산업재해보상보험시설의 설치 및 운영, 업무상 재해를 입은 근로자 등의 요양 및 재활, 재활보조기구의 연구 개발, 근로자의 복지증진을 위한 사업, 기타 정부로부터 위탁받은 사업 등을 행한다(동법 제11조).

그리고 산재보험에 관한 중요 사항을 심의하게 하기 위하여 고용노동부장관의 자문기관으로서 산업재해보상보험심의위원회를 둔다.

3) 보험사고

산업재해보상보험의 대상이 되는 보험사고는 업무상 재해이다. 그리고 이 업무상 재해는 업무상의 사유에 의한 근로자의 부상, 질병, 신체장애 또는 사망을 말한다(「산업재해보상보험법」 제5조). 따라서 산재보험급여의 대상이 될 수 있는 가의 여부는 결국 업무상의 재해가 그 요건이다.

업무상 재해의 인정기준에 관하여는 「산업재해보상보험법」 제37조에서 규정하고 있다. 근로자의 사상이 다음의 어느 하나에 해당하는 사유로 부상, 질병 또는 장해가 발생하거나 사망하면 업무상 재해로 본다. 이 경우 업무와 재해 사이에 상당한 인과관계가 있어야 한다(동법 제37조 제1항). 또한 근로자의 고의, 자해행위나 범죄행위 또는 그것이 원인이 되어 발생한 부상, 질병, 장해, 사망은 대통령령이 정하는 사유가 있는 경우를 제외하고는 업무상 재해로 보지 않는다(동법 제37조 제2항). 업무상 재해 사유가 되는 것은 다음과 같다(동법 제37조 제1항 제1호~제3호).

근로자가 근로계약에 따른 업무나 그에 따른 업무를 하던 중 발생한 사고, 사업주가 제공한 시설물 등을 이용하던 중 그 시설물 등의 결함이나 관리 소홀로 발생한 사고, 사업주가 주관하거나 그 지시에 따라 참여한 행사나 행사 준비 중에 발생한 사고, 휴게시간 중 사업주의 지배 관리하에 있다고 볼 수 있는 행위로 발생한 사고, 그 밖에 업무와 관련하여 발생한 사고 등의 업무상 사고나 업무수행 과정에서 유해, 위험요인을 취급하거나 오래 노출되어 발생한 질병, 업무상 부상이 원인이 되어 발생한 질병, 「근로기준법」 제76조의2에 따른 직장 내 괴롭힘, 고객의 폭언 등으로 인한 업무상 정신적 스트레스가 원인이 되어 발생한 질병, 그 밖에 업무와 관련하여 발생한 질병 등의 업무상 질병, 사업주가 제공한 교통수단이나 그에 준하는 교통수단을 이용하는 등 사업주의 지배관리하에서 출퇴근하는 중 발생한 사고, 그 밖에 통상적인 경로와 방법으로 출퇴근하는 중 발생하는 사고의 출퇴근 재해이다. 이 인정 기준은 종래 대법원 판례에서 판정한 업무상의 범위를 참고로 규정한 것이다.

4) 보험급여

(1) 종류

산재보험급여에는 요양급여, 휴업급여, 장해급여, 간병급여, 유족급여, 상병보상연금, 장례비, 직업재활급여 등 8종류가 있다(동법 제36조 제1항).

가. 요양급여

요양급여는 근로자가 업무상 사유에 의하여 부상을 당하거나 질병에 걸린 경우에 당해 근로자에게 지급되는 급여로서 요양급여는 요양비의 전액으로 하되 원칙적으로 현물급여이며, 예외적으로 부득이한 경우에는 요양에 갈음하여 요양비를 지급할 수 있다. 다만 3일 이내에 요양으로 치유될 수 있는 경우에는 요양급여를 지급하지 아니 한다.

요양급여의 범위는 다음과 같다. 진찰 및 검사, 약재 또는 치료 재료와 의지, 기타 보조기의 지급, 처치와 수술 및 그 밖의 치료, 재활 치료, 입원, 간호 및 간병, 이송, 그 밖에 고용노동부령이 정하는 사항 등이다(동법 제40조).

나. 휴업급여

휴업급여는 업무상의 사유에 의하여 부상을 당하거나 질병에 걸려 치유 후 신체 등에 장해가 있는 경우에 당해 근로자에게 지급하는데 이는 대통령령이 정한 장해등급에 따라 장해보상연금 또는 장해보상 일시금으로 지급한다. 노동능력을 완전히 상실한 장해등급(1~3등급)의 근로자에 대하여는 장해보상연금을 지급하고, 장해급여 청구발생 당시 대한민국 국민이 아닌 자로서 외국에 거주하고 있는 근로자에게는 장해보상일시금을 지급한다(동법 제52조~제56조).

다. 장해급여

근로자가 업무상 사유에 의하여 부상을 당하거나 질병에 걸려 치유 후 신체 등에 장해가 있는 경우 해당 근로자에게 지급하는 것이다(동법 제57조).

라. 간병급여

간병급여는 요양급여를 받은 자가 치유 후 의학적으로 상시 또는 수시로 간병이 필요하여 실제로 간병을 받은 자에게 지급하는 급여이다(동법 제61조).

마. 유족급여

유족급여는 근로자가 업무상의 사유에 의하여 사망한 경우에 유족에게 지급하고 유족보상연금 또는 유족보상 일시금으로 하되, 유족보상 일시금은 사망 당시 유족보상연금을 받을 수 있는 자격이 없는 경우에 지급한다. 다만 유족보상연금의 수급자가 원하는 경우에는 유족보상 일시금의 100분의 50에 상당하는 금액을 일시금으로 지급하고 유족보상연금은 100분의 50을 감액하여 지급한다. 유족보상연금을 받을 수 있는 자격이 있는 자는 유족으로서 근로자의 사망 당시 그에 의하여 부양되고 있던 자 중 처(사실혼관계 있는 자 포함)와 남편(사실혼관계에 있는 자 포함), 부모 또는 조부모로서 60세 이상인 자, 자녀 또는 손으로서 18세 미만인 자, 형제자매로서 18세 미만이거나 60세 이상인 자, 위의 경우에 해당하지 아니하는 남편, 자녀, 부모, 손, 조부모 또는 형제자매로서 장애인으로서 고용노동부령이 정하는 장애등급 이상에 해당하는 자로 한다(동법 제62조~제63조).

바. 상병보상연금

상병보상연금은 요양급여를 받은 근로자가 요양개시 후 2년이 경과한 날 이후에 부상 또는 질병이 치유되지 아니하고 그 부상 또는 질병에 의한 폐질의 정도가 대통령령이 정하는 폐질등급 기준에 해당하는 상태가 계속되면 휴업급여 대신 지급한다. 폐질등급은 1급으로부터 3급까지 구분되는데 신체등급의 1급에서 3급까지의 내용과 거의 같은 기준이다. 상병보상연금은 폐질등급에 따라 지급한다. 그러나 근로자가 61세 이후에는 노동능력 등을 고려하여 상병보상연금을 감액하여 지급한다(동법 제66조).

사. 장례비

장례비는 근로자가 업무상의 사유에 의하여 사망한 경우에 평균임금의 120일분에 상당하는 금액을 그 장제를 행하는 자에게 지급한다(동법 제71조).

아. 직업재활급여

직업재활급여란 장해급여를 받는 자 중 취업을 위하여 직업훈련이 필요한 자에게 실시하는 직업훈련 비용 및 직업훈련수당, 장해급여자를 위한 직장복귀 연금, 직장적응훈련비 및 재활운동비를 말한다(동법 제72조).

(2) 보험급여의 산정기준과 지급수준의 보장

가. 보험급여의 산정기준

산업재해보상보험의 급여는 요양급여의 경우에 인정되어 있는 현물급여를 제외하고는 현금급여를 제공하는 경우가 많다. 현금급여는 산업재해보상보험에 따라 재해를 입은 근로자의 임금, 통상임금 및 평균임금 등이 급여산정에 사용된다. 여기서 말하는 임금, 통상임금 및 평균임금은 「근로기준법」에 의한 임금, 평균임금 및 통상임금을 말한다. 만일 「근로기준법」에서도 이러한 내용을 규정하기가 어려운 경우에는 고용노동부장관이 고시하도록 정하였다(「산업재해보상보험법」 제5조 제2호 단서). 대부분의 경우에는 평균임금이 기본적으로 산업재해보상보험의 급여를 산정하는 기준이 되고 있다. 그러나 「산업재해보상보험법」상 현금급여는 각각의 급여 종류에 따라 특별하게 예외적 상황이 많고 거기에 따라 규정되어 있는 경우가 많다.

나. 임금변동순응률제도(슬라이드제도)

「산업재해보상보험법」에 의하여 보험급여산정에 있어서 그 근로자가 소속된 사업과 동일한 직종의 근로자에게 지급되는 통상 임금이 변동되거나 사업의 폐지, 휴업 등 기타 부득이한 사유가 있을 때에는 대통령령이 정하는 기준에 따라 평균임금을 증감할 수 있도록 규정하였다(동법 제36조 제3항, 제4항). 이러한 규정은 매년 임금수준의 변동폭이 크고, 장기적 요양급여를 받고 있는 경우, 재해를 입은 근로자는 재해 당시 평균임금을 기준으로 보험급여를 받게 되어 근로자의 보험급여가 가지는 실질적 가치가 하락될 수밖에 없는데 이것을 방지하기 위한 조치라고 볼 수 있다.

다. 평균임금 산정의 특례

근로자의 근로형태가 특이하거나 진폐 등 특정한 직업병으로 인하여 「근로기준법」상의 평균 임금을 적용하는 것이 적당하지 아니하다고 인정되는 경우에는 대통령령이 정하는 산정방법에 따라 산정한 금액을 평균임금으로 한다(동법 제36조 제5항).

라. 기준보수제도

평균임금 산정에 기초가 되는 임금을 산정함에 있어서 상시 근로자 수가 5인 미만인 사업의 경우, 사업의 폐지, 도산 등으로 임금을 산정하거나 확인하기 곤란한 경우 또는 대통령령이 정하는 사유에 해당하는 경우에는 고용노동부장관이 사업의 규모, 근로형태, 임금수준 등을 고려하여 고시하는 기준보수를 보수로 하도록 하였다(「고용산재보험료징수법」 제3조 참조).

마. 최고 · 최저보상제

보험급여는 재해를 입은 근로자의 평균임금을 기준으로 소정 일수에 상당하는 금액을 지급하는 것이 원칙이다. 따라서 임금수준에 따라 보험급여에 차등이 생기는데 이를 보완하기 위하여 보험급여(장의비 제외)의 산정에 있어서 당해 근로자의 평균임금 또는 특별한 산정기준에 의해 산정한 평균임금이 「고용정책기본법」 제17조의 고용구조 및 인력수요 등에 관한 통계에 따른 상용근로자 5명 이상 사업체의 전체 근로자의 임금평균액의 1.8배(최고보상기준금액)를 초과하지 못하나, 2분의 1(최저보상기준임금액)보다 적으면 그 최고보상기준금액 또는 최저보상기준금액을 각각 당해 근로자의 평균임금으로 하되 최저보상기준금액이 「최저임금법」 제5조 제1항에 따른 시간급 최저임금액에 8을 곱한 금액(최저임금액이라 함)보다 적으면 그 최저임금액을 최저보상기준금액으로 한다. 다만, 휴업급여 및 상병보상연금의 경우에는 최저보상기준금액을 적용하지 않는다(동법 제36조 제7항)고 하여 최고·최저보상제를 채택하고 있다.

5) 보험료

산재보험의 비용의 재원조달은 원칙적으로 사용주의 책임이지만 행정 사무 등을 위하여 약간의 비용을 국가가 부담한다. 산재보험료는 사용주인 보험가입자에게 징수한다. 그런데 산재보험에 관한 업무는 고용노동부장관의 위탁을 받아 근로복지공단이 수행하고 보험료 징수는 고용노동부장관의 위탁을 받아 국민건강보험공단이 징수한다(「고용산재보험료징수법」 제4조). 즉, 보험료 부과는 근로복지공단이 하고 징수는 국민건강보험공단이 한다(부과와 징수의 분리).

보험가입자인 사업주가 부담하는 산업재해 보험료는 사업주가 경영하는 사업에 종사하는 근로자의 개인별 보수총액에 임금 총액에 동법 제14조에 따라 동종의 사업에 적용되는 보험료율을 곱한 금액으로 한다(「고용산재보험료징수법」 제13조 제5항). 임금 총액에 대한 내용은 「근로기준법」에 따른다. 「근로기준법」에 의하면 임금이란 사용자가 근로의 대가로 근로자에게 임금, 봉급, 기타 여하한 명칭으로 지급하는 일체의 금품을 말한다. 흔히 의례적, 호의적 의미에서 근로자에게 지급되는 것은 임금 총액에 포함되지 아니하며, 예컨대 근로자를 위한 복리시설비는 임금에 속하지 않는다. 또한 임시로 지불된 임금과 수당은 임금의 총액에 산입하지 않는다. 그러나 상여금, 연월차 수당, 정기적으로 지급되는 주식보조비, 월동수당, 추석 떡값 등은 임금의 범위에 속한다.

보험료율은 매년 6월 30일 현재 과거 3년간의 보험급여에 소요되는 금액, 재해 예방 및 재해근로자의 복지증진 등에 소요되는 비용, 기타 사정을 고려하여 고용노동부령이 정하는 바에 의하여 사업종류별로 구분, 결정한다(「고용산재보험료징수법」 제14조 제3항). 그러나 보험관계가 성립하여 3년이 되지 아니한 사업에 대한 보험료율은 고용노동부령이 정하는 바에 의하여 위원회의 심의를 거쳐 사업 종류별로 따로 정한다(「고용산재보험료징수법」 제14조 제4항). 그리고 동일 사업장에서 보험료율의 적용사업이 2종 이상 행하여지는 경우에는 그중 근로자 수 및 임금총액 등이 비중이 큰 사업에 적용되는 보험료를 당해 사업장 안의 모든 사업에 적용한다(「고용산재보험료징수법 시행령」 제14조 제1항).

6) 근로복지사업

근로복지사업은 산재보험급여만으로 피해자와 그 가족의 생활안정과 복지증진에 한계가 있음을 인식하여 보다 적극적으로 근로자의 복지증진을 위한 제반 사업을 실시하는 것을 말한다. 고용노동부장관은 근로자의 복지증진을 위하여, 첫째, 업무상의 재해를 입은 근로자의 원활한 사회 복귀를 촉진하기 위한 요양 또는 외과 후 처치에 관한 시설 및 의료재활 또는 직업재활에 관한 시설 등 보험시설의 실시 운영, 둘째, 장학사업 등 재해근로자와 그 유족의 복지증진을 위한 사업, 셋째, 그 밖에 근로자의 복지증진을 위한 시설의 설치와 운영사업 등의 사업을 수행할 수 있도록 하고 있다(동법 제92조 제1항 제1호~제3호). 또한 고용노동부장관은 장해급여를 받은 근로자의 장해 정도를 고려하여 보험가입자가 그 재해근로자(장해급여 또는 진폐보상연금을 받은 자)를 적성에 맞는 업무에 고용하도록 권고하도록 하여(동법 제94조) 장해 근로자의 고용촉진을 유도하고 있다.

고용보험제도의 이해

Chapter 05

1. 목적

고용보험은 실업의 예방, 고용의 촉진 및 근로자의 직업능력의 개발향상을 도모하고, 국가의 직업지도와 직업소개 기능을 강화하며, 근로자가 실업한 경우에 생활에 필요한 급여를 실시함으로써 근로자의 생활안정과 구직활동을 촉진하여 경제사회발전에 이바지함을 목적으로 한다. 이 목적을 달성하기 위한 사업 또는 보험급여는 고용안정사업, 직업능력개발사업, 실업급여, 유아휴직급여, 출산전후휴가급여로 되어 있다.

2. 고용보험의 특성과 기능

1) 특성

(1) 근로자의 생활보장과 고용대책의 통합

고용보험은 근로자의 생활을 보장하는 사회복지정책과 고용정책이 함께 융합된 제도로 볼 수 있다.

(2) 관리운영의 국가 책임

「고용보험법」에서 고용보험은 고용노동부장관이 관장하고 그 비용부담에 있어서도 국가는 매년 보험사업의 관리운영에 소요되는 비용의 전부 또는 일부를 국가의 일반회계에서 부담할 수 있다고 하여 국가 책임을 밝히고 있다(동법 제3조, 제5조 참조). 물론 보험사업에 소요되는 비용에 충당하기 위하여 사업주와 피보험자인 근로자로부터 보험료를 징수하는 3자부담의 원리를 취하고 있으나 관리운영의 최종 책임자는 국가로 볼 수 있다.

(3) 보험사고의 예측이 어려운 사회보험

연금보험료, 의료보험 및 산재보험의 보험사고 발생률이 안정적이며 정확히 예측할 수 있는 데 비하여 고용보험의 경우 실업률은 경기변동과 밀접한 관계에 있으며 이는 다시 경기, 재정, 통화정책 등에 영향을 받기 때문에 보험사고 발생률의 예측이 어렵다. 따라서 고용보험의 경우 재정추계의 어려움 때문에 재정이 불안정하다.

2) 기능

우리나라의 고용보험은 실업자에 대하여 생계를 지원하는 사후구제적 차원의 단순한 실업보험이 아니라 사전적으로 예방, 재취업의 촉진, 잠재인력의 고용 촉진, 직업능력 개발 및 인력수급 원활화 등을 목적으로 하는 적극적 인력정책의 수단으로 도입되었다.

고용보험제도의 기능은, 첫째, 산업구조 조정과정에서 고용 조정을 지원하며 고용안정 및 구조조정을 도모한다. 둘째, 인력 풀의 형성, 국가의 직업안정 기능의 체계화 등을 통하여 인력수급의 원활화를 도모한다. 셋째, 근로자의 직업능력 개발 활성화로 노동 생산성을 향상시키고 기업 경쟁력을 강화한다. 넷째, 실직근로자 생계 안정, 재취업 촉진을 꾀하게 된다. 다섯째, 남북통일에 대비한 적극적 노동시장정책 추진 가능성이다. 독일은 통일 후 고용보험으로 실업증가 문제를 해결하였으므로 고용보험의 시행을 통하여 노동시장의 관리능력을 배양, 통일에 대비할 수 있을 것이다. 여섯째, 경기조절 기능을 들 수 있다.

3. 주요 내용

1) 적용범위

(1) 적용대상 사업장

근로자를 사용하는 모든 사업장이 가입 대상이다. 그러나 산업별 특성 및 규모 등을 고려하여 대통령이 정하는 사업에 대하여는 「고용보험법」을 적용하지 아니한다(동법 제8조 단서). 「고용보험법」 적용대상 사업장에서 제외되는 사업장은 다음과 같다(동법 시행령 제3조 제2항 제1호~제3호).

농업, 임업, 어업 및 수렵업 중 법인이 아닌 자가 상시 4명 이하의 근로자를 사용하는 사업, 총공사금액이 2000만 원 미만인 공사나 연면적 100제곱미터 이하인 건축물의 건축 또는 연면적이 200제곱미터 이하인 건축물의 대수선에 관한 공사, 가구 내 고용활동 및 달리 분류되지 아니한 자기소비 생산활동 등이 적용사업장이다.

(2) 적용제외 근로자

다음의 하나에 해당하는 근로자에 대하여는 「고용보험법」을 적용하지 아니한다. 1월간의 소정 근로시간이 60시간 미만인 자(1주간의 근로시간이 15시간 미만인 자 포함. 다만, 시간제 근로자라도 3월 이상 계속하여 근로를 제공하는 자 및 「고용보험법」 제2조 제6호의 규정에 의한 일용근로자(1월 미만의 기간 동안 고용되는 자)는 「고용보험법」의 적용을 받는다)(동법 제10조 제2호, 동법 시행령 제3호 제1항), 국가공무원 및 지방공무원(다만 대통령령으로 정하는 바에 따라 별정직 및 계약직 공무원의 경우는 본인 의사에 따라 고용보험에 가입할 수 있다), 「사립학교연금법」의 적용을 받는 자, 그 밖에 대통령령이 정하는 자 등은 적용제외 근로자이다(외국인 근로자, 별정직 우체국 직원)(동법 제10조 제1호~제5호). 65세 이후에 고용(65세 전부터 피보험 자격을 유지하던 사람이 65세 이후에 계속 고용된 경우는 제외)되거나 자영업을 개시한 사람에게는 「고용보험법」을 적용하되 제4장 실업급여, 제5장 육아휴직 급여와 출산전후휴가 급여는 적용하지 아니한다(동법 제10조 제2항).

(3) 보험가입자

가. 피보험자와 고용보험의 가입방식

보험가입자는 사업주와 근로자이다(「고용산재보험료징수법」 제5조 제1항). 그러나 실제로 다양한 보험급여를 받는 자는 피보험자이다. 피보험자라 함은 보험에 가입하거나 가입된 것으로 보는 근로자(「고용산재보험료징수법」 제5조 제1항, 제2항, 제6조 제1항, 제8조 제1항, 제2항)와 자영업자(「고용산재보험료징수법」 제49조의2 제1항, 제2항 참조)이다. 고용보험의 가입방식에는 당연가입, 임의가입, 의제가입이 있다. 이하 가입방식을 구체적으로 설명한다.

나. 당연가입

「고용보험법」의 적용대상이 되는 사업의 사업주의 근로자는 당연히 보험가입자가 된다. 이를 당연가입자라고 하고 그 사업을 당연가입 사업장이라고 한다(「고용산재보험료징수법」 제5조 제1항).

다. 임의가입

「고용보험법」 적용제외사업(「고용보험법」 제8조 단서)의 사업주가 근로자 과반수의 동의 및 근로복지공단의 승인을 얻어 그 사업의 사업주와 근로자는 보험에 가입할 수 있는데 이를 임의가입이라고 한다(「고용산재보험료징수법」 제5조 제2항).

라. 의제가입

당연가입자가 되는 적용사업이 사업규모의 변동 등으로 인하여 당연가입의 범위에 속하지 아니하게 된 때에는 그 사업주 및 근로자는 그 해당하게 된 날부터 임의가입한 것으로 본다. 그리고 당연가입이 되는 사업의 사업주가 당해 사업 중에 피보험자인 근로자를 고용하지 아니하게 된 때에는 그날부터 1년의 범위 안에서 피보험자인 근로자를 고용하지 아니한 기간 동안에도 보험에 가입한 것으로 본다. 이러한 경우를 의제가입이라 부른다(「고용산재보험료징수법」 제6조 제1항).

2) 고용보험의 보험자(관장기구)

고용보험의 관장은 고용노동부장관이 담당한다. 그러나 보험사업에 관한 「고용보험법」에서 정한 사항은 고용노동부장관의 위탁을 받아 근로복지공단이 수행하고 보험료 등의 고지 및 수납, 보험료의 체납관리 등 보험료 징수에 관한 업무는 국민건강보험공단이 고용노동부장관의 위탁을 받아 수행한다(「고용산재보험료징수법」 제4조: 부과와 징수의 분리).

3) 보험급여

고용보험의 급여는 크게 고용안정사업, 직업능력개발사업, 실업급여, 육아휴직급여 및 출산전후휴가급여로 구분할 수 있다.

(1) 고용안정사업

고용노동부장관은 피보험자 및 피보험자이었던 자 등의 실업의 예방, 취업의 촉진, 고용기회의 확대, 직업능력 개발·향상의 기회 제공 및 지원, 그 밖에 고용안정과 사업주에 대한 인력확보의 지원을 위하여 고용안정·직업능력개발사업을 실시한다.

고용안정사업에는 고용창출의 지원, 고용조정의 지원, 지역고용의 촉진, 고령자 등의 고용촉진의 지원, 건설근로자 등의 고용안정 지원, 고용안정 및 취업 촉진, 고용촉진 시설에 대한 지원 등이 있다(동법 제19조~제26조 참조).

(2) 직업능력개발사업

여기에는 사업주 지원과 근로자 지원이 있다.

사업주 지원이란 피보험자 등의 직업능력을 개발 향상시키기 위하여 직업능력 개발 훈련을 실시하는 사업주에 대하여 훈련에 필요한 지원을 하는 것을 말한다. 고용노동부장관은 사업주가 기간제근로자, 단시간근로자, 파견근로자, 일용근로자, 고령자 및 준고령자 등에게 직업능력개발훈련을 실시하는 경우에는 우대지원하는 정책을 펴고 있다(동법 제27조 참조). 사업주 지원의 내용은 직업능력개발훈련비용의 지원, 직업능력개발훈련 중 생계비 대부, 직업능력 개발, 훈련시설 · 장비 설치비용 대부 및 지원 등이 있다.

근로자 지원이란 피보험자 등이 직업능력개발훈련을 받거나 직업능력의 개발 · 향상을 위하여 노력하는 경우에는 필요한 비용을 지원하는 것과 피보험자 등의 취업 촉진을 위한 직업능력개발훈련을 실시할 수 있다. 여기에는 근로자 수강지원금의 지원, 근로자 능력개발 카드에 의한 수강 지원, 근로자 능력개발 비용의 대부 및 실업자 취업훈련 지원, 능력개발 비용의 지원 등이 있다(동법 제29조~제32조).

(3) 실업급여

실업급여는 구직급여와 취업촉진수당으로 구분한다. 취업촉진수당은 다시 조기재취업수당, 직업능력개발수당, 광역 구직활동비, 이주비 등으로 나누어진다(동법 제37조).

가. 구직급여(동법 제4장 제2절)

가) 수급요건

① 이직일 이전 18개월간(기준기간)에 피보험 단위기간이 통산하여 180일 이상이 되어야 한다. 피보험단위기간이란 보험급여의 소정급여일수의 산정기준이 되는 기간이며 이직 당시의 사업에서의 피보험기간(고용기간) 중 보수지급의 기초가 된 날을 합산한 기간을 말한다. 이 피보험단위 기간이 구직급여의 수급요건이 된다.

② 근로의 의사와 능력이 있음에도 불구하고 취업하지 못한 상태에 있어야 한다.

③ 이직사유가 피보험자가 동법 제58조에 따른 수급자격의 제한 사유(자기의 중대한 귀책사유로 해고되거나 정당한 사유 없는 자기 사정으로 이직한 경우)에 해당하지 않아야 한다.

④ 재취업을 위한 노력을 적극적으로 해야 한다.

⑤ 제43조에 따른 수급자격 인정신청일이 속한 달의 직전 달 초일부터 수급자격 인정신청일까지의 근로일 수의 합이 같은 기간 동안의 총 일수의 3분의 1 미만이거나 건설일용근로자로서 수급자격 인정신청일 이전 14일간 연속하여 근로내역이 없어야 한다.

⑥ 최종 이직 당시의 기준기간 동안의 피보험 단위기간 중 다른 사업에서 제58조에 따른 수급자격의 제한 사유에 해당하는 사유로 이직한 사실이 있는 경우에는 그 피보험 단위기간 중 90일 이상을 일용근로자로 근로하였을 것 등의 요건을 갖추어야 한다. 피보험자가 이직일 이전 18개월 동안에 질병 · 부상, 그 밖에 대통령령으로 정하는 사유로 계속하여 30일 이상 보수의 지급을 받을 수 없었던 경우에는 18개월에 그 사유로 보수를 받을 수 없었던 일수를 가산한 기간을 기준기간(3년 초과 때에는 3년)으로 한다(이상 동법 제40조).

나) 실업의 신고와 수급자격의 인정

이러한 구직급여를 받고자 하는 자는 이직 후 지체 없이 직업안정기관에 출석하여 실업을 신고해야 한다. 실업 신고에는 구직신청과 앞에서 말한 구직급여 규정에 의한 수급자격의 인정신청을 포함해야 한다.

구직급여를 지급받고자 하는 자는 직업안정기관의 장으로부터 구직급여의 수급요건, 즉 수급자격을 갖추었다는 사실의 인정을 받아야 한다. 직업안정기관의 장은 수급자격의 인정신청을 받은 경우에는 그 신청인에 대한 수급자격의 인정 여부를 결정하고 신청인에게 그 결과를 알려 줘야 한다(이상 동법 제42조, 제43조). 실업급여는 현재 만 64세까지만 인정하고 있다.

다) 피보험 단위기간

피보험 단위기간은 피보험기간 중 보수지급의 기초가 된 날을 합하여 계산한다. 피보험 단위기간을 계산할 때는 최후로 피보험자격을 취득한 날 이전에 직업안정기관의 장으로부터 수급자격을 인정받은 사실이 있는 경우에는 그 수급자격의 인정과 관련된 이직일 이전의 보수지급의 기초가 된 날은 피보험기간에 넣지 아니한다(이상 동법 제41조 참조).

라) 급여기초일액

구직급여의 산정 기초가 되는 임금일액(이하 "기초일액")은 수급자격의 인정과 관련된 마지막 이직 당시 「근로기준법」에 따라 산정된 평균임금으로 한다. 다만 마지막 이직일 3개월 이내에 피보험자격을 취득한 사실이 2회 이상인 경우에는 마지막 이직일 이전 3개월간에 그 근로자에게 지급된 임금총액을 그 산정의 기준이 되는 3개월의 총 일수로 나눈 금액을 기초일액으로 한다(동법 제45조 제1항). 위에서 산정된 금액이 「근로기준법」에 의한 근로자의 통상임금보다 저액일 경우에는 그 통상임금을 기초일액으로 한다. 다만 최종 사업에서 이직 당시 일용근로자이었던 자의 경우에는 그러하지 아니하다(동법 제45조 제2항). 이상에 따른 기초일액을 사정하는 것이 곤란한 경우와 보험료를 「고용산재보험료징수법」 제3조에 따른 기준보수를 기준으로 낸 경우에는 기준보수를 기초일액으로 한다. 다만 보험료를 기준 보수로 낸 경우에도 위의 제1항 및 제2항에 따라 산정한 기초일액이 기준 보수보다 많은 경우에는 그러하지 아니하다(동법 제45조 제3항). 위의 제1항부터 제3항까지의 규정에 불구하고 이들 규정에 의하여 산정한 기초일액이 당해 수급자격자의 이직 전 1일 소정 근로시간에 이직일 당시 적용되던 「최저임금법」에 따른 시간 단위에 해당하는 최저임금액을 곱한 금액(이하 "최저기초일액")보다 낮은 경우에는 최저기초일액을 기초일액으로 한다. 이 경우 이직 전 1일 소정근로시간은 고용노동부령이 정하는 방법에 따라 산정한다(동법 제45조 제4항). 반면에 위의 제1항부터 제3항까지 규정에 불구하고 이들 규정에 의하여 산정된 기초일액이 보험의 취지 및 일반 근로자의 임금수준 등을 고려하여 대통령령이 정하는 금액을 초과하는 경우에는 대통령령이 정하는 금액을 기초일액으로 한다(동법 제45조 제5항, 동법 시행령 제68조). 여기서 말하는 기준임금이란 상시 근로자 수가 5인 미만인 사업의 경우, 사업의 폐업 · 도산 등으로 임금을 산정 · 확인하기 곤란한 경우라든지, 임금관련 자료가 없거나 불명확한 경우, 사업의 이전 등으로 인하여 사업의 소재지 파악이 곤란한 경우 등에 고용노동부장관이 고시하는 금액을 말한다.

마) 구직급여 일액

구직급여 일액은 위의 「고용보험법」 제45조 제1항부터 제3항까지 및 제5항의 경우에는 당해 수급자격의 기초일액에 100분의 60을 곱한 금액으로 한다. 동법 제45조 제4항의 경우에는 당해 수급자격자의 기초일액에 100분의 80을 곱한 금액으로 한다. 이에 따라 산정된 구직급여 일액이 최저 구직급여 일액보다 낮은 경우에는 최저 구직급여 일액을 당해 수급자격자의 구직급여 일액으로 한다(동법 제46조 제2항).

바) 수급기간 · 수급일수 · 국민연금보험료의 지원

구직급여는 「고용보험법」에 따로 규정이 있는 경우를 제외하고는 당해 구직급여의 수급자격과 관련된 이직일의 다음 날로부터 계산하기 시작하여 12개월 내에 소정급여일수를 한도로 하여 지급한다(동법 제48조 제1항).

구직급여는 2주간 전에 1회씩 실업의 인정을 받은 일수분을 지급하는데 수급자격자 거주지 관할 직업안정기관에 출석하는 최초의 실업인정일에 구직급여를 지급받기를 원하는 금융기관의 계좌를 지정하여 신고하면 그 계좌로 지급하게 되어 있다(동법 시행령 제75조).

고용노동부장관은 「국민연금법」 제19조의2 제1항에 따라 구직급여를 받는 기간을 국민연금가입기간으로 추가 산입하려는 수급자격자에게 국민연금보험료의 일부를 지원할 수 있다(동법 제55조의2 참조).

나. 취업촉진수당(이하 동법 제4장 제2절 참조)

가) 조기 재취업수당

조기 재취업수당은 구직급여를 지급받고 있던 수급자격자가 빠른 시일 내에 안정된 직업에 재취업하는 경우에 지급하며, 동법 제64조제3항에 따른 조기재취업 수당의 금액은 구직급여일액에 미지급일수의 2분의 1을 곱한 금액으로 한다.

나) 직업능력개발수당

직업능력개발수당은 수급자격자가 직업안정기관의 장이 지시한 직업능력개발훈련 등을 받는 경우에 그 직업능력개발훈련 등을 받는 기간에 대하여 지급한다. 동법 제65조 제3항에 따른 직업능력개발 수당의 금액은 교통비, 식대 등 직업훈련 등의 수강에 필요한 비용을 고려하여 고용노동부장관이 결정하여 고시하는 금액으로 한다.

다) 광역 구직활동비

광역 구직활동비는 수급자가 거주하는 지역에서는 재취업이 어려워, 수급자격자가 직업안정기관의 소개에 따라 광범위한 지역에 구직활동을 하는 경우로서, 구직활동에 소요되는 비용을 수당으로 지급한다. 수급자격자의 거주지로부터 구직활동을 위하여 방문하는 사업장까지의 거리는 고용노동부령이 정하는 거리(25킬로미터) 이상이며, 동법 제66조제1항에 따른 광역 구직활동비는 운임과 숙박료에 준하는 금액을 지급한다.

라) 이주비

이주비는 수급자격자가 취업하거나 직업안정기관의 장이 지시한 직업능력개발훈련 등을 받기 위하여 그 주거를 이전하는 경우로서 대통령령이 정하는 기준에 따라 직업안정기관의 장이 필요하다고 인정하면 지급할 수 있다. 동법 제67조에 따른 이주비의 금액은 수급자격자 및 그 수급자격자에 의존하여 생계를 유지하는 동거 친족의 이주에 일반적으로 드는 비용이다.

다. 자영업자인 피보험자에 대한 실업급여 적용의 특례(동법 제4장 제4절 참조)

고용보험에 가입하거나 가입된 것으로 보는 자영업자인 피보험자에 대한 실업급여를 적용함에 있어서 실업급여의 종류는 다른 피보험자의 경우에 따르되 연장급여와 조기 재취업수당은 제외한다.

(4) 육아휴직 급여(동법 제5장 제1절 참조)

고용노동부장관은 남녀 고용평등과 일·가정 양립지원에 관한 법률 제19조에 따른 육아휴직을 30일 이상 부여받은 피보험자 중, 육아휴직을 시작한 날 이전에 피보험단위기간이 통산하여 180일 이상이고, 제41조에 따른 피보험 단위기간이 합산하여 180일 이상인 피보험자에게 육아휴직 급여를 지급한다.

(5) 출산전후휴가 급여(동법 제5장 제2절 참조)

고용노동부장관은 「남녀평등과 일 · 가정 양립지원에 관한 법률」의 제18조 규정에 의하여 피보험자가 「근로기준법」 제74조 규정에 따른 산전 또는 유산 · 사산휴가를 부여받은 경우로서, 첫째, 출산전후휴가가 끝난 날 이전에 피보험단위기간이 통산하여 180일 이상이어야 하고, 둘째, 휴가를 시작한 날 이후 1개월부터 휴가가 끝난 날 이후 12개월 이내에 신청해야 하는 등의 요건을 갖춘 경우에 출산전후휴가 등의 급여를 지급한다.

4) 보험료와 비용

(1) 보험료

고용보험제도의 보험사업에 소요되는 비용에 충당하기 위하여 사업주와 피보험자인 근로자로부터 고용안정사업 · 직업능력개발사업 및 실업급여의 보험료를 징수한다(「고용산재보험료징수법」 제13조 제1항 제1호).

가. 보험료의 산정과 부담

피보험자인 근로자가 부담해야 하는 고용보험료는 자기의 보수의 총액에 「고용산재보험료징수법」 제14조 제1항에 따른 실업급여의 보험료율의 2분의 1을 곱한 금액으로 한다(「고용산재보험료징수법」 제13조 제2항). 사업주가 부담하여야 하는 고용보험료는 당해 사업에 종사하는 피보험자인 근로자의 보수의 총액에 고용안정사업·직업능력개발사업의 보험료를 곱한 금액, 실업급여의 보험료율의 2분의 1을 곱한 금액을 합한 금액이다(「고용산재보험료징수법」 제13조 제4항).

즉, 근로자는 실업급여 2분의 1을 부담하고 사용자는 실업급여 소요비용의 2분의 1과 고용안정 및 직업능력개발사업에 소요되는 비용을 부담하고 있다. 다만 65세 이후에 고용되거나 자영업을 개시한 자에 대하여는 고용보험료 중 실업급여의 보험료를 징수하지 아니한다(「고용산재보험료징수법」 제13조 제3항).

〈표 2-5-1〉 **보험료 산정 및 부담**

사업별	보험료 산정내용	부담내용
실업급여	피보험자(일용근로자 제외)임금총액 × 보험료율	노사가 각 1/2씩 부담. 다만, 사업주로부터 임금을 지급받지 않은 경우에는 근로가가 부담
고용안정사업	피보험자(일용근로자 포함) 임금총액 × 보험료율	사업주가 전액부담
직업능력개발사업		

출처: 서보준 외(2023).

나. 보험료율

고용보험료율은 보험수지의 추이와 경제 상황을 고려하여 1000분의 30의 범위 내에서 고용안정사업의 보험료율, 직업능력개발사업의 보험료율 및 실업급여의 보험료율로 구분하여 대통령령으로 정한다(「고용산재보험료징수법」 제14조 제1항). 대통령령에 의한 고용보험료율은 다음과 같다.

〈표 2-5-2〉 **2024년 보험사업별 고용보험료율 및 부담**

구분		노동자	사업주
실업급여		0.9%	0.9%
고용안정, 직업능력 개발사업	150인 미만 기업	−	0.25%
	150 이상 기업(우선 지원대상 기업)	−	0.45%
	150 이상 ~ 1000인 미만 기업(우선 지원대상 기업 제외)	−	0.65%
	1000인 이상 기업 및 국가, 지방자치단체가 직접 행하는 사업	−	0.85%

출처: 고용보험 홈페이지.

(2) 고용보험기금

고용노동부장관은 보험사업에 필요한 재원에 충당하기 위하여 고용보험기금을 설치할 수 있으며, 기금은 보험료와 징수금, 적립금, 기금운용수익금, 그 밖의 수입으로 조성한다. 기금은 고용노동부장관이 관리 운용하고 기금의 관리 운용에 관한 세부사항은 「국가재정법」에 따른다(이상 동법 제78조, 제79조 참조).

고용기금은 고용안정 및 직업능력개발사업에 필요한 경비, 실업급여의 지급, 육아휴직급여 및 출산전후휴가급여의 지급, 보험료의 반환, 일시차입금의 상환금과 이자 등의 용도로 사용된다(동법 제80조 참조).

(3) 국고의 부담

국가는 매년 보험사업의 관리 · 운영에 소용되는 비용의 전부 또는 일부를 일반 회계에서 부담할 수 있다(동법 제5조).

노인장기요양보험제도의 이해

Chapter 06

1. 도입 배경

우리나라의 만 65세 이상의 노인인구는 2010년에 10.3%로 고령화사회에 진입했고 2018년에 14%로 고령사회로 진입하게 되었고, 2024년에는 19.2%이며, 2025년에는 20.6%이상(KOSIS 국가통계포털)으로 초고령사회로 진입할 것이 예상되어 세계에서 유례가 없을 정도로 빠르게 고령화가 진행되고 있다. 이러한 고령화에 따라 치매, 중풍 등 일상생활이 어려운 노인의 수도 날로 증가하고 있으나, 가족의 소규모화와 여성의 사회참여 증가 등으로 장기요양이 필요한 노인을 가정에서 돌보는 것이 어렵고 노인 돌봄의 비용부담이 과중하여 노인장기요양 문제는 우리 사회가 시급히 해결해야 할 심각한 사회문제로 대두되고 있는 실정이다.

노인의 간병, 장기요양 문제를 사회적 연대원리에 따라 정부와 사회(국가, 지방자치단체, 가입자의 보험료, 수급자 본인 일부부담)가 공동으로 해결하는 노인장기요양보험제도를 도입하여 노인의 노후생활을 도모하고 그 가족의 부양부담을 덜어 줌으로써 국민의 삶의 질을 향상하려는 것이다.

「노인장기요양보험법」은 2007년 4월 27일에 법률 제8403호로 공포되고 장기요양보험 등 요양급여관련 규정은 2007년 7월 1일부터 시행하게 되었다. 그 외의 규정은 2007년 10월 1일부터 시행하였다. 그 후 여러 차례 개정되었다.

2. 주요 내용

1) 목적과 정의

노인장기요양보험은 고령이나 노인성 질병 등의 사유로 일상생활을 혼자 수행하기 어려운 노인 등에게 제공하는 신체활동 또는 가사활동 지원 등의 장기요양급여에 관한 사항을 규정하여 노후의 건강증진 및 생활안정을 도모하고 그 가족의 부담을 덜어 줌으로써 국민의 삶의 질을 향상하도록 함을 목적으로 한다(「노인장기요양보험법」 제1조). 여기서 노인 등이라 함은 65세 이상의 노인 또는 65세 미만의 자로서 치매, 뇌혈관성 질환 등 대통령령이 정하는 노인성 질병을 가진 자를 말한다. 장기요양급여란 6개월 이상 혼자서 일상생활을 수행하기 어렵다고 인정되는 자에게 신체활동, 가사활동의 지원 또는 간병 등의 서비스나 이에 갈음하여 지급하는 현금 등을 말한다. 장기요양사업이란 장기요양보험료, 국가 및 지방자치단체의 부담금 등을 재원으로 하여 노인 등에게 장기요양급여를 제공하는 사업을 말한다. 장기요양기관이란 재가급여 또는 시설급여 제공기관으로 지정받은 기관으로서 장기요양급여를 제공하는 기관을 말한다(동법 제2조 참조).

2) 장기요양급여의 제공원칙과 국가 및 지방자치단체의 책무

(1) 기본원칙

장기요양급여는 노인 등의 심신상태, 생활환경과 노인 등 및 그 가족의 욕구, 선택을 종합적으로 고려하여 필요한 범위 안에서 이를 제공해야 한다. 또 노인 등이 가족과 함께 생활하면서 장기요양급여를 받는 재가급여를 우선적으로 제공하여야 한다. 장기요양급여는 심신상태나 건강 등이 악화되지 아니하도록 의료서비스와 연계하여 이를 제공하여야 한다(동법 제3조).

(2) 국가 및 지방자치단체의 책무 등

국가 및 지방자치단체는 노인이 일상생활을 혼자서 수행할 수 있는 온전한 심신상태를 유지하는 데 필요한 사업을 실시해야 한다. 국가는 노인성 질환 예방사업을 수행하는 지방자치단체 또는 「국민건강보험법」에 따른 국민건강보험공단에 대하여 이에 소요되는 비용을 지원할 수 있다. 국가 및 지방자치단체는 노인인구 및 지역 특성 등을 고려하여 장기요양급여가 원활하게 제공될 수 있도록 충분한 수의 장기요양기관을 확충하고 장기요양기관의 설립을 지원해야 한다. 국가 및 지방자치단체는 장기요양급여가 원활히 제공될 수 있도록 공단에 필요한 행정적 또는 재정적 지원을 할 수 있다. 국가 및 지방자치단체는 장기요양요원(장기요양기관에 소속되어 노인 등의 신체활동 또는 가사활동지원 등의 업무를 수행하는 자: 동법 제2조 제5호)의 처우를 개선하고 복지를 증진하며 지위를 향상시키기 위하여 적극적으로 노력하여야 한다(동법 제4조).

(3) 장기요양급여에 대한 국가정책 방향 및 실태조사

국가는 장기요양 기본계획을 수립, 시행함에 있어서 노인뿐만 아니라 장애인 등 일상생활을 혼자서 수행하기 어려운 모든 국민이 장기요양급여, 신체활동지원서비스 등을 제공받을 수 있도록 노력하고 나아가 이들의 생활안정과 자립을 지원할 수 있는 시책을 강구해야 한다(동법 제5조). 보건복지부장관은 노인 등에 대한 장기요양급여를 원활하게 제공하기 위하여 5년 단위로 연도별 장기요양급여 대상인원 및 재원조달 계획, 연도별 장기요양기관 및 장기요양 전문인력 관리방안, 장기요양요원의 처우에 관한 사항 등에 대하여 장기요양 기본계획을 수립, 시행해야 한다(동법 제6조 참조).

보건복지부장관은 장기요양사업의 실태를 파악하기 위하여 3년마다 장기요양인정에 관한 사항, 장기요양수급자의 규모 · 그 급여수준 · 만족도에 관한 사항, 장기요양기관 등에 관한 사항, 장기요양요원의 근로조건, 처우 및 규모에 관한 사항에 관한 조사를 정기적으로 실시하고 그 결과를 공표하여야 한다(동법 제6조의2).

3) 장기요양보험료의 징수와 산정

국민건강보험공단은 장기요양사업에 소요되는 비용에 충당하기 위하여 국민건강보험가입자(국민)에게 장기요양보험료를 징수한다. 이 장기요양보험료는 국민건강보험료와 통합하여 징수한다(동법 제8조).

장기요양보험료는 건강보험료에서 경감 또는 면제되는 비용을 공제한 금액에 장기요양보험료율을 곱하여 산정한 금액으로 한다. 장기요양보험료율은 장기요양위원회의 심의를 거쳐 대통령령으로 정한다(동법 제9조 참조).

4) 장기요양인정의 신청자격과 산정

장기요양을 받기 위해서는 그 신청자격을 정할 필요가 있다. 따라서 장기요양인정을 신청할 수 있는 자는 장기요양 가입자 또는 그 피부양자, 「의료급여법」에 따른 수급권자 중 65세 이상의 노인 또는 65세 미만의 자로서 치매, 뇌혈관성 질환 등 대통령령이 정하는 노인성 질병을 가진 자로 하고 있다(동법 제12조). 이 규정을 통하여 장기요양급여를 필요로 하는 노인 및 노인성 질병을 가진 국민에게 장기요양급여가 제공되도록 함으로써 노인장기요양제도의 실효성을 확보할 수 있을 것으로 기대한다. 장기요양인정을 신청하는 자는 장기요양신청서에 의사(또는 한의사)소견서를 첨부하여 공단에 제출해야 한다. 이 장기요양신청에 대하여는 신청인의 심신상태, 신청인에게 필요한 장기요양급여의 종류 및 내용을 소속 직원으로 하여금 조사하게 해야 한다(동법 제13조 제14조).

국민건강보험공단은 위 조사가 완료된 때 조사결과서, 신청서, 의사소견서 등 심의에 필요한 자료를 장기요양등급판정위원회에 제출하여 등급판정위원회는 대통령령이 정하는 등급판정기준에 따라 수급자로 판정한다(동법 제15조). 등급에는 1, 2, 3등급, 4등급, 5등급, 장기요양인지지원등급이 있다(동법 시행령 제7조 제1항). 공단은 장기요양급여를 받을 수 있는 자가 부정한 방법 또는 고의 사고 유발, 본인의 위법행위에 기인하여 장기요양인정을 받은 경우에 해당하는 것으로 의심되는 경우에는 조사하여 그 결과를 등급판정위원회에 제출하여야 한다(동법 제15조 제4항).

5) 장기요양급여

(1) 종류

공단은 장기요양신청서에 의하여 등급판정위원회의 심의를 거쳐 장기요양등급, 장기요양급여의 종류 및 내용이 포함된 장기요양인정서를 작성하여 수급자에게 송부해야 한다(동법 제17조). 따라서 수급자가 받을 수 있는 장기요양급여의 종류를 구체적으로 정할 필요가 있는데 이 법은 장기요양급여의 종류를 재가급여, 시설급여, 특별현금급여로 구분하고 있다.

가. 재가급여

재가급여는 가정에서 장기요양원이 제공하는 요양급여이다. 여기에는 장기요양요원이 수급자의 가정을 방문하여 신체활동 및 가사활동을 지원하는 방문요양, 장기요양요원이 목욕장비를 갖춘 장비를 이용하여 수급자의 가정 등을 방문하여 목욕을 제공하는 방문목욕, 장기요양요원인 간호사 등이 의사 · 한의사 · 치과의사의 지시서(방문간호지시서)에 따라 수급자 등의 가정 등을 방문하여 간호 · 진료의 보조 · 요양에 관한 상담 또는 구강위생 등을 제공하는 방문간호, 하루 중 일정시간 동안 주야간보호시설을 이용하여 신체활동지원 · 심신기능의 유지향상을 위한 교육 · 훈련 등을 제공하는 주야간보호, 단기보호시설에 입소시켜 주야간보호와 같은 요양서비스를 제공하는 단기보호, 기타 재가급여 등이 있다(동법 제23조 제1항 제1호).

나. 시설급여

시설급여는 장기요양기관에 장기간 입소한 수급자에게 신체활동 지원 및 심신기능의 유지 · 향상을 위한 교육 · 훈련 등을 제공하는 장기요양급여이다(동조 제2호).

다. 특별 현금급여

특별 현금급여는 가족장기요양급여(도서 · 벽지 등 요양시설이 부족한 경우 등 불가피하게 가족 등으로부터 요양을 받는 경우), 특례요양비(장기요양기관이 아닌 노인요양시설에서 장기요양급여를 받은 경우), 요양병원간병비에 지원되는 현금급여이다(동조 제3호).

장기요양급여는 월 한도액 범위 안에서 제공한다. 이 경우 월 한도액은 장기요양등급 및 장기요양급여의 종류 등을 고려하여 산정한다(동법 제28조 제1항). 월 한도액의 산정기준 및 방법은 보건복지부령으로 정한다.

(2) 장기요양기관 및 시설의 지정 및 설치

재가급여 또는 시설급여를 제공하는 장기요양기관을 운영하려는 자는 관할 특별자치시장 · 특별자치도지사 · 시장 · 군수 · 구청장으로부터 지정을 받아야 한다(동법 제31조 제1항). 시설급여를 제공할 수 있는 장기요양기관으로는 「노인복지법」 제34조 제1항 제1호에 따른 노인요양시설로서 「노인장기요양보험법」 제31조에 따라 지정받은 장기요양기관, 「노인복지법」 위 제2호에 따른 노인요양공동생활가정으로서 「노인장기요양보험법」 제31조에 따라 지정받은 장기요양기관이 있다.

가. 노인요양시설

치매, 중풍 등 노인성 질병 등으로 심신에 상당한 장애가 발생하여 도움을 필요로하는 노인을 입소시켜 급식, 요양과 그 밖의 일상생활에 필요한 편의를 제공함을 목적으로 하는 시설을 말한다.

나. 노인요양공동생활가정

중풍, 치매 등과 같은 노인성 질환으로 인해 심신에 상당한 장애가 발생한 노인들에게 가정과 같은 주거환경에서 요양, 급식, 일상생활에 필요한 편의와 서비스를 제공하는 시설이다.

6) 장기요양보험의 재정

노인장기요양보험의 재정은 국민건강보험가입자인 국민의 장기요양보험료, 본인부담금, 그리고 국가지원금으로 충당한다. 사회보장 특히 노약자에 대하여는 국가가 이를 보장할 「헌법」상의 의무가 있으므로 장기요양 사업비용에 대한 국가와 지방자치단체의 부담액에 관하여 정할 필요가 있다.

국가는 매년 예산의 범위 안에서 당해연도 장기요양보험료 예상수입액의 20%에 상당하는 금액을 국고에서 국민건강보험공단에 지원하도록 하고 국가와 지방자치단체는 의료수급권자의 장기요양급여비용, 의사소견서 발급비용, 방문간호지시서 발급비용 중 국민건강보험공단이 부담해야 할 비용과 관리운영비의 전액을 대통령령이 정하는 바에 따라 각각 분담하도록 한다.

재가급여 수급자는 재가장기요양급여비용의 15%, 시설급여 수급자는 시설 장기요양 급여비용의 20%를 부담하되, 국민기초생활수급권자는 이를 부담하지 아니하며 의료수급권자, 소득 및 재산이 일정액 이하인 자, 생계곤란자 등은 본인일부 부담금의 1/2를 감경하도록 한다(동법 제40조).

7) 전달체계

장기요양급여수급자의 인정절차는 신청－방문조사－등급판정의 3단계로 구성되어 있다. 세부적으로는 신청－방문조사－조사표입력에 따라서 1차 판정－의사소견서 제출 예외자 통보－의사소견서 제출－등급판정위원회 개최－장기요양인정서 및 표준장기이용계획서 통보－서비스이용 등의 과정을 거친다.

그리고 장기요양기관의 서비스전달체계 및 비용 청구 지급체계는 장기요양 가입자(건강보험가입자)가 공단(국민건강보험공단)에 보험료를 납부하고, 요양 욕구가 발생할 때 등급판정을 신청한다. 그리고 장기요양 사업자(요양시설 및 재가시설)에게는 서비스 신청을 하고 각종 서비스를 제공받는다. 장기요양서비스 사업자는 공단에 서비스 비용을 청구하고 공단은 이를 심사한 다음 지급한다.

이러한 요양서비스를 제공하는 전문인력이 필요한데 이를 위하여 장기요양요원(요양보호사, 간호사, 간호조무사로서 장기요양기관에 소속되어 노인 등의 신체활동 또는 가사활동 지원업무를 수행하는 자)를 두고 이를 양성하는 제도적 장치를 마련하고 있다. 이 가운데 요양보호사에 대하여는 「노인복지법」에서 상세히 규정하고 있는데 「노인복지법」상의 요양보호사는 주로 노인장기요양기관에서 요양서비스를 제공하는 임무를 맡고 있고, 특히 재가요양기관인 재가복지시설에서 방문요양 · 방문목욕 등의 장기요양업무를 담당하고 있다.

빈곤과 공공부조정책

1. 공공부조의 개념

공공부조는 사회보장제도의 하나로서 모든 국민이 인간다운 생활을 영위하도록 하기 위해 국가 및 지방자치단체의 책임하에 생활유지능력이 없거나 어려운 국민의 최저생활을 보장하고 자립을 지원하는 제도이다.

우리나라의 공공부조에는 국민기초생활보장제도와 의료급여제도 등이 있다.

공공부조는 국민의 빈곤을 지원하는 제도이므로 빈곤이 공공부조의 전제가 되어 있다. 따라서 빈곤의 개념을 살펴보고자 한다.

2. 빈곤의 개념

빈곤에는 절대적 빈곤과 상대적 빈곤, 주관적 빈곤, 사회문화적 빈곤 등이 있다.

1) 빈곤의 개념

(1) 절대적 빈곤

절대적 빈곤은 최저생활을 유지할 수 없는 수준을 말한다. 즉, 최소한의 육체적 생존에 필요한 의식주를 해결하지 못한 상태를 말한다.

가족의 소득이 생물학적 효율성을 유지하기에도 부족한 수준, 즉 기초생필품도 구입할 능력도 안 되는 수준뿐만 아니라 기초 생필품을 구입할 능력은 있지만 소득의 일부를 다른 용도로 잘못 사용하는 경우도 포함하여 최저생활을 유지할 수 없는 수준이 되는 것을 말한다. 절대빈곤을 측정하는 방식으로는 전물량방식과 반물량방식이 있다.

(2) 상대적 빈곤

상대적 빈곤이란 한 사회의 평균적인 생활수준에 비교하여 빈곤을 규정하는 것이다. 상대적 빈곤은 현대사회의 특징으로 사회 · 문화 · 경제생활의 향상과 발전 및 풍요로운 생활에서도 나타나는 불평등 혹은 상대적 박탈(relative deprivation)을 의미한다. 상대적 빈곤을 측정하는 방법으로는 평균소득(mean income)이나 중위소득(median income)의 일정 소득이하를 빈곤으로 정의하거나 전체 소득 분포상에서 일정 수준이하를 빈곤으로 정의하거나 또는 상대적 박탈감에 따라 빈곤을 정의한다(서보준 외, 2023). 학자에 따라 평균소득, 중위소득의 40, 50, 60%를 상대적 빈곤기준선으로 사용한다. 상대적 빈곤선으로 중위소득의 50%를 많이 사용하고 있다(생각의 마을, 2023: 320).

(3) 주관적 빈곤

주관적 빈곤은 사회의 일반적 생활수준과는 관련 없이 본인 스스로 빈곤하다고 느끼는 상태를 말한다. 즉, 자기의 생활상태에 대해서 사람들이 가지는 느낌이 중요한 의미를 지닌다. 주관적 빈곤을 측정하는 방법으로는 여론조사에 의한 방법과 라이덴(Leyden)방법이 있다(한국사회복지행정학회, 2007: 301).

(4) 사회문화적 빈곤

산업화와 함께 실직자, 시간제 노동자, 비정규직 등 불안정한 직업을 가지고 있거나 노인, 환자, 장애인, 다자녀 가족, 한부모가정 등이 새로운 형태의 빈곤층이 증가하고 있다. 이들은 사회문화적 삶에 가치가 있는 자원의 사용으로부터 다차원적으로 배제되고 있다. 이들은 사회문화적 삶에 가치가 있는 자원이란 물질적 최저생활의 충족뿐만 아니라 지역의 복지수준과 관련된 경제적, 사회적, 문화적, 정치적 활동을 위한 자원을 의미한다. 따라서 사회문화적 빈곤을 줄이기 위해서는 의식주에 대한 인간의 기본 욕구, 사회문화적으로 인간다운 삶을 영위하기 위한 최소한의 재화, 가족의 정신적 및 심리적 안정 등이 충족되어야 한다(안홍순, 2012: 269-270).

3. 빈곤의 측정

빈곤은 공공부조의 운용의 기초가 되는데 이를 측정하는 것이 중요하다. 빈곤의 측정방법에는 예산기준방식, 오샨스키(Orshansky) 척도, 여론합의방식, 가계지출방식 등이 있다.

1) 예산기준방식

예산기준방식이란 빈민의 소비지출을 마켓 바스켓 방식으로 구성한 다음 이를 합산하여 빈곤선을 정하는 방법이다. 전물량방식이라고도 한다.

전물량방식은 장바구니(market basket) 방식이라고도 하는데 라운트리(Rowntree)의 1차적 빈곤과 2차적 빈곤으로 구분한 데에서 기인하고 있다. 그는 총수입이 육체적 효율성의 유지에 필요한 최저수준 이하의 상태를 1차적 빈곤이라고 정의하고, 음식, 연료, 주거, 의복 등과 같은 물량의 가격을 계산하였다. 그리고 2차적 빈곤은 음주, 도박, 부주의, 낭비 등과 같이 빈민의 잘못된 생활태도에 의해서 발생하는 것으로 정의하였다.

라운트리는 절대적 빈곤을 측정하는 기준으로 한 삶의 1일 평균 영양필요량을 추정하고, 그 영양필요량을 구입하기 위해 필요한 각종 음식물과 물품의 목록과 양을 결정한다. 그리고 그것을 구매하는 데 필요한 시장가격을 환산한 후에 가족 수를 고려하고 최저한의 피복비 · 연료비 · 잡비 등을 가산하였다.

현재 우리나라 국민기초생활보장제도에서 최저생계비는 라운트리의 전물량방식으로 측정하고 있다. 그리고 3년마다 최저생계비 계측조사를 실시한 후 최저생계비에 물가상승률을 적용하여 최저생계비를 산정하고 있다(서보준 외, 2023).

2) 오샨스키 척도

오샨스키 척도는 최저생계비 개념에 입각하여 빈곤을 측정하는 방법으로서 1960년대 초 미국의 오샨스키가 개발한 것이다. 먼저 영양학적 기준을 충족시키는 데 필요한 최저한의 식품비를 계산하고 다음에 가구의 실질적인 생활비 분석을 통해 엥겔계수를 구한다. 마지막으로 엥겔계수를 이론적 식품비에 적용하여 전체 생계비를 계산한다. 엥겔계수로 생계비를 추정한다는 점에서 반물량방식이라고 한다.

미국의 3인 이상 가구의 엥겔계수(엥겔지수, 가구소득 또는 가구지출 중 식료품비가 차지하는 비중, 국가, 시대, 소득수준에 따라 달라짐)가 대개 3분의 1이라는 점에 착안해서 최저한의 식료품비를 계산한 후 여기에 3(엥겔계수의 역)을 곱해 빈곤선 계산에 활용되고 있다. 실제로 오샨스키는 최소한의 식품 마켓 바스켓을 구성하여 산출한 저소득층의 최저식품비의 3배로 빈곤을 정했다. 미국의 사회보장청에 의해 채택되어 지금까지도 미국의 공식 빈곤선 계산에 활용되고 있다(사회복지교육연구센터, 2022 참조).

3) 여론합의방식

빈곤을 정하고 측정하는 일을 전문가에게 맡길 경우 빈곤선에 포함시킨 항목에 대해 시민들이 이의를 제기할 수 있다. 이를 피하기 위한 가장 좋은 방법이 여론에 따라 빈곤선을 정하는 것이다. 이를 여론합의방식이라고 한다.

즉, 빈곤을 정의하고 측정하는 것을 전문가 집단에게 위임하는 것이 아니라 일반인의 여론에 따라 하는 것이다. 예를 들어, 여론조사를 통하여 “빈곤에서 벗어나기 위해서는 어느 정도의 소득이 있어야 하는가?”(빈민의 소득에 대한 합의), 또는 “표준생계를 위해서 꼭 필요한 생필품 항목은 무엇인가?(생필품 항목에 대한 합의)를 물어 빈곤선을 계산해 내는 것이다. 이때 중요한 것은 전문가의 견해나 주변에서 관찰되는 생계수준이 아니라 일반인이 생각하는 사회 전체의 견해이다(원석조, 2018: 391).

4) 가계지출방식

가계지출방식이란 상대적 빈곤의 개념에 입각하여 빈곤선을 정하는 방법으로서 전체 인구의 가계지출 평균치에 의거하여 빈곤선을 정하는 것이다. 이 방식은 가계지출에 관한 자세하고도 신뢰할 만한 자료가 있어야 하고 또 자료가 정기적으로 개선되어야만 가능하다.

영국은 1988년부터 이 방식을 채택하고 있다. 영국은 매년 가계지출조사를 실시하고 있으며, 평균가계소득의 40% 이하를 빈곤선으로 정하고 있다. 그러나 엄격히 말해서 이런 방식은 상대빈곤을 측정하는 것이라기보다는 사회보장의 최저급여수준을 정하는 방법이라고 보는 것이 더 정확할 것이다(원석조, 2018: 391-392).

4. 국민기초생활보장정책

1) 의의와 목적

국민기초생활보장정책은 국민의 생존권 보장을 목적으로 이들의 최저생활을 보장하는 정책이다. 이는 생활이 어려운 자에게 필요한 급여를 행하여 이들의 최저생활을 보장하고 자활을 조성하는 것을 목적으로 한다.

2) 기본원칙

(1) 생존권 보장의 구체화 원리

생활이 어려운 국민이 국가의 보호를 받는 것은 국가의 행정 시책의 결과로서 초래되는 반사적 이익이나 은혜가 아니라, 「헌법」상의 생존권에 근거를 둔 구체적인 권리로서 보장받는 것이므로 다음과 같은 원리를 그 기본으로 하고 있다.

가. 공공책임의 원리

일상생활이 어려운 국민의 생존권을 보장하는 일이 국가의 책무이므로 국민기초생활보장은 국가나 지방자치단체의 공공책임으로 간주한다. 「국민기초생활보장법」은 보장기관을 이 법에 의한 급여를 행하는 지방자치단체장과 시장, 군수, 구청장으로 규정하여 공공책임을 분명히 규정하고 있다.

나. 최저보장수준의 원리

「국민기초생활보장법」에 의하여 실시되는 급여는 건강하고 문화적인 최저생활을 유지할 수 있는 수준이어야 한다. 구체적 급여의 기준은 국민의 소득 · 지출 수준과 수급권자의 가구 유형 등 생활실태, 물가상승률 등을 고려하여 급여의 종류별로 공표하는 금액이나 보장수준을 말하는 최저보장수준에 기초하여야 한다. 보건복지부장관 또는 중앙행정기관의 장은 급여의 종류별 수급권자 선정기준 및 최저보장수준을 결정하여야 한다(동법 제2조 제6호, 제6조 제1항).

다. 보충성의 원리

「국민기초생활보장법」에 의한 급여는 수급자가 자신의 생활의 유지, 향상을 위하여 그 소득, 재산, 근로능력 등을 활용하여 최대한 노력하는 것을 전제로 이를 보충, 발전시키는 것을 기본원칙으로 한다(동법 제3조 제1항).

자본주의 사회에서는 생활의 자기 책임 또는 자율의 원칙을 중시하며, 또 때로는 부양의무자로 하여금 최대한 부양하도록 한 다음, 이러한 노력이 실패로 돌아갔을 때 국가가 최후로 보충적으로 지원하는 것을 당연시한다. 다른 한편 수급자가 자신의 생활유지를 위해 최선의 노력을 하였는지를 판단하기 위하여 행하여지는 수급권자, 부양의무자의 소득, 재산조사는 이러한 배경에서 이루어져야 하는 것이고 다만, 그 과정에서 수치심이나 인격의 손상을 입지 않도록 해야 한다.

라. 타법우선의 원리

부양의무자의 부양과 기타 다른 법령에 의한 보호는 「국민기초생활보장법」에 의한 급여에 우선하여 행하여지는 것으로 한다(동법 제3조 제2항). 이것이 타법우선의 원리이다. 그러나 다른 법령에 의한 보호의 수준이 「국민기초생활보장법」에서 정하는 수준에 이르지 아니하는 경우에는 나머지 부분에 관하여 이 법에 의한 급여를 받을 권리를 잃지 아니하다(동법 제3조 제2항 단서).

마. 자립조장의 원리

국민기초생활보장은 자활과 자립의 조장을 직접 목적으로 한다(동법 제3조).

바. 무차별평등의 원칙

국민기초생활보장에서 제공되는 급여는 무차별 평등하게 행하여져야 하며 생활 빈곤의 주관적 원인을 묻지 않고 생활 유지가 어려운 상태라는 객관적 요건만 있으면 된다. 무차별평등의 원리는 「국민기초생활보장법」상의 급여를 받을 자격이 법적으로 평등하게 된다는 원리이고 급여를 제공하는 급여수준은 차등적으로 보호대상자의 연령, 가구규모, 거주지역, 기타 생활여건, 수급자의 소득인정에 따라 지급될 수 있다.

(2) 보장실시상의 원칙

가. 신청주의 원칙

기초생활보장급여는 신청주의를 원칙으로 한다. 수급권자와 그 친족, 기타 관계인은 관할 시장, 군수, 구청장에게 수급권자에 대한 급여를 신청할 수 있다. 한편 사회복지전담공무원은 「기초생활보장법」에 의한 급여를 필요로 하는 자가 누락되지 않도록 하기 위하여 관할 지역 내에 거주하는 수급권자에 대한 급여를 직권으로 신청할 수 있다. 이 경우 수급권자의 동의를 구하여야 하며 이를 수급권자의 신청으로 볼 수 있다.

나. 필요 즉응의 원칙

급여 정도의 기준은 보건복지부장관이 수급권자 및 수급자의 연령, 세대구성, 거주지역, 기타 생활여건 등을 고려하여 실제의 필요에 상응하도록 정한다. 이 원칙의 취지는 구체적으로 급여를 실시할 경우에 급여기준이 기계적으로 야기되는 폐해를 회피하기 위한 것이라고 할 수 있다.

다. 개별가구 단위급여의 원칙

급여의 실시는 개별가구 단위로 행하되 특히 필요하다고 인정하는 경우에는 개인단위로 할 수 있다.

3) 특성

국민기초생활급여는 사회보험급여와는 달리 무기여로 국가에 의해 수급자에게 제공되는 급여이다. 이것은 국민이라는 자격으로 생존권을 보장받을 수 있다는 데 근거를 두고 있고 수급권 역시 기본적 권리로 인정된다. 국민기초생활의 급여내용은 다양하지만 핵심내용은 생계 유지와 생활보장이라는 것에 목적을 둔다. 그러므로 경제적 급여를 기반으로 하면서 다양한 형태의 급여가 제공된다. 국민기초생활급여의 재원은 보통 일반조세로 충당한다. 보험료 혹은 기여금에 의해서 마련되는 사회보험제도와는 다르고 일반 조세로 충당되는 사회복지서비스와는 유사점을 가지고 있다.

기초생활급여는 보건복지부장관이 최저생계비를 계측하여 이를 토대로 급여의 종류별로 최저보장수준 또는 금액을 공표한다. 그리고 수급자를 결정하는 생계급여 산정의 기초가 되는 기준 중위소득을 결정해야 한다.

4) 기초생활보장정책의 주요 내용

(1) 수급권자와 수급자(정책의 적용대상)

가. 개념과 범위

「국민기초생활보장법」의 보호대상은 수급권자와 수급자이다. 수급권자란 이 법에 의하여 급여를 받을 수 있는 자격을 가진 자(동법 제2조 제1호)이다. 수급자란 「국민기초생활보장법」에 의해 급여를 받는 자(동법 제2조 제2호)를 말한다. 수급자는 수급권자와 그 친족, 기타 관계인이 된다(동법 제21조 제1항). 국내에 체류하고 있는 외국인 중 대한민국 국민과 혼인하여 본인 또는 배우자가 임신 중이거나 미성년자녀를 양육하고 있거나 배우자의 대한민국 국적인 직계존속과 생계나 주거를 같이 하고 있는 사람으로서 대통령령으로 정하는 사람이 이 법에 따른 급여를 받을 자격을 가진 경우에는 수급권자가 된다.

나. 수급자의 권리와 의무

수급자는 급여를 받을 권리가 있고 수급자에 대한 급여는 정당한 사유 없이 이를 불리하게 변경할 수 없으며 수급자에게 지급된 수급품과 이를 받을 권리는 압류할 수 없다.

수급자는 급여를 받을 권리를 타인에게 양도할 수 없고 거주지역, 세대의 구성에 변동이 있거나 재산상황 등에 현저한 변동이 있는 때에는 지체 없이 관할보장기관에 이를 신고해야 한다.

(2) 급여의 종류

급여는 생계급여, 주거급여, 의료급여, 교육급여, 해산급여, 장제급여, 자활급여 등이 있다(동법 제7조 제1항).

가. 생계급여

생계급여는 수급자에게 의복, 음식물 및 연료비와 그 밖에 일상생활에 기본적으로 필요한 금품을 지급하여 그 생계를 유지하게 하는 것으로 한다(동법 제8조 제1항). 생계급여 수급권자는 부양의무자가 없거나, 부양의무자가 있어도 부양능력이 없거나 부양을 받을 수 없는 사람으로서 그 소득인정액이 중앙생활보장위원회의 심의를 거쳐 결정하는 금액 이하인 사람으로 한다. 이 경우 생계급여 산정기준은 기준 중위소득의 30% 이상으로 한다(동법 제8조 제1항, 제2항).

생계급여액은 생계급여 최저보장수준(대상자 선정기준)에서 가구의 소득인정액을 차감한 금액이다.

생계급여액 = 생계급여 최저보장수준(대상자 선정기준) – 소득인정액

〈표 2-7-1〉 **2024년 생계급여 최저보장 수준 및 선정기준: 기준 중위소득의 32%에 해당**

가구규모	1인 가구	2인 가구	3인 가구	4인 가구	5인 가구	6인 가구	7인 가구
기준 중위소득	2,228,445	3,682,609	4,714,657	5,729,913	6,695,735	7,618,369	8,514,994
생계급여 선정기준 (기준 중위소득 32% 이하)	713,102	1,178,435	1,508,690	1,833,572	2,142,635	2,437,878	2,724,798

※ 8인 이상 가구의 선정 및 급여기준 : 7인가구 생계급여 선정기준액에서 6인가구 생계급여 선정기준액을 차감한 금액인 286,920원을 추가함(8인가구 생계급여 선정기준액 3,011,718원)
출처: 보건복지부(2024a: 251).

나. 주거급여

주거급여의 산정기준은 기준중위소득의 46% 이상으로 한다. 주거급여는 수급자에게 주거 안정에 필요한 임차료, 수선유지비, 그 밖의 수급품을 지급한다(동법 제11조). 2024년 현재 기준 주거급여의 산정기준은 48%로 적용되고 있다(국토교통부(2024: 5).

다. 의료급여

의료급여의 산정기준은 기준중위소득의 40% 이상이다(동법 제12조의3 제2항). 의료급여는 수급자에게 건강한 생활을 유지하는 데 필요한 각종 검사 및 치료 등을 지급하는 것으로 한다(동법 제12조의3 제1항).

라. 교육급여

교육급여 산정기준은 기준중위소득의 50% 이상이다(동법 제12조 제3항). 교육급여는 수급자에게 입학금, 수업료, 학용품비, 그 밖의 수급품을 지급하는 것으로 하되, 학교의 종류 · 범위 등에 관하여 필요한 사항은 대통령령으로 정한다(동법 제12조 제1항).

마. 해산급여

생계 · 의료 · 주거급여 수급자가 출산(출산예정 포함)한 경우 조산 및 분만 전과 분만 후의 필요한 조치와 보호를 한다. 1인당 700천 원을 현금으로 지급하며, 추가 출생영아 1인당 700천 원을 추가지급(쌍둥이 출산 시 1,400천 원 지급)한다.

바. 장제급여

생계 · 의료 · 주거급여 수급자가 사망한 경우 사체의 검안 · 운반 · 화장 또는 매장 기타 장제조치를 행하는 데 필요한 금품을 지급한다. 1구당 800천 원 지급하며, 단, 금전지급이 적당하지 아니하다고 인정되는 경우 물품 지급이 가능하다.

사. 자활급여

자활급여는 수급자의 자활을 돕기 위하여 다음과 같은 급여를 실시한다.

① 자활에 필요한 금품의 지급 또는 대여

② 자활에 필요한 근로능력의 향상 및 기능습득의 지원

③ 취업알선 등 정보의 제공

④ 자활을 위한 근로기회의 제공

⑤ 자활에 필요한 시설 및 장비의 대여

⑥ 창업교육, 기능훈련 및 기술 · 경영 지도 등 창업지원

⑦ 자활에 필요한 자산형성 지원

그 밖에 대통령령으로 정하는 자활을 위한 각종 지원을 한다.

(3) 부양의무자

부양의무자란 수급권자를 부양할 책임이 있는 자로서 수급권자의 1촌의 직계혈족 및 그 배우자를 말한다. 다만 사망한 1촌의 직계혈족의 배우자는 제외한다(동법 제2조 제5호). 부양의무자 기준이 적용되는 수급자 종류는 의료급여이며, 생계급여 · 주거급여 · 교육급여는 부양의무자 기준이 적용되지 않는다. 단, 부양의무자의 연 소득 1억 원(월 소득 834만 원) 또는 일반재산 9억 원을 초과하는 경우 생계급여 대상에서 제외된다.

다음의 요건에 해당하는 자는 부양의무자 기준에 충족한다.

① 부양의무자가 없는 경우

② 부양의무자가 있어도 부양능력이 없는 경우

③ 부양의무자가 부양능력이 미약한 경우로 수급권자에 대한 부양비 지원을 전제로 부양능력이 없는 것으로 인정하는 경우

④ 부양의무자가 있어도 부양을 받을 수 없는 경우

(4) 소득인정액

수급권자를 결정하는 궁극적인 기준이 되는 소득인정액이란 개별가구의 소득평가액과 재산의 소득환산액을 합산한 금액을 말한다(동법 제2조 제9호). 개별가구란 이 법에 따른 급여를 받거나 이 법에 따른 자격요건 부합 여부에 관한 조사를 받는 기본단위로서 수급자 또는 수급권자로 구성된 가구를 말한다(동법 제2조 제8호).

재산의 소득환산액이란 보장기관(국가 또는 지방자치단체)이 급여의 결정 및 실시

등에 사용하기 위하여 개별가구의 재산가액에 소득환산율을 곱하여 산출한 금액을 말한다. 이 경우 개별가구의 재산 범위, 재산가액의 산정기준 및 소득환산율, 기타 필요한 사항에 관하여는 대통령령으로 정한다(동법 제6조의3 제3항).

가구의 소득인 가구의 소득인정액을 "가구규모별 · 급여종류별 선정기준"과 비교하여 급여종류별로 수급자 선정 및 생계 · 주거급여액 결정한다.

〈표 2-7-2〉 2024년 가구규모별 · 급여종류별 수급자 선정기준

가구규모	1인 가구	2인 가구	3인 가구	4인 가구	5인 가구	6인 가구	7인 가구
생계급여 선정기준 (기준중위소득 32% 이하)	713,102	1,178,435	1,508,690	1,833,572	2,142,635	2,437,878	2,724,798
의료급여 선정기준 (기준중위소득 40% 이하)	891,378	1,473,044	1,885,863	2,291,965	2,678,294	3,047,348	3,405,998
주거급여 선정기준 (기준중위소득 48% 이하)	1,069,65	1,767,652	2,263,035	2,750,358	3,213,953	3,656,817	4,087,197
교육급여 선정기준 (기준중위소득 50% 이하)	1,114,223	1,841,305	2,357,329	2,864,957	3,347,868	3,809,185	4,257,497

※ 생계급여 수급자 선정기준 기준 중위소득 32%는 동시에 생계급여 지급기준에 해당

※ 8인 이상 가구의 급여별 선정기준: 1인 증가 시마다 7인 가구 기준과 6인 가구 기준의 차이를 7인 가구 기준에 더하여 산정

–8인 가구 생계급여수급자 선정기준: 3,011,718원=2,724,798원(7인기준)+286,920원(7인기준 – 6인기준)

출처: 보건복지부(2024a: 50–51).

(5) 최저보장수준의 결정

국민기초생활의 급여를 받기 위해서는 앞의 요건을 충족하고 그 소득인정액이 기준중위소득의 일정 비율 이하이어야 한다. 이는 앞에서 말한 최저보장수준이 되도록 급

여를 실시한다. 이를 위하여 보건복지부장관 또는 중앙행정기관의 장은 급여 종류별 선정기준 및 최저보장수준을 결정하여야 한다(동법 제6조 제1항). 이 최저보장수준은 최저생계비를 계측하여 이를 토대로 보건복지부장관 또는 중앙행정기관의 장은 급여의 종류별로 최저보장수준을 공표하여야 한다(동조 제2항). 최저생계비란 국민이 건강하고 문화적인 생활을 유지하기 위하여 최소한의 비용으로서 보건복지부장관이 계측하는 금액을 말한다(동법 제2조 7호). 보건복지부장관은 매년 8월 1일까지 중앙생활보장위원회의 심의 의결을 거쳐 다음 연도의 최저생계비를 공표해야 한다(동법 제6조 제2항).

(6) 국민기초생활의 보장기관과 보장위원회

가. 보장기관

「국민기초생활보장법」에 의한 국가 또는 지방자치단체를 보장기관이라 한다. 그러나 실제 급여는 수급권자 또는 수급자의 거주지를 관할하는 특별시장, 광역시장, 도지사(시 · 도지사)와 시장 · 군수 · 구청장이 행한다. 다만, 보건복지부장관과 시 · 도지사는 수급자를 각각 국가 또는 당해 지방자치단체가 경영하는 보장시설에 입소하게 하거나 다른 보장시설에 위탁하여 급여를 행할 수 있다.

나. 보장시설

보장시설이라 함은 급여를 행하는 사회복지시설 중 장애인 거주시설, 노인 주거복지시설 및 의료복지시설, 아동복지시설 및 그 통합시설, 정신질환자 정신요양시설 및 정신재활시설, 노숙인 재활시설 및 노숙인 요양시설, 가정폭력 피해자보호시설 등 보건복지부령이 정하는 시설이다(동법 제32조).

다. 생활보장위원회

국민기초생활보장사업을 기획하고 조사하며 그 실시에 관한 구체적인 사항을 심의하고 의결하기 위하여 보건복지부에 중앙생활위원회를 두고 시 · 도(특별시, 광역시 · 도) 및 시 · 군 · 구에 생활보장위원회를 둔다. 중앙생활보장위원회는 기초생활보장 종합계획의 수립, 소득인정액 산정방식과 기준 중위소득의 결정, 급여의 종류별 수급자 선정기준과 최저보장수준의 결정, 급여기준의 적정성 등 평가와 실태조사에 관한 사항, 급여종류별 누락 종목, 차상위 계층의 지원사업 등에 대한 조정, 자활기금의 적립 관리 및 사용에 관한 지침의 수립, 그 밖에 위원장이 회의에 부치는 사항 등을 심의 · 의결한다. 2015년 7월부터 시행된 맞춤형 기초생활제도에 따라 소득액이 최저생계비에 못 미칠 경우에만 생계 · 의료 · 주거 · 교육급여를 한꺼번에 다 받을 수 있었던 종전의 제도에서 중위소득 기준으로 각 급여(생계 · 의료 · 주거 · 교육)의 수혜대상을 결정한다. 시 · 도 및 시 · 군 · 구 생활보장위원회는 중앙보장위원회의 결정에 따라 그 지역의 생활보장사업에 관한 구체적인 사항을 심의 결정한다(이상 동법 제20조).

(7) 청년희망키움통장 가입자에 대한 저축액 지원

가. 제도 개요

일하는 청년 생계 수급자가 청년희망키움통장을 통해 본인의 가처분 소득 감소 없이 자산을 축적하고, 청년의 자립을 위한 특화된 금융교육과 복지서비스 및 근로유인보상 체계의 결합으로 빈곤의 대물림을 예방하기 위한 제도이다.

나. 지원대상

일하는 생계급여 수급 가구원 중 신청 당시 본인의 총 근로 · 사업 소득(보장기관 확인소득 제외)이 1인 가구 기준중위소득의 30% 이하인 청년(15~39세)이다.

다. 지원내용

근로사업소득 공제액 10만 원과 근로소득장려금을 지원한다. 통장 가입 청년의 근로 · 사업소득에서 공제한 10만 원을 청년희망키움통장에 저축하면, 본인의 근로 · 사업소득 대비 일정비율의 근로소득장려금을 매칭 · 적립하여 준다(보건복지부, 2024a: 260-261 참조).

근로소득장려금 = 청년 총 소득 × 45%(근로소득장려금 월 최대 지원액 523,000원)

(8) 청년내일저축계좌 가입자에 대한 저축액 지원

가. 제도 개요

청년에 저축을 통한 자산형성을 지원하여 청년이 교육, 주거, 창업 등 미래에 투자하고, 위기에 대비할 수 있도록 지원한다.

나. 지원대상

연간 근로 · 사업소득이 600만원 초과~2,400만원 이하이며, 기준 중위소득 100% 이하이며, 재산이 대도시 3.5억원, 중소도시 2억원, 농어촌 1.7억원 이하인 만 19~34세 청년이다. 단 수급자차상위자는 15~39세까지 허용한다.

다. 지원내용

본인적립금(10만 원)을 저축하면 1:1 정부매칭 지원(단, 수급자 · 차상위 청년은 1:3 정부매칭지원)한다.

라. 지원요건

매월 10만원 이상 저축하고, 3년간 근로활동을 지속하며, 교육이수와 자금사용계획서 요건을 충족하면 근로소득장려금 360만원 지원하며, 수급자 · 차상위자는 1,080만원을 지원한다(보건복지부, 2024a: 261 참조).

5. 의료보장정책

1) 의의와 목적

생활이 어려운 빈곤계층에 대하여 의료급여를 국가가 무상 또는 일부 유상 실비로 제공함으로써 사회복지를 증진하고자 하는 공공부조제도이다. 이를 위하여 「의료급여법」이 제정되어 있다. 의료보장정책은 생활유지의 능력이 없거나 생활이 어려운 자에게 의료급여를 실시함으로써 국민보건의 향상과 사회복지의 증진에 이바지함을 목적으로 한다.

현대사회에서 질병과 장애의 치료와 재활은 가정이나 개인에게 무거운 부담을 지우게 된다. 특히 소득이 단절되거나 소득능력을 상실한 사람들이 의료비를 스스로 부담한다는 것은 매우 어려울 뿐만 아니라 건강 회복을 불가능하게 함으로써 고통과 빈곤을 악순환하게 하는 원인이 되기도 한다. 이러한 배경에서 「의료급여법」은 생활유지능력이 없는 사람들에게 무료 또는 실비의 의료급여를 제공함으로써 건강의 회복과 동시에 사회복지를 증진시키는 의료급여제도이다.

2) 주요 내용

(1) 수급권자

수급권자라 함은 「의료급여법」에 따라 의료급여를 받을 수 있는 자격을 가진 자를 말한다. 즉, 「국민기초생활보장법」에 의한 의료급여 수급권자, 「재해구호법」에 의한 이재민, 「의사상자 등 예우 및 지원에 관한 법률」에 따라 의료급여를 받는 사람, 「입양특례법」에 따라 국내에 입양된 18세 미만의 아동, 「독립유공자 예우에 관한 법률 및 국가유공자 등 예우에 관한 법률」, 「보훈대상자 지원에 관한 법률」의 적용을 받고 있는 사람과 그 가족으로서 국가보훈처장이 의료보호가 필요하다고 추천한 자 중 보건복지부장관이 의료보호가 필요하다고 인정한 사람, 「무형문화재 보전 및 진흥에 관한 법률」에 따라 지정된 중요 국가무형문화재의 보유자 및 그 가족으로서 문화재청장이 의료보호가 필요하다고 추천한 사람 중 보건복지부장관이 의료보호가 필요하다고 인정한 사람, 「북한이탈주민의 보호정착지원에 관한 법률」의 적용을 받고 있는 사람과 그 가족으로서 보건복지부장관이 의료보호가 필요하다고 인정한 사람, 「광주민주화운동 관련자 보상에 관한 법률」 제8조에 따라 보상금 등을 받은 사람과 그 가족으로서 보건복지부장관이 의료보호가 필요하다고 인정하는 사람, 「노숙인 등의 복지 및 자립지원에 관한 법률」에 따른 노숙인 등으로서 보건복지부장관이 의료급여가 필요하다고 인정한 사람, 그 밖에 생활유지능력이 없거나 생활이 어려운 자로서 대통령령이 정하는 사람, 「난민법」에 따른 난민인정자로서 「국민기초생활보장법」 제12조의3 제2항에 따른 의료급여 수급권자의 범위에 해당하는 사람 등이 수급권자이다(이상 동법 제3조의2).

수급권자는 1종과 2종으로 구분하여 규정하고 있다(「의료급여법 시행령」 제3조 제1항). 수급권자가 다른 법령에 의하여 의료급여를 받고 있는 경우에는 「의료급여법」에 의한 의료급여는 하지 아니한다(「의료급여법」 제4조).

(2) 실시기관

실시기관은 의료보호급여를 제공하거나 이것을 바르게 실천할 수 있도록 감시 · 감독 등의 전체적 책임을 가진 기관 전체를 말한다. 그 기능에 따라 보장기관, 의료급여심의위원회, 의료급여기관 등으로 나눌 수 있다.

의료급여의 최종적인 보장기관은 보건복지부장관이지만 실천적인 수행책임은 수급자의 거주지를 관할하는 특별시장, 광역시장, 도지사와 시장, 군수, 구청장이 진다(동법 제5조). 그리고 일선 행정기관의 담당공무원이 이를 실행한다. 따라서 의료보장기관은 보건복지부장관, 시장 · 군수 · 구청장 그리고 담당행정공무원이다.

보건복지부와 시 · 도 및 시 · 군 · 구에 의료급여사업에 관한 필요한 사항을 심의하기 위하여 의료급여심의위원회를 둔다.

의료급여는 의료기관에서 제공한다. 이를 의료급여기관이라고 한다. 의료급여를 수급권자에게 제공하는 의료기관은 제1차, 제2차, 제3차 의료급여기관으로 나누어진다. 제1차 의료기관은 주로 통원서비스를 제공하는 기관이며 제2차 의료기관은 입원서비스를 주로 하는 기관이며 제3차 의료기관은 특수진료를 전담하는 기관이다. 의료급여기관에는 「의료법」에 의한 의료기관, 보건소 · 보건의료원 및 보건지소, 농어촌 보건진료소, 한국희귀의약품센터 등이 있다. 이 의료기관이 곧 제1차 의료급여기관(의료기관의 경우에는 시장, 군수, 구청장에게 개설신고를 한 의료기관)이 된다. 제2차 의료급여기관은 「의료법」에 의하여 시 · 도지사가 개설허가를 한 의료기관, 제3차 의료급여기관은 제2차 의료기관 중 보건복지부장관이 지정한 기관이다. 의료기관별로 진료범위가 정해져 있다(「의료급여법 시행규칙」 제16조 참조).

(3) 의료급여의 내용

의료급여수급권자의 질병, 부상, 출산 등에 대한 의료급여의 내용은 진찰, 검사, 처치 및 수술과 그 밖의 치료, 예방과 재활, 입원, 간호, 이송 등이다. 의료급여의 방법, 절차, 범위, 상한 등의 기준에 관하여는 국민건강보험요양급여의 기준에 관한 규칙에 규정되어 있고 의료수가 기준과 그 계산방법은 보건복지부장관이 정한다(동법 제7조).

(4) 급여비용

급여비용은 전부 또는 일부를 의료급여기금에서 부담하되 의료급여기금에서 일부를 부담하는 경우 그 나머지의 비용은 본인이 부담한다. 의료급여기관은 의료급여기금에서 부담하는 급여비용의 지급을 시장, 군수, 구청장에게 청구할 수 있다(이상 동법 제10조, 제11조).

「의료급여법」에 의한 급여비용의 재원에 충당하기 위하여 시 · 도에 의료급여기금을 설치한다. 기금은 국고보조금, 지방자치단체의 출연금, 상환받은 대불금, 징수한 부당이득금, 당해 기금의 결산상 잉여금과 기타 수입금으로 조성한다. 국가와 지방자치단체는 기금운영에 필요한 충분한 예산을 확보해야 한다(「의료급여법」 제25조).

6. 긴급복지지원제도

1) 목적

생계곤란 등의 위기상황에 처하여 도움이 필요한 자를 신속하게 지원함으로써 이들이 위기상황에서 벗어나 건강하고 인간다운 생활을 영위하게 하기 위한 제도이다. 국민기초생활보장 제도의 신청 후 급여까지의 절차를 밟는 데 걸리는 기간이 길기 때문에 긴급한 경우에 필요한 신속한 지원을 위해 별도의 정책이 필요하여 시행하는 제도이다. 선지원 · 사후조사의 절차로 신청 후 3~4일 이내에 급여를 지급한다(사회복지교육연구센터, 2022).

2) 연혁

긴급복지지원제도는 기존의 공공부조제도나 사회복지서비스와 연계되도록 하려는 목적으로 2005년 12월에 공포되어 2006년 3월부터 시행되었다. 제정 당시에는 시행일로부터 5년간만 효력을 발휘하는 한시법으로 출발하였으나 2009년 5월 개정으로 현재는 영속법으로 변경되었다(김수정, 2017). 이후 2013년 생계지원소득기준을 완화함으로써 긴급지원대상자 진입제한을 해소하고, 주거지원기간의 상한을 현행 6개월에서 12개월로 연장함으로써 안정적인 주거확보 기간을 보장하였다. 2015년 7월부터는 국가 및 지방자치단체가 연 1회 이상 정기적으로 위기상황에 처한 사람에 대한 발굴조사를 실시하도록 하고, 긴급지원대상에게 신속히 지원할 필요가 있다고 판단되는 경우 긴급지원담당공무원이 우선 필요한 지원을 할 수 있도록 하였다(류연규, 2022: 295).

3) 기본원칙

(1) 선지원 후처리 원칙

위기상황에 처한 자 등의 지원요청 또는 신고가 있는 경우 긴급지원담당공무원 등의 현장확인(접수 후 1일 이내)을 통해 긴급한 지원의 필요성을 포괄적으로 판단하여 우선지원(지원 결정 1일, 지원 1일 등 추가 2일 이내–총 72시간 이내)을 신속하게 실시하고 나중에 소득, 재산 등을 조사하여 지원의 적정성을 심사한다(보건복지부, 2024b: 4 참조).

(2) 단기지원 원칙

위기상황에 처한 사람에게 일시적으로 신속하게 지원하는 단기지원이다. 생계지원은 3개월, 주거 · 시설이용 · 연료비 지원의 경우 1개월, 의료 · 교육지원의 경우 1회 지원한다. 시 · 군 · 구청장이 긴급지원대상자의 위기상황이 계속된다고 판단하는 경우 주거 · 시설이용 · 연료비 지원은 1개월씩 두 번의 범위에서 연장 가능하다.

위기상황이 계속되는 경우에는 시 · 군 · 구청장은 긴급지원심의위원회의 심의를 거쳐 생계 · 시설이용 · 연료비 지원은 3개월 범위내, 주거지원은 9개월 범위내, 교육지원은 3회 범위내, 의료지원은 1회 추가연장 가능하다(보건복지부, 2024b: 5 참조).

(3) 타법률 중복지원 금지의 원칙

「재해구호법」·「국민기초생활 보장법」·「의료급여법」·「사회복지사업법」·「가정폭력방지 및 피해자보호 등에 관한 법률」·「성폭력방지 및 피해자보호 등에 관한 법률」·「사회복지공동모금회법」 등 다른 법률에 의하여 긴급지원과 동일한 내용의 구호 · 보호나 지원을 받고 있는 경우에는 긴급지원이 제외된다.

지원요청 또는 신고를 받은 때 시 · 군 · 구청장이 가구특성, 생활실태 등을 고려하여, 긴급복지보다는 국민기초생활보장, 의료급여, 시설보호 등 다른 법률에 의한 지원의 대상이 되는 것이 적합하다고 판단되는 경우에는 해당 지원에 적극적으로 연계하도록 한다. 다른 법률에 의한 지원결정이 완료되기 전까지 긴급지원 신청자의 위기상황을 고려하여 우선 긴급지원은 가능하다(보건복지부, 2024b: 6 참조).

(4) 가구단위 지원의 원칙

가구단위로 산정하여 지원하는 것을 원칙으로 한다. 가정폭력 · 성폭력 또는 학대 등으로 인하여 위기상황에 처한 자에 대하여는 폭력 또는 학대를 당한 자 및 그와 함께 보호를 받아야 하는 자를 하나의 가구로 본다(보건복지부, 2024b: 7 참조).

4) 지원대상

지원대상은 갑작스러운 위기사유 발생으로 생계유지 등이 곤란한 가구 = 위기상황에 처한 가구이다. 위기사유란 다음의 내용에 해당한다.

① 주소득자가 사망, 가출, 행방불명, 구금시설에 수용되는 등의 사유로 소득을 상실한 경우
② 중한 질병 또는 부상을 당한 경우
③ 가구구성원으로부터 방임 또는 유기되거나 학대 등을 당한 경우
④ 가정폭력 또는 가구구성원으로부터 성폭력을 당한 경우
⑤ 화재 또는 자연재해 등으로 인하여 거주하는 주택 또는 건물에서 생활하기 곤란한 경우
⑥ 주소득자 또는 부소득자의 휴업, 폐업 또는 사업장의 화재 등으로 인하여 실질적인 영업이 곤란하게 된 경우
⑦ 주소득자 또는 부소득자의 실직으로 소득을 상실한 경우
⑧ 보건복지부령으로 정하는 기준에 따라 지방자치단체의 조례로 정한 사유가 발생한 경우
⑨ 그 밖에 보건복지부 장관이 정하여 고시하는 경우

㉠ 주소득자와 이혼한 때

㉡ 단전된 경우(전류 제한기를 부설한 경우 포함)

㉢ 교정시설에서 출소한 자가 생계가 곤란한 경우

㉣ 가족으로부터 방임·유기 또는 생계 곤란 등으로 노숙을 하는 경우

㉤ 복지사각지대 발굴대상자, 통합사례관리 대상자 또는 자살고위험군으로서 관련 부서(기관)로부터 생계가 어렵다고 추천을 받은 경우

㉥ 타인의 범죄로 인하여 피해자가 거주하는 주택 또는 건물에서 생활하기 곤란하여 거주지를 이전하는 경우

⑩ 타 법률

㉠ 「전세사기피해자 지원 및 주거안정에 관한 특별법」 제28조1)를 적용받는 경우 (보건복지부, 2024b: 2 참조).

5) 긴급복지지원 지원기준

소득은 기준 중위소득 75%(1인 기준 1,671,334원, 4인 기준 4,297,434원) 이하이며, 재산은 대도시 241백만 원 이하, 중소도시 152백만 원 이하, 농어촌 130백만 원 이하이다. 금융재산은 600만 원 이하(단, 주거지원은 800만 원 이하)이다(보건복지부, 2024b: 3 참조).

6) 급여

긴급지원제도의 급여 종류는 크게 금전 또는 현물 등의 직접지원과 민간기관단체와

의 연계 등의 지원으로 구분된다. 위기상황 주지원으로는 생계지원, 의료지원, 주거지원, 사회복지시설 이용지원이 있다. 부가급여에는 교육지원, 연료비, 해산비, 장제비, 전기요금 등 그 밖의 지원이 있다. 민간기관단체와의 연계지원으로는 사회복지공동모금회, 대한적십자사 등 민간의 긴급지원프로그램으로 연계, 상담 등 기타지원이 있다.

7. 근로장려세제

1) 목적

일반적으로 공공부조는 소득기준에 따라 수급자를 선정하므로 소득기준에 근접한 소득을 가진 저소득층이 일을 더 해 소득이 증가하면 수급권을 상실할 수도 있다. 따라서 공공부조 수급자가 일할 기회가 있음에도 공공부조 수급권을 지키기 위해 일을 회피할 가능성이 있다. 요컨대, 빈곤함정이 발생할 수도 있다. 저소득층의 근로의욕을 고취시켜 스스로 빈곤에서 탈출하도록 지원하는 조세환급제도가 근로장려세제(EITC: Earned Income Tax Credit)이다(원석조, 2018: 413 참조).

근로장려세제는 열심히 일은 하지만 소득이 적어 생활이 어려운 근로자가구에 대하여 근로소득에 따라 산정된 근로장려금을 지급함으로써 근로유인을 제고하고 실질소득을 지원하기 위한 근로연계형소득지원제도이다(사회복지교육연구센터, 2022).

2) 도입배경

근로장려세제에 관한 정부차원의 논의는 2000년 국민기초생활보장제의 도입 시 시작되었다. 당시 기초생활보장제의 주무부처인 보건복지부는 국민기초생활보장제를 보완하기 위해 근로빈민을 위한 근로소득공제제도, 즉 근로장려세제의 신설을 주장하였고 막대한 재정 부담을 우려한 예산당국 기회예산처는 이에 반대했다. 결국 근로장려세제 신설은 보류되었다.

그러나 국민기초생활보장제의 기초수급자, 즉 근로무능력 저소득과 차상위층, 다시 말해 근로빈민의 실질적인 생활수준은 거의 차이가 나지 않음에도 정부지원에는 상당한 차이가 있어 차상위층이 기초수급자로 편입되려 일을 기피한다는 지적이 이어졌다. 그리고 고용과 소득의 양극화로 일을 함에도 경제적으로 곤란을 겪는 근로저소득층의 수도 꾸준히 증가하였다.

결국 2006년 12월 근로장려세제 시행을 규정한 「조세특례제한법」이 국회를 통과하였다. 이에 따라 근로저소득층의 소득보장과 일을 통한 빈곤탈출을 위한 제도로서 근로장려세제가 신설되었으며, 2009년부터 시행되었다.

3) 대상

근로장려세제 대상은 총소득, 부양자녀, 주택, 재산 등 네 가지 기준을 모두 충족시키는 소득이 있는 근로저소득가구이다. 총소득은 부부 합산 소득으로서 일정액 이하를 말하고, 부양자녀는 18세 미만 자녀 1인 이상이어야 한다. 주택은 무주택이거나 기준시가 일정액 이하 주택 한 채, 재산은 가족 전원의 재산 합계액이 일정 이하이어야 한다. 근로장려세제 급여를 근로장려금이라고 한다.

2024년 근로장려금 신청자격은 다음의 요건을 모두 충족하는 근로자 가구이다.

〈표 2-7-3〉 2024년 근로장려금 신청자격

<table>
<tr><td rowspan="3">소득요건
(연 총소득합계)</td><td>단독가구</td><td>2,200만 원 미만</td></tr>
<tr><td>홑벌이가구</td><td>3,200만 원 미만</td></tr>
<tr><td>맞벌이가구</td><td>3,800만 원 미만</td></tr>
<tr><td rowspan="3">가구원 요건</td><td>단독가구</td><td>배우자, 부양자녀(18세 미만), 70세 이상 직계존속이 없는 가구</td></tr>
<tr><td>홑벌이가구</td><td>① 배우자의 "총급여액 등"이 3백만원 미만인 가구
② 배우자가 없어도 부양자녀(18세 미만) 또는 70세 이상 직계존속(각각의 연간 소득금액이 100만원 이하이고 주민등록표상 동거가족으로 생계를 같이 할 것)이 있는 가구</td></tr>
<tr><td>맞벌이가구</td><td>거주자 및 배우자 각각의 "총급여액 등"이 3백만원 이상인 가구</td></tr>
<tr><td>재산요건</td><td colspan="2">가구원 모두가 소유하고 있는 주택 · 토지 · 건물 · 예금 등 재산 합계액이 2.4억원 미만</td></tr>
</table>

출처: 고용노동부 홈페이지.

4) 근로장려금 지급액

근로장려금은 수급자의 소득수준에 따라 점증구간, 평탄구간, 점감구간으로 구성된다. 점증구간은 근로소득이 증가할수록 근로장려금도 증가하는 구간이다. 일정 소득 이상의 평탄구간은 동일 근로장려금이 지급된다. 점간구간은 일정 소득 이상으로서 근로장려금은 점차 감소한다.

〈표 2-7-4〉 **가구유형에 따른 근로장려금 지급가능액(2024년 기준)**

구분	단독가구	홑벌이가구	맞벌이가구
총소득기준금액	2,200만 원 미만	3,200만 원 미만	3,800만 원 미만
최대지급액	165만 원	285만 원	330만원

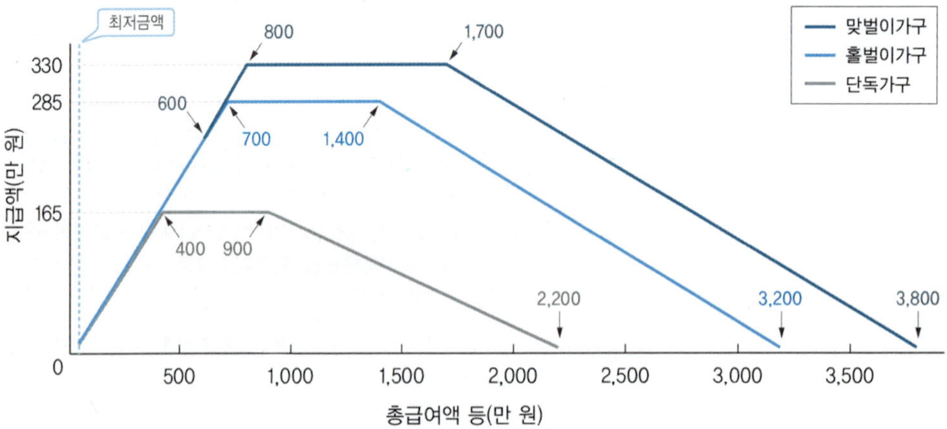

※ 정확한 지급액은 근로장려금 산정표에 따라 근로소득 구간별로 지급된다.

출처: 고용노동부 홈페이지.

참고문헌

강영실(2006). 사회복지정책의 이해. 서울: 신정.

강욱모 외(2004). 21세기 사회복지정책. 서울: 청목출판사.

강희갑(2010). 사회보장론. 경기: 양서원.

강희갑(2010). 사회복지법제론. 경기: 양서원.

고수현(2006). 사회복지정책. 서울: 교육과학사.

국토교통부(2024). 주거급여사업안내.

권기창(2011). 사회복지정책론. 서울: 창지사.

권기창(2022). 사회복지정책론. 서울: 창지사.

김수정(2017). 사회복지법제론. 서울: 학지사.

김종명(2009). 사회복지정책론. 경기: 양서원.

남기민(2004). 사회복지정책론. 서울: 학지사.

노화준(2006). 정책평가론. 서울: 법문사.

류연규(2022). 사회복지정책론. 서울: 신정.

류종훈, 배경희, 김수정, 박지현(2005). 사회복지정책론. 경기: 학현사.

문수열, 김병, 박주현(2020). 사회복지정책론. 서울: 창지사.

박경일(2023). 사회복지정책론. 경기: 공동체.

박광덕(1998). 현대사회복지정책론. 서울: 박영사.

박병현(2005). 사회복지정책론. 경기: 학현사.

박석돈(2005). 사회보장론. 경기: 양서원.

박용순, 송진영(2016). 사회복지정책론. 서울: 창지사.

박정호(2004). 사회복지정책론. 서울: 학지사.

박현옥, 이한나(2006). 삶의 질 향상을 위한 일상생활환경의 만족도에 관한 연구(충남 홍성군을 중심으로). 한국생활과학회지, 15(1), 83-93.

김기태 외(2022). 문재인 정부와 복지국가. 한국보건사회연구원.

보건복지부(2004). 보건복지백서.

보건복지부(2017). 보건복지백서.

보건복지부(2018). 보건복지백서.

보건복지부(2019). 보건복지백서.

보건복지부(2020). 보건복지백서.

보건복지부(2024a). 국민기초생활보장사업안내.

보건복지부(2024b). 긴급복지지원사업안내.

사회복지교육연구센터(2022). 사회복지정책론. 서울: 나눔의집.

사회정책연구회(2019). 복지국가 쟁점. 경기: 한울.

서보준, 김우호, 신옥순, 이진열, 조재필(2023). 사회복지정책론. 경기: 지식공동체.

생각의 마을(2023). 사회복지정책론. 경기: 공동체.

송근원, 김태성(2008). 사회복지정책론. 서울: 나남출판.

안홍순(2012). 사회복지정책론. 경기: 공동체.

원석조(2010). 사회복지정책론. 경기: 공동체.

원석조(2018). 사회복지정책론. 경기: 공동체.

원석조(2021). 사회복지정책론. 경기: 공동체.

이정우(2006). 사회복지정책. 서울: 학지사.

이진숙, 임소연(2021). 사회복지정책론. 경기: 양성원.

이진숙, 주은선, 신지연, 윤나리, 노승택(2010). 사회복지정책론. 경기: 양서원.

이태중, 이재호, 김혜란(2015). 사회복지정책의 이해와 활용. 서울: 대영문화사.

장영인, 최영신, 백선희, 임유경(2006). 아동복지론. 서울: 나눔의집.

정무성(2000). 비영리조직의 재정확보를 위한 바람직한 기부문화 활성화 방안, 바람직한 기부문화를 위한 정부와 민간의 역할. 시민운동지원기금.

정무성, 정진모(2001). 사회복지 프로그램 개발과 평가. 서울: 양서원.

정무성, 정진모(2021). 사회복지프로그램 개발과 평가. 경기: 양서원.

조흥식 외(2020). 사회복지개론. 경기: 나남출판.

지식협동조합 좋은 나라, 내가 만드는 복지국가(2016). 박근혜정부 정책평가와 과제 I.

참여연대(2008). "이명박 정부의 '능동적 복지'를 우려한다." 이명박 정부 복지정책에 대한 성명(2월 25일).

최일섭, 최성재(1995). 사회복지정책론. 서울: 나남출판.

통계청(2021). 2021 고령자 통계.

한국사회복지행정학회(2007). 사회복지정책론. 경기: 양서원.

현외성(2002). 사회복지정책강론. 경기: 양서원.

황선영, 노병일, 김세원(2016). 사회복지정책론. 서울: 창지사.

황성철(2015). 사회복지프로그램개발과 평가. 경기: 공동체.

福田志津枝(1996). これからの兒童福祉. ミネルヴァ書房.

Alfred, K. (1969), *Theory and Practice of Social Planning.* New York: Russel Sage Foundation.

Barr, N. (1987). *The Economics of Welfare State.* London: Weidenfeld & Nicolson.

Beveridge, W. (1942). *Social Insurance and Allied Services, Reprinted 1984.* London: HMSQ.

Carrier, J. & Kendall, I. (1977), Social Policy and Social Change: Explanations of the Social Policy. *Journal of Social Policy, 2*(3), 209-224.

Cobb R. W. & Elder, C. D. (1976). Agenda-Building as a Comparative Political Process. *APSR, 70*, 126-128.

Dinitto, D. M. (2000). *Social Welfare: Politics and Public Policy.* Needham Heights, MA: Allyn and Bacon.

Dye, T. R. (1984). *Understanding Public Policy*(4th ed. & 5th ed.). Englewood Cliffs, NJ: Prentice Hall.

Esping-Anderson, G. (1985). *Politics Against Market.* Princeton: Princeton University Press.

Esping-Anderson, G. (1990). *The Three World of Welfare Capitalism.* Princeton: Princeton University Press.

Esping-Anderson, G. (2002). *Why We Need a New Welfare State.* Oxford: Oxford University Press.

Freeman, H. E. & Sherwood C. C. (1970). *Social policy and social research.* Englewood Cliffs, NJ: Prentice-Hall.

Furniss, N. & Tilton, T. (1977). *The Case for the Welfare State: From Social Security to Social Equality.* Bloomington: Indiana University Press.

George, V. & Wilding, P. (1984). *Impact of Social Policy.* London: Routledge and Kegan Paul.

George, V. & Wilding, P. (1987). *Ideology and Social Welfare.* London: Routledge and Kegan Paul.

Gilbert, N. & Specht, H. (1974). *Dimension of Social Welfare Policy.* Boston: Allyn and Bacon.

Gilbert, N. & Specht, H. (1977). *Dynamics of Community Planning.* Cambridge, NA: Ballinger Publishing co.

Gilbert, N. & Terrell. P. (1998). *Dimensions of Social Welfare Policy.* Mass.: Allyn & Bacon.

Gilbert, N. & Terrell. P. (2002). *Dimensions of Social Welfare Policy*. New Jersey: Allyn and Bacon.

Holloway, F., & Carson, J. (2002). Quality of life in severer mental illness. *International Review of Psychiatry, 14,* 175-184.

Kamerman, S. & Kahn, A. (1989). *Privatization and the Welfare State.* Princeton: Princeton University Press.

Marshall, T. A. (1970). *Social Policy.* London: Hatchson.

Rejda, G. E. (1999). *Social Insurance and Economic Security*(6th ed.). New Jersey: Prentice Hall.

Saibury, R. (1999). "Aims of Social Security", in J. Ditch ed. *Introduction to Social Security: Policies Benefits and Poverty.* London: Routledge.

Taira, K. & Kilby, P. (1969). Differences in Social Security Development in Selected Countries. *International Social Security Review, 22*(2), 139-153.

KOSIS 국가통계포털(https://www.kosis.kr, 2022. 6. 27. 검색).

고용노동부 홈페이지(https://www.moel.go.kr, 2022. 7. 3. 검색).

고용보험 홈페이지(https://www.ei.go.kr, 2022. 7. 3. 검색).

국민연금공단 홈페이지(https://www.fund.nps.or, 2022. 7. 1. 검색).

찾아보기

ㅇ

ㅈ

기타

저자 소개

■ **정일교**

중앙대학교 대학원 사회복지학석사
일본복지대학 대학원 사회복지학박사
현, 가톨릭상지대학교 사회복지과 교수
〈저서〉 장애인복지론, 노인복지론 외 다수

■ **김종배**

경남대학교 대학원 행정학박사
현, 수성대학교 사회복지과 교수
〈저서〉 가족복지론, 아동안전관리 외 다수

■ **오승하**

동방문화대학원대학교 교육학박사(사회복지상담)
현, 강동대학교 글로컬사회복지학부 교수
〈저서〉 노인상담, 노인복지론, 가족복지론 외 다수

■ **오현숙**

대구대학교 대학원 사회복지학박사
현, 호산대학교 휴먼복지학부 교수
〈저서〉 사회복지실천론, 노인복지론, 사회복지법제와 실천 외 다수

■ **유승창**

일본 나고야대학교대학원 문학박사
현, 고구려대학교 사회복지실천과 교수
〈저서〉 사회복지법제와 실천, 문학으로 보는 일본의 온천문화 외 다수

■ **이용환**

한서대학교 대학원 사회복지학박사
현, 혜전대학교 사회복지과 교수
〈저서〉 노인복지론, 사회복지실천기술론, 사회복지법제와 실천 외 다수

[개정판]
사회복지정책론

1판 1쇄 발행 — 2022년 8월 19일
2판 1쇄 발행 — 2024년 8월 20일

저　　자 - 정일교 김종배 오승하 오현숙 유승창 이용환
발 행 인 - 강철원
발 행 처 - 양성원
주　　소 - 경기도 파주시 검산로 173번길 29-12
전　　화 - 031-946-3861(代)
팩　　스 - 031-946-3864
이 메 일 - tnwpub@naver.com
홈페이지 - tnwpub.co.kr
출판등록 - 2015년 8월 31일 제 2015-000211 호

ISBN 979-11-6126-594-0

정가 22,000원